区域成人高校
完善终身教育大平台的实践研究

张东平 主编

本书编委会

主编 张东平

编委 宋亦芳　郭兆年　陈　芳　汤剑青　丁海珍　汤春花　毕子明
　　　　张　浩　黄　梅　卢　旸　陈晓平　仵明辉　袁海燕　丁秋霞

序 言 PREFACE

中华人民共和国成立70年以来,教育事业取得了跨越式发展。长期以来,教育更多意味着传统学校教育,而随着社会经济的发展,由于国际终身教育思潮的影响以及全民受教育的渴望,教育延伸至传统学校以外的社会成为教育发展的大趋势。对此,国家及时更新教育理念,不断出台相关教育政策,推进成人教育、终身教育体系构建以及学习型城市建设等更加开放多元教育的发展。

区域成人高校是由区县政府主办、市政府批准,经教育部备案,具有独立法人地位,能够举办成人高等学历教育和非学历教育,进行学习型城区建设与社区教育指导,服务于区域社会与经济发展的终身教育机构。上海区域成人高校是指由上海中心城区政府主办、教育部备案,具有独立法人地位,从事成人高等学历教育、非学历教育和市民终身学习指导工作的教育机构,也叫独立设置成人高校。上海区域成人高校已建校60多年,其最初应成人教育发展需要而设立,而随着社会经济发展、教育政策调整以及学校自身发展需求的变化,上海区域成人高校准确锚定国家教育发展方向积极转型。2014年教育部、中央文明办、国家发展改革委、民政部、人力资源社会保障部、文化部等七部门印发的《关于推进学习型城市建设的意见》中明确指出:"统筹开发社会学习资源,促进学习资源开放共享是当前我国学习型城市建设的主要任务之一。" 2017年国务院印发的《国家教育事业发展"十三五"规划》明确指出:"加强继续教育平台建设","充分发挥成人、社区教育机构、县级职业教育中心、农业广播电视学校的作用,使之成为区域职业教育与培训、技术推广、扶贫开发和社会生活教育的开放平台,健全遍布城乡的继续教育网络。"在此背景下,上海市长宁区业余大学(社区学院)紧跟国家教育政策,结合社会发展和学校自身发展需要,积极转型为以学历教育、教育服务与培训、社区教育为主的终身教育大平台。换言之,目前上海区域成人高校已进入多元发展阶段,已由最初的成人教育实践场,转变为以学历教育、教育服务与培训、社区教育为主的终身教育大平台。

终身教育大平台是以区域成人高校为主体构建的终身教育综合性服务平台，该平台集终身教育的各种资源、手段以及相关支持服务于一体，通过引导双方或多方之间的互动与合作，旨在实现平台终身教育功能的最大化。终身教育大平台在终身教育发展中所扮演的角色可归结为"大网络""大枢纽"和"大载体"。"大网络"强调终身教育大平台的关联性，即终身教育大平台将原先闲置的、分散的教育资源关联起来为终身教育所利用。资源的关联既丰富了终身教育资源又提高了教育资源的有效性。"大枢纽"意在强调终身教育大平台的主体性。终身教育大平台并非随意地关联与整合所有的教育资源，而是需要终身教育大平台按着一定的社会需要和自身发展需求，严格筛选之后，将相关资源进行关联与整合，使教育资源发挥更大效能。"大载体"强调了终身教育大平台的服务性。区域成人高校的这一转型是区域成人高校参与社会建设的新定位，是对社会责任的肩负，是对服务深度和广度的不断拓展。

终身教育大平台建设初期也遇到一些难题，主要表现为教育资源有限与分散、教育技术相对落后、教学质量有待提高、支持服务系统有待完善等，这些问题极大地限制了终身教育大平台"大"功能的发挥。因此，为进一步完善终身教育大平台的建设，使大平台覆盖面更广、开放性更强，资源共享性更高，从而更好地服务学习型城市的建设，上海长宁区业余大学（社区学校）积极开展相关主题的研究，并于2016年成立了"区域成人高校完善终身教育大平台的实践研究"课题，该课题2016年立项为区级重点课题，2017年立项为市教育一般课题，课题编号为C17111。总课题下设八个子课题，其中"终身教育体系建设的问题与对策研究"子课题通过文献梳理，系统研究终身教育大平台的理论基础——终身教育体系——的相关理论，为总课题终身教育大平台的完善提供理论支持；"基于知识分享理论的开放教育资源共享的途径研究""终身教育大平台下区域成人高校教学质量评价方法的研究""区域成人高校学历教育中提升学生职业能力的实践研究""区域成人高校整合域内民非教育资源的实践研究""社区教育办学网络建设的支持服务研究""云视课堂应用与推广的实践研究""区域成人高校校园文化建设的实践研究"七个子课题则从教育教学、教育培训、社区教育、支持服务、思想保障等视角开展完善终身教育大平台的实践研究。该课题经过三年的研究，形成了丰富的研究资料与成果，为完善终身教育大平台的服务范围、服务质量与服务效率等方面提出了宝贵的建设性策略。

教育科研是对教育规律的探索和把握，它在指导和推动教育实践、促进学校发展、帮助教师成长、提高教育质量等方面起着不可代替的重要作用。我校一直秉持"科研兴校"的办学理念，在学校孕育转型、实践转型到深化转型的过程中，一直将科研作为学校转型发展的"理性翅膀"。多年来，我校科研工作也取得了丰硕成果，并多次被评为上海开放大学科研先进集体和区级科研先进集体。到目前为止，我校已经申报了十多项区级、市级和国家级重点课题，全校教职工公开出版专著共8部，发表论文140余篇。

新时期，学校将继续坚持党的领导，高举习近平新时代中国特色社会主义思想的伟大旗帜，加强思想政治建设，坚持走理论与实践相结合的特色办学道路，更好地服务经济社会发展，为终身教育事业的发展做出更大贡献。

2019年11月28日

序言

目 录 CONTENTS

第一章 终身教育大平台的理论基础 ………………………… 001
  第一节 终身教育体系的理论概述 ………………………… 002
  第二节 终身教育体系的研究现状 ………………………… 005
  第三节 终身教育体系建设存在的问题 …………………… 014
  第四节 构建区域终身教育体系的对策建议 ……………… 016

第二章 新时期党建引领终身教育大平台建设 ……………… 020
  第一节 成人高校基层党建工作概述 ……………………… 020
  第二节 党建引领终身教育大平台建设的途径 …………… 026
  第三节 党建引领终身教育大平台建设的实践 …………… 032
  第四节 党建引领终身教育大平台建设的思考 …………… 043

第三章 提升学生职业能力的实践 …………………………… 048
  第一节 学生职业能力的概述 ……………………………… 048
  第二节 学生职业能力培养的现状 ………………………… 056
  第三节 提升学生职业能力的行动研究 …………………… 060
  第四节 提升学生职业能力的建议 ………………………… 067

第四章 开放教育资源共享途径的探索 ……………………… 074
  第一节 知识分享与开放教育资源理论研究 ……………… 074
  第二节 开放教育资源共享现状 …………………………… 084
  第三节 开放教育资源共享的途径研究 …………………… 092

第五章 社区教育办学网络的支持服务 ……………………… 096
  第一节 社区教育办学网络支持服务概述 ………………… 096

  第二节 社区教育办学网络支持服务现状……………………100
  第三节 社区教育办学网络支持服务存在的问题及对策……………109
  第四节 社区教育办学网络支持服务案例……………………………115

第六章 域内民办非学历教育资源的整合……………………………127
  第一节 民办非学历教育资源整合概述………………………………128
  第二节 民办非学历教育资源整合的现状………………………………132
  第三节 民办非学历教育资源整合的实践………………………………140

第七章 终身教育教学质量评价方法的探究………………………149
  第一节 教学质量评价方法概述……………………………………149
  第二节 学校教学质量评价方法的现状……………………………153
  第三节 教学质量评价方法的框架……………………………………167
  第四节 教学质量评价方法的问题及优化对策……………………171

第八章 云视课堂应用的技术支持服务………………………………175
  第一节 云视课堂应用的技术支持服务概述………………………176
  第二节 云视课堂应用技术的分析………………………………181
  第三节 云视课堂应用技术支持服务的实践…………………………186
  第四节 云视课堂技术支持服务案例……………………………200

第九章 新时期区域成人高校校园文化建设………………………206
  第一节 区域成人高校校园文化……………………………………207
  第二节 区域成人高校校园建设的现状………………………………213
  第三节 区域成人高校校园文化建设的实践………………………226
  第四节 区域成人高校校园文化建设的展望………………………231

参考文献………………………………………………………………………236
后记……………………………………………………………………………247

第一章 终身教育大平台的理论基础

当今世界正处于大变革、大调整、多极化、经济全球化的关键时期,世界科技创新日新月异,未来社会的竞争将是科技的竞争、人才的竞争、教育的竞争。构建一个满足全社会成员学习需求的终身教育体系,是国家可持续发展的动力之源,已经受到世界各国的高度重视,成为许多国家教育改革与发展的基本指导思想。因此,构建终身教育体系是我国教育改革与发展的一项重要战略决策。终身教育大平台是终身教育体系构建的内在要求和必然结果。作为地区引领终身教育发展的大平台,区域成人高校勇于承担社会责任,腾出一部分办学力量与资源向社区教育方面延伸,这也是落实终身教育理念的一大创举。终身教育大平台是一个有机综合的教育系统,作为终身教育体系建构的具体载体,就必须遵循终身教育体系建构的相关理论。毫无疑问,终身教育体系是终身教育大平台建设的理论基础,终身教育大平台的完善与发展要以终身教育体系理论为指导。

自20世纪60年代联合国教科文组织提出终身教育理念以来,世界各国基于各自的国情和理解持续推进实践探索,形成影响广泛、形式多样的教育思潮与体系。20世纪90年代初,我国提出构建终身教育体系的战略目标,全国各地积极实践和创新,取得了明显进展,推动了国家终身教育体系的构建。在此过程中,国家也相继出台了一系列相关政策:1995年,"建立和完善终身教育体系"被写入《中华人民共和国教育法》;2010年,《国家中长期教育改革和发展规划纲要(2010—2020年)》提出要"构建灵活开放的终身教育体系"。在国家政策的推动下,1999年,上海就率先提出了建设学习型城市的构想,到了"十一五"末期,上海市围绕"人人皆学、时时能学、处处可学"的学习型社会总体目标,在基本形成完善的终身教育体系方面的实践探索初见成效。

随着终身教育体系建设实践的逐步推进和深入发展,以及对终身教育理念理解的不断深化,区域终身教育体系建设和完善面临着许多亟待解决的新问题,这些问题也是阻碍终身教育体系构建的现实问题。探讨和明晰问题之所在,采取必要的措施努力扫清发展的障碍,对于完善终身教育大平台建设、推进终身教育体系构建具有重大意义。

第一节 终身教育体系的理论概述

一、终身教育体系的概念

终身教育是贯穿人从出生到死亡的一生的教育,是人们在一生中所受到的各种培养的总和,它包括人们所受教育的各种阶段和各种方式,既有学校教育,又有家庭教育、社会教育;既有正规教育,也有非正规教育、非正式教育。保罗·郎格让认为,"终身教育是个人及社会整个教育的统一综合,其原理之一就是强调发展的综合统一性"。终身教育的核心问题就是实现教育的一体化,要求构建一体化的教育新体系。

关于终身教育体系的认知,学界主要有以下几种观点:一是认为"终身教育体系是指一个国家或地区按照终身教育思想,根据社会发展和教育发展规律,为达到一定教育目标所构建的各级各类教育、各种教育形态的有机综合教育系统"(叶忠海,2003);二是认为"要把原来相互割裂的各种教育及其因素、资源加以统合化、一体化,实现社会教育机构和训练渠道能够使人们在其生活的所有部门都可根据需要方便地获得学习和教育的机会"(高志敏,2003);三是认为"它应是对人生各个阶段的发展,同时从社会转型的观点出发,加强社会、学校和家庭之间教育的融合和衔接,以最终建立一个整合社会各种教育资源、连结社会各种类型教育活动的体系"(吴遵民,2004);四是认为它是"为达到一定的社会教育发展目标而确立的面向全民、贯穿人生全程、具有连续性和统一性的一种社会化教育体系"(陈乃林,2010)。

体系指具有特定的要素、结构、功能和与之相适应的体制、机制的整体。终身教育体系,就是按照终身教育的思想和原则,为达到一定的社会教育发展目标而确立的面向全民、贯穿于人生全程、具有连续性和统一性的一种社会化教育体系。它是由各个具有内在联系的要素、条件、框架结成的社会教育有机统一体,既是一种教育制度安排,也是教育结构形态的表现。终身教育体系是由一定的教育组织机构、终身教育制度、终身教育活动及其相互关系组成的系统。目前,构建终身教育体系已经从一种思潮和理念,发展成为教育实践和社会活动,并在实践中不断丰富其新的内涵和新的经验。

综上所述，终身教育体系是指一个国家或地区根据社会发展规律和教育规律，将终身教育理念贯穿于各级各类教育、各种教育形态之中，使其形成内在一致性、关联性和持续性，并能接纳和满足每个公民的学习需求，使学习者的潜能得到充分开发的综合性教育体系。它强调各级各类教育的开放、灵活及其相互之间的纵向衔接与横向贯通，支持各类社会机构的共同参与，面向社会全体民众提供公平的终身学习机会。

区域终身教育体系作为终身教育体系的下位概念，指在一定的行政区域范围内通过教育的系统化、组织化和制度化来保障终身教育的连续性和整体统一性。本书的区域终身教育体系特指在上海市长宁区范围内由以学习者为中心的办学组织系统、教学活动系统、组织管理系统和环境支持系统及其相互关系构成的教育整体。

二、终身教育体系基本要素与结构

系统是由相互联系、相互依存的要素所组成的有机整体。终身教育体系包含许多构成要素，并且各要素之间彼此联系、相互依存，形成一定的系统结构。在以往的研究中，人们通常从以下几个方面对终身教育的基本要素进行划分：①根据教育对象划分，终身教育体系包括学前教育、以儿童和青少年为主要对象的学校教育、以成年公民为主要对象的成人教育以及以老年人为对象的老年教育；②根据教育组织划分，终身教育体系包括学校教育、企业教育、社区教育以及家庭教育等；③根据教育内容划分，终身教育体系包括基本教育和专业教育；④根据教育方式划分，终身教育体系包括自我教育、灌输教育、远程教育、网络教育以及面授教育等；⑤根据教育性质划分，终身教育体系包括正规教育、非正规教育和非正式教育；⑥按照教育级别划分，终身教育体系可以划分为0级教育、1级教育、2级教育、3级教育、4级教育、5级教育和6级教育。

由于是从各个维度进行划分，因而上述各要素之间往往相互渗透、相互包容。尽管终身教育体系的基本要素繁多，但它们之间总是表现出一定的层级和类型，因此可以从纵向和横向两个维度对其进行划分。比如，从纵向上把终身教育体系划分为学前教育、学校教育、成人教育和老年教育；从横向上把终身教育体系划分为学校教育、企业教育、社区教育和家庭教育等。这是人们在终身教育体系的要素探讨和分析中最常用的维度或视角。总之，无论从教育对象、教育组织，还是从教育内容、教育方式等视角看，终身教育体系所包含的基本要素都比传统教育体系复杂得多。

教育体系各个要素之间的相互关系和组合方式形成教育结构。从宏观角度看，教育结构主要有教育层次结构、科类或专业结构、教育类型结构、办学形式结构、教育布局结构等。由于基本要素的差异，终身教育体系的结构比传统教育体系更加完备，同时各类教育之间的比例更加合理，发展更加平衡。在终身教育理念的影响下，那些受到忽视或发展缓慢的教育开始受到人们的重视，同时终身教育体系的形成和发展促进了各级各类教育之间的相互协调和沟通，有利于各级各类教育资源的互补和共享，从而产生了教育结构的合理化倾向。总之，终身教育体系的构建过程就是终身教育体系的要素不断完备、教育结构不断趋于合理的动态过程（刘汉辉，2012）。

三、终身教育体系的构架

由于终身教育体系是一个有机系统和整体，因此其形成或构建不能仅仅局限于要素和结构的层面，还必须在此基础上，大力促进各要素之间的相互衔接和相互沟通，并实现纵横整合，这既是终身教育体系的本质要求，也是该系统内部各要素以及结构得以进一步发展和优化的更高要求。只有实现了各级各类教育之间的相互衔接、相互沟通和纵横整合，终身教育体系的构建才能从根本上得以完成。就终身教育体系内部一体化而言，那就要构建纵向衔接、横向沟通、纵横整合的一体化的教育体系；就终身教育系统与外部环境协调发展而言，那就要求这种一体化教育体系的构建，必须与外部的经济、社会、生态环境的发展和改善相协调。据此，终身教育体系的构架，应是纵向衔接、横向沟通、纵横整合、内外协调、整体优化的教育系统结构（叶忠海，2005）。

（1）纵向衔接。通过教育制度安排以及课程改革等方式，实现各级教育之间的相互衔接，从而保证个人终身教育的顺利实施和完成；强调教育发展过程中连续的各个阶段和层次之间有机的内在联系。

（2）横向沟通。教育内部的各种形态、各种类型、各种形式的教育互相沟通，建立起相互联系的教育体系，改变传统教育的各个领域之间互相孤立隔绝的状态；教育领域和劳动领域的沟通和互动，打破教育领域和劳动领域之间的壁垒；教育与社会（社区）的沟通和互动，打破教育领域与社会生活之间的藩篱。

（3）纵横整合。注重各级教育层次和各种教育类型的整体相关，形成与人的发展需要相对应的纵横交错的网络，做到各级各类教育之间上下左右的互通和有机结合。终身教育体系不但要求各基本要素在纵横维度上是有机的，而且要求彼此之间相互交叉，因为个人终身教育的实施并非线性的。无论纵向衔接还是横向沟通，都只是构建终身教育体系的基本要求，唯有纵横整合，才最能体现终身教育体系的整体性。

（4）内外协调，整体优化。终身教育内部系统与外部的经济、社会、生态系统之间坚持协调发展，达到终身教育系统内外功能的整体优化，以便更有效地为社会可持续发展和人的终身发展服务。

四、终身教育体系的特征

根据终身教育体系的概念及其构建的基本要素与构架，可以发现，终身教育体系具有整体性、开放性、持续性等特征。

1. 整体性

终身教育体系是一个统一整体。无论是终身教育体系的内部诸教育要素之间，还是终身教育系统与外部环境之间，都是整体联系的。

2. 开放性

终身教育体系向社会及其一切成员在任何时候都可以开放。教育人口的覆盖面由儿童和青少年扩展到全体人口，呈现全民化趋势。无论何时，人们都可以自由进入教育系统。

3. 持续性

持续性指与人的一生发展阶段相对应的教育各阶段、各层次的前后相继和上下衔接，满足个人及社会可持续发展的需要。

第二节 终身教育体系的研究现状

一、终身教育体系的相关研究

（一）终身教育体系功能的研究

对于终身教育体系的功能，研究者往往将其等同于终身教育的功能，如此考虑的理由在很大程度上源于这样一种主张：终身教育体系是由终身教育理念所衍生出的实体系统，系统所发挥的功能也恰恰是理念付诸实践所产生的实际效用，因此，终身教育体系具有的功能也就是终身教育具有的功能。较具代表性的研究主要有：吴遵民认为，终身教育在解决学校教育单一化、教育不公平和功利性的过程中发挥了与之相应的功能，使人适应变化发展的社会，对社会发展达成共识，使不同群体享有与发展相适应的学习机会。杨敏从现代教育、现代社会的个体、现代社会发展以及中国国力等四种不同主体角度出发，分别阐述了终身教育的功能。刘汉辉则明确论述了终身教育体系的功能预期，包括：教育功能，满足多样化的教育需求；经济功能，实现教育资源优化配置；人口功能，控制人口数量和提高人口质量；社会功能，通过实现教育公平从而促进社会公平。除此之外，终身教育体系在政治、文化、科技以及生态等领域也具有重要的功能。

（二）终身教育体系特征的研究

终身教育体系作为一种新型的教育体系，其特征的展现也以"新"为总概括。尽管研究者对此的表述不尽相同，但整合性、开放性、多元性仍为出现频次最高的特征描述。庾荣、刘汉辉等人对此做出基本一致的描述。一些研究者在此基础上，从不同的视角做出较具创新性的概括与表述。例如，吴遵民等人认为，终身教育体系除了具有统合性（基本等同于整合性）和开放性两种特征，还具有非功利性，即不以职业和功利的追求为目的，实现人生真正价值。朱猷武认为，终身教育体系除了在教育过程的实现形式、教育范畴的时空变化和教育资源的多方支撑所表现出的多样性、整合性与开放性等三个特征，还在教育目标的价值预设上体现出充分的个体性特征。

（三）成人教育在终身教育体系构建中的定位与作用研究

终身教育体系囊括各级各类教育，不同层次、类型教育因其属性、功能不同，在终身教育体系构建中的地位与作用亦有不同。研究者分别对成人教育、继续教育、高等教育、职业教育、远程教育、学前教育、基础教育、自学考试等在终身教育体系构建中的定位与作用进行研究，并就如何有效发挥职能提出了对策建议。其中，关于成人教育在终身教育体系构建中的定位与作用，叶忠海的研究最具代表性和全面性。对于成人教育在终身教育体系构建中的地位，他认为，由于成人教育的本质属性，使得其在构建和推进终身教育体系过程中扮演"火车头"的重要角色；作为终身教育的主体部分，亦是衡量终身教育体系发展成熟度的重要标尺。对于发展成人教育的策略，他用"三个突破口"和"一大网络"予以形象阐述：建立教育沟通制度，拆除成人教育之间以及与其他教育之间的壁垒；建立回归教育制度，架设教育领域与劳动领域之间的沟通桥梁；建立社区教育制度，探索学校与社区的沟通联合；建立远程教育网络，推广现代远程教育。

对于成人教育在终身教育体系中的地位，闫朝晖所持的观点与叶忠海基本一致；对于成人教育在终身教育体系中的作用，她认为，成人教育除了提供扫盲教育，其所包含的成人高等学历教育、成人远程教育、成人职业技能培训、现代企业教育以及社区成人教育都将发挥相应作用。

李国斌等人论述了成人教育在终身教育体系的形成、发展与完善中发挥的难以替代的支撑作用。张秀娥从我国短期内无法根本解决教育资源短缺的实际情况出发，提出成人教育可采用多种形式和手段，通过多种途径扩大民众的学习机会，在成人教育自身得到发展的同时，促进终身教育体系构建。在此基础上，她提出推进成人教育发展的对策，包括倡导终身学习观，加强法制建设、师资队伍和课程体系建设，多渠道筹措教育经费以及充分运用远程教育手段等。

（四）各级各类教育融入终身教育体系的研究

文献搜索鲜见此类研究，仅有的两篇亦是从理论视角较抽象、宽泛地进行讨论。沈光辉认为，正规教育融入终身教育体系的核心问题在于"以人为本"和"教育本质回归"，并以此为基本指导思想，阐述了四种正规教育类型即学前教育、基础教育、正规职业教育和普通高等教育融入终身教育体系的策略。刘辉和汤晓蒙将研究对象范围扩大至各级各类教育，并将研究视角延伸至融入的时序问题。研究以"实践中的终身教育体系形成、发展直至完备总是按照'由简至繁、由易到难'这一规律"作为立论依据，对照各级各类教育与职业的距离、政府主体的职能履行和个人主体的职业取向等三个维度，得出如下结论：在我国现有的终身教育体系中，非正规教育和非正式教育因能同时满足上述三个维度而最先被纳入终身教育体系；未来国民教育体系中各级各类教育融入的时序是职业教育、普通高等教育、基础教育。

（五）终身教育体系构建对策的研究

对此问题的研究成果较多，基本按照分析现状及问题、提出对策的逻辑顺序予以阐述。尽管研究者在研究视角、研究方法及研究表述上体现出一定的差异性，但对于目前我国终身教育体系构建仍处于初级阶段这一客观实际达成共识，认为需从终身教育制度体系、保障体系、组织体系等方面予以建设和推进。其中，吴遵民、李新民、罗健、李冬焱、赵庆年等人的研究视角与研究观点较为新颖，值得借鉴和深思。

吴遵民认为，当下构建终身教育体系的现实阻碍主要是既有国民教育体系转型整合难度大、"校外教育"体制问题长期未能解决、教育体制变革难以及国家层面的终身教育立法较难实现等，解决上述问题的关键举措是建立一个直接主管与推动终身教育实施的国家级行政机构。此外，就建立与完善终身教育法律制度问题，吴遵民等人提出可采取"渐进性策略"，即尝试制定实施地方性终身教育法规、修订和完善现行相关法律法规、增加充实有关终身教育内容，在上述基础上适时制定国家层面的终身教育法律。李新民提出了"终身教育体系构建多主体"的观点，认为终身教育体系的构建就是包括政府、机构、团体、个人多主体协调、博弈与合作的过程，并结合终身学习概念逐渐替代终身教育概念这一趋势，认为个体是其中最重要的主体。罗健和刘维俭认为，在终身教育体系构建过程中，政府应在规划设计、政策引导、机制调控、服务保障、物质支持等方面充分发挥主导地位。李冬焱对于终身教育构建主体的观点与李新民不同，他通过对《中华人民共和国教育法》中相关表述的解读，认为国家是构建和完善终身教育体系的主体。在实现模式上，他建议体系中的学校教育系统采取政府主导型模式，而行业教育系统采取社会自发型模式，对于文化和常识教育则以社区模式作为对前两者的补充。赵庆年和孙登林对建立终身教育体系运行机制提出建议，包括建立以终身教育理念为引导的新的教育教学机制、通过立法等途径建立保障体系、建立激励与约束机制等。

二、国外终身教育体系建设的经验及启示

（一）国外终身教育体系建设的经验

通过对美国、英国、法国、德国、日本、加拿大等国终身教育理论及实践发展状况的文献比较研究，可以看出这些国家在构建终身教育体系的具体做法上有许多可资借鉴的共同之处。

一是政府高度重视。政府对终身教育思想理念的导入宣传、法律政策的制定颁布和实践活动的促进推动，都给予了极大的重视与支持。其中尤为重视的是终身教育立法工作，主要采取两种方式：一是专门制定终身教育或终身学习的法案，以明确的政策条文推动终身教育活动；二是在宪法或相关法律中，制定有关终身教育的条款，以保障人们终身学习的权利，为人们提供终身教育的机会。

二是有强大经费支持和理论支持。这些国家强大的经济实力是其开展终身教育的坚实基础，政府大力支持终身教育的发展，为之投入了大量资金，形成了政府、民间组织及个人三方共同承担终身教育费用的局面，为终身教育实践的顺利开展提供了充足的经费支持。同时，这些国家还高度重视终身教育理论研究，大都设有专门研究机构，为本国终身教育的发展提供了强大的理论支持。

三是注重功利性目标与超功利性目标的契合。终身教育的功利性目标是指如何使人适应科技、经济与社会的发展变化、学会生存，进而推进这种发展变化。这一目标最明显的表现是这些发达国家从 20 世纪六七十年代起积极实施以职业技术教育为重点的终身教育。

随着社会生产飞速发展、社会生活日益复杂化，人性问题——人的本质的价值、人的伦理等愈益凸显。这些国家在追求终身教育功利性目标的同时，还日益重视其超功利性目标，即"培养健全人格、提高人文素养、发扬

人文精神"。

四是实施个体学习成就认证、奖励制度。发达国家已基本建立起一种健全且成熟的个体学习成就认证、奖励制度。这种制度本身就是对终身教育各种实现形式的一种规范,它能够对学习者个体的学习成就做出准确衡量、中肯评价并给予必要的经济刺激,从而激发个体学习动机,因而既有助于学习者获得成就感或就业"绿卡"——实用资格证书,又可为用人单位用人提供有力借鉴。

五是重视社区教育的发展。社区是民众生活的基本场所,是实施终身教育的最佳场所。社区教育是一种区域性的终身教育,是终身教育在一个社区范围内的集中体现或缩影,是构建终身教育体系的社会基础和实际载体。从社区着手,以社区为推行终身教育的基本单位,有助于个体的方便性及生活化学习。因此,发展社区教育、构建学习社区已成为发达国家推行终身教育的重要策略。

六是以成人教育为重点或主体。在终身教育框架下,正规初、中、高等学校教育只是为个体终身接受教育、终身学习打基础、做准备的阶段,成人领域才是终身教育的广阔空间,成人教育天然是终身教育的主体。因此,这些发达国家所实施的终身教育都是以成人教育为重点或主体的。

七是高等教育机构发挥了重要作用。高等教育积极面向社会开放,是实现终身教育理念的重要方面之一。个体尤其是社会成人个体接受高等教育的广度是终身教育理念真正落实、终身教育体系初步形成的重要标志。

八是注重现代信息技术的运用。现代信息技术在教育上的运用,是当前终身教育发展的一个重要特征和趋势。这些发达国家在发展终身教育过程中广泛运用现代信息技术,对学习者摆脱学习地点、时间及学习方式的限制,发展个体自我导向的终身学习能力,发展现代远程教育、非正规和非正式形态的终身教育,发挥了无可替代的巨大作用。

(二)国外终身教育体系构建经验对我国的启示

1995年颁布施行的《中华人民共和国教育法》首次明确指出要"建立和完善终身教育体系"。迄今为止,中共中央、国务院、教育部等已出台的50多部重要政策,如《中国教育改革和发展纲要》(1993年)、《2003—2007年教育振兴行动计划》、《国家中长期教育改革和发展规划纲要(2010—2020年)》(2010年,以下简称《纲要》)等,都涉及终身教育及其体系建设问题(国卉男,2010)。一些地方政府,如福建省、上海市、太原市、河北省、宁波市等,相继出台终身教育促进条例。可见,从中央到地方,都在政策上对终身教育思想的传播及其体系建设给予了关注和支持。

1. 培养人们的自觉学习意识，营造浓厚的学习氛围

从各国制定终身教育政策情况来看，普遍倾向于强调以学习者为中心，培养公民的学习兴趣，政府的责任是提供学习机会。学习型社会建设是一个动态发展过程。最初，经济发展要求人们不断提高文化知识水平以适应劳动岗位的需求。但随着人们闲暇时间的增多，各国开始把活出生命意义作为根本宗旨，把建立终身教育体系作为国家教育振兴的统一目标，并大力宣传终身学习的作用和意义，促进国民树立终身学习的理念，营造浓厚的终身学习氛围。终身教育重在激发人们的学习热情，从学习中获得精神上的愉悦和满足，促使人们将学习视为一种生活习惯。学习不仅仅是为了谋生，也不只是工作技能的学习，学习是多方面的，学习活动是建立在自觉自愿的基础上的。

2. 建立终身教育的保障机制

首先，加强法律保障。多数国家都强调教育立法，因为终身教育体系的构建并不是一个自发的、自然的过程，必须依靠法律法规的强制与规范。许多国家从战略发展的高度，通过立法确立终身教育的地位、目标和途径，制定了一系列具有统筹和指导作用的广泛适用的终身教育法律法规。比如，美国、日本、韩国都陆续通过了《终身学习法案》或《终身教育法》。我国目前还没有关于终身教育系统的法律法规，为了保障终身教育体系的建设，必须加快有关终身教育方面的立法工作。

其次，形成制度保障。终身教育需要全社会各种资源的投入，要充分发挥中央政府、地方社区、企业、公众的力量来协调各种各样的社会资源，这就需要建立一套完备的终身教育推进机制。日本在文部科学省设立了终身学习局，韩国成立了终身教育中心、地方终身教育咨询中心及终身学习馆作为终身教育的专职机构。我国政府职能部门也应设置终身教育的主管机构，充分发挥其组织协调作用，为终身教育体系的建立提供强有力的保障和支持。

最后，建立开放的教育体系。目前我国各级各类教育之间往往相互分割，具有很强的封闭性。要建立终身教育体系，应转变各类教育自我封闭的观念和壁垒森严的现状，促进相互之间的开放、衔接、沟通与融合，尤其是注重普通教育与职业教育之间的衔接，让受教育者可以自由地选择，使教育真正主动适应社会的需求。学校教育应适合各方面的需求，扩大学校自身的教育功能，使之具有相当的灵活性、伸展性、多样性，为社会各类人员提供教育机会。学校教育还应与社区生活紧密联系与合作，建立一个学校与社会之间相互参与、相互促进的机制（王洪才，2008年）。比如，澳大利亚实施

了"国家资格框架"（National Qualification Framework, NQF），学习者在所有的学习环境中获得的技能都能获得承认。这就为那些没有在传统的教育环境中取得成功的人提供了继续学习的途径和机会。

3. 建立终身教育的激励机制

完善终身教育的激励机制是为了激励人们一生不断地接受教育和培训，为此许多国家采取了各种各样的激励措施，如在非正规教育领域实行多元的成果认定制度，包括学位授予和学分的认可，各种资格、执照、称号的授予以及技能审查认定等。如韩国的学分银行制、日本的技能审查认定制度等，通过这些方法对学习者的学习成果进行评价和认定，大大提高了民众参加终身学习的积极性。另外，学习费用分担也是许多国家为保证公民学习权利而采用的办法，具体措施包括国家提供免费或低收费的学习机会，或者要求雇主承担部分成人的学习、培训费用。如澳大利亚的学徒制、带薪休假制度以及瑞典的带薪教育法等等。鉴于我国目前的经济社会发展水平，推动校外学习成果认证制度不失为较好的选择。这样可以调动民众对于校外非正规学习的热情，从而有利于建立正规教育和非正规教育、学历教育和非学历教育并重的教育体系。

在政策支持下，我国各级各类教育勇于改革创新，促进了终身教育体系的建设实践。普通教育不断扩容、职业教育迅猛发展、成人教育持续推进、社区教育蓬勃兴起、老年教育异军突起、企业教育逐渐转型、社会教育广泛延伸、开放教育繁荣兴盛、学分银行跃跃欲试等丰富的实践，给了我们宝贵经验和深刻启示（高志敏，2017）。第一，完善和健全终身教育体系，务必夯实各类成人教育基础。第二，重视成人教育机构和基地建设，在构建终身教育体系中发挥更大作用。第三，突破单一培养规格，坚持实行多种证书的制度。第四，科学规范成人教育概念，强化终身教育的正确导向。第五，认真总结改革开放的实践经验，坚持成人教育改革和发展的继承性、发展性和创新性。第六，关注重视特殊群体的教育培训，坚持成人教育的主体公益性。

三、终身教育体系建设的现状——以上海市长宁区为例

（一）建立终身教育的领导管理机制

对于政府而言，构建区域终身教育体系的难题之一就是如何建立一种跨部门的综合管理机制，以统合全社会各类教育学习资源，实现对全社会终身教育活动的科学规划、指导与管理。长宁区积极落实《上海市终身教育促进条例》精神，推进终身教育发展和学习型城区建设，突破"教育系统内循

环"局限,将构建终身教育体系、学习型城区建设纳入区域发展总体规划。长宁区于2006年率先成立了"长宁区终身教育推进委员会"。2007年,在此基础上组建了"长宁区推进学习型城区建设指导委员会",委员会设办公室(区学习办),相关工作纳入教育局工作范围,下设区终身教育指导服务中心作为学习办日常办事机构,形成了以区学习委为统领、区学习办为工作协调和社区学院为业务指导的"一头两线"机制。2012年,区委扩大了学习委、学习办成员单位。定期召开区推进学习型城区建设指导委员会会议,加强终身教育的顶层设计,明确发展目标和任务,研究相关配套政策,及时协调,加强工作对接,形成各方共同推进终身教育的长效机制。加强区学习办统筹协调能力,2017年,增加发改委、财政、文化、卫生等核心部门作为其成员单位,形成党建、宣传、文明、规划、财政、教育、科技、人保、文化、民政、卫生、工青妇等各部门全方位推进终身教育的格局,促进区域资源整合、优势联动,深入推进文教、体教、医教、科教、养教等结合,把终身学习与社会工作结合起来,发挥终身教育的整体效应。保障经费投入,建立与本区终身教育相适应的公共财政经费投入机制。

(二)构建终身教育信息化平台

随着教育信息化的不断推进,终身教育体系建设越来越离不开信息化平台的支撑。要以教育信息化带动教育现代化,搭建终身教育信息化平台,形成数字化终身学习网络,为学习者提供方便、灵活、个性化的学习条件。在推进终身教育发展过程中,长宁区始终坚持以数字化学习为抓手,不断发挥"学在数字长宁"优势,满足市民终身学习需求,将教育惠民落到实处。2008年,"学在数字长宁"网开通上线;通过自建和引进,形成了丰富的网络学习课程;通过区域整合实现了与长宁数字图书馆、沪杏图书馆、数字媒体人才培训联盟等单位的连通;通过加强指导、增强激励、探索方式优化了数字学习环境。2013年,网站升级改版为"区街一体化数字学习平台","学在数字长宁"移动学习平台同步上线;2015年,搭建"云视互动课堂",形成"一对多、无中心、可移动、云服务、大数据"特点,搭建了市民网络学习平台。自创办以来,"学在数字长宁"已经逐步发展成为向各类人群提供数字化学习多元支持服务的终身教育信息化平台,整合了终身教育资源,扩大了终身教育覆盖面。"数字化"已经成为长宁区学习型城区建设和终身教育发展的重要驱动力。

(三)拓展终身教育办学网络

终身教育办学网络是构建区域终身教育体系的重要载体。在区学习办的指导下,我区社区学院从成人高校向终身学习服务平台转型,进一步发挥区域社区教育龙头的引领作用,面向社会开放,以更宽的社会服务视野和更强的责任意识进行"功能再造",增强终身学习服务功能。注重社区学校内涵建设,对接全市统一建设标准,形成优质均衡的发展格局。全面开展数字化社区学校的创建工作,推进各校已设立的市民终身学习体验基地建设,实现区内社区学校自主化、特色化、持续化发展。推进教学点从规范走向示范,促进有基础的社区教育教学点创建示范。延伸基层办学网络,挂牌具有特色的睦邻学习点。以深化睦邻点建设提高社区自治能力,推动社会治理创新。培育多元社区教育主体,支持社区市民自主学习、自我教育。继续下移工作重心,开展上海终身教育长宁社会学习点建设,采取区学习办主持,区教育局、民政局等主管部门把关,社会培训机构自主申报结合的模式,社区学院负责业务指导、日常管理,由区学习办委托第三方评估机构对"社会学习点"进行评估。首批已创建社会学习点共八家:"艺粟工坊"(刘海粟美术馆)、"春尚艺课"艺术指导中心(春美术馆)、"领声"工作室、周洁舞蹈艺术专修学校、学乐教育、秦汉胡同、昂立教育、新长宁集团。

(四)搭建区域终身教育大平台

随着区域终身教育的发展,区办成人高校要深化转型,拓展功能,从独立办学机构向建设终身教育体系转型,从单一办学向建设教育多元化平台转型,从而建设一个服务区域学习型城区建设的综合性开放办学实体和面向全体市民终身学习的服务平台,更好地满足市民终身学习的需求。区办成人高校要整合现有各类教育资源,形成一所既提供学历教育,又提供职业培训,还开展社区教育的多样化、多层次大学。要以区办成人高校为载体,搭建和完善区域终身教育大平台,充分发挥其在区域终身教育体系建设中的作用。

在建设区域终身教育体系的过程中,区办成人高校要注重引领区域终身教育发展,注重形成各方合力、整合社会资源、促进教育转型,满足全体市民终身学习的不同需求。区办成人高校除了完成终身教育体系中自己所承担的成人高等教育任务外,应该更多地融入社会教育体系,为服务市民终身学习搭建平台;运用高校信息技术和网络等新型的科学技术手段,推进数字化学习,为社会成员提供更多的学习机会和输送新知识;积极支持和参与全民终身学习活动,为社会成员开设各类培训、体验课程。只有聚合了区办成人高校的力量,区域终身学习才会充满活力。

第三节 终身教育体系建设存在的问题

一、学习成果认证制度尚处在探索阶段

目前，国际上已有大量有关学习成果认证、学分转换、学分积累的探索与实践，如欧洲的学分转换系统（European Credit Transfer System，ECTS）和职业教育与培训学分系统（European Credit System for Vocational Education and Training，ECVET），英国的学分积累与转换系统（Credit Accumulation and Transfer Scheme，CATS），美国的学分制及其学分转换，加拿大的学分互认体系，韩国的学分银行体系（Academic Credit Bank System，ACBS），以及日本普通高校之间学分互认等。通过系统分析国际上关于学习成果认证等方面的实践探索，可以发现学分、学分转换与积累的标准和框架是学习成果认证与学分转换、学分积累与兑换的重要基础。我国国家开放大学于2012年初设立"学分银行管理办公室"（也称为"学分认证中心"），专门开展学分银行制度研究与实践；上海市于2012年7月建立"上海市终身教育学分银行"，并将学分银行管理中心设在上海开放大学，负责学分银行的组织、运行、管理和实施。近些年正在加快制定上海市终身教育学分银行管理办法，加快和规范本市终身教育学分银行的建设和发展，促进高等学历教育、非学历教育与终身教育学分银行对接，为市民学分认定与转换提供服务。

二、各级各类教育资源的整合协调机制有待完善

终身教育体系建设的关键，就是对各级各类教育资源按照人的一生发展阶段与需要进行有序排列与有效整合。《上海市终身教育促进条例》（以下简称《条例》）已于2011年5月1日起正式实施。《条例》明确了政府、企事业单位、社会各方、学习者个人的权利和义务责任，从而为更好地统筹协调市政府下属的教育、科技、经济、人力资源与社会保障等不同部门力量，整合全社会公共教育资源，建立政府、企事业单位、社会团体、个人共同多元投入的学习型社会建设经费保障机制，从财力、人力、实施机构、学习成果认定等多方面提供了发展终身教育的法律保障。但是，目前区域许多教育资源和文化资源分别属于不同的机构或有不同的行政归属，需要通过有效整合，以避免因为所属关系的不同或利益的冲突而出现的矛盾，并促进区域终身教育体系的完善。作为区域终身教育服务平台，区办成人高校已不同于一般的学校或教育机构，在区域终身教育体系中发挥主体作用。因此，需要政府、社会各方面的支持和帮助，需要完善区域各级各类教育资源的整合、协调机

制,协调区办成人高校与区域内政府各部门、其他学校、民非机构、企业以及市民之间的关系,以及区办成人高校内部各职能部门之间的关系,实现终身教育领域内各级各类教育资源整合、共享。

三、各类教育之间相互分割

目前,我国普通教育、职业教育、成人教育等教育板块基本上是相互分割的,还未形成一个立体交叉的现代教育体系。普通教育、职业教育、成人教育虽在理论层面上被纳入终身教育体系的有机组成部分,但在实践层面上不论是其作用的发挥、体系的构建还是各类教育的交互,都与终身教育的要求相去甚远。

成人教育之间也往往相互分割,比如,开放大学与自考原本属于远程开放教育,但两家各自为政,互不相关,连相同课程的学分都不相通,从教育资源配置的角度看,都是不合理的。尽管各区教育资源非常紧缺,但在各级各类教育中校级资源共享、教育层次之间的联系等方面缺乏有效举措。与同级不同类或高一级教育共享资源、共同提供更高水平教育和培养高素质的人才是世界性潮流。在美国、德国、俄罗斯等国家,普通教育与职业教育的界限非常模糊,资源实行共享。美国、日本等国高中阶段就鼓励学生选修大学课程,利用大学的实验设备等教育资源;在高等教育阶段,允许30—60学分从非本校的其他高等教育机构获得;研究生阶段的本科免试入学、专业之间相互调换、硕士课程直接转博士课程均十分普遍。而我国教育体系中教育资源相对分割,相互转化机制不够灵活与完善,究其原因在于:其一,传统的教育观念赋予了各种教育不平等的社会地位;其二,只认识到各种教育的特殊性,而未意识到它们之间的内在联系;其三,国家政策、法规的不健全制约了各种教育的衔接和融通;其四,各种教育内部的体制问题阻碍了教育网的构建(王洪才,2008)。

四、国家终身教育立法难以实现

尽管自2002年起教育部就提出要研究并起草终身教育法,但是十几年过去了,这部法律迟迟没有颁布。而国家终身教育立法的止步不前,也真实地反映了我国终身教育难以深入开展的困顿局面。2005年7月29日,福建省人大会议通过了《福建省终身教育促进条例》,这也是我国第一部地方性终身教育法规。福建终身教育地方条例的制定,不仅极大地推动了我国终身教育的政策实践,而且也为终身教育由一个理念、一种思潮转为具体可行的政策举措乃至立法原则做出了贡献。但是,由于此条例在起草之初即由学者及民间团体为主来推动,因而政府职能基本处在缺失状态,政府的缺位导致了该法在实施过程中的空乏与无力,如实质性的终身教育体制机制并未建立,教育资源的整合与衔接未有重大突破,终身教育经费来源没有给以明确规定等。由此,这一地方条例变成了一部仅具象征意义的"空法"(吴遵民,2008)。同样的问题也出现在 2011 年公布实施的《上海市终身教育促进条例》中。该《条例》将终身教育的内涵狭隘化,各级各类正规学校教育均被排除在终身教育体系之外,大量在社区开展的各种具有教育意义的文化休闲乃至娱乐身心的活动也都不在推进之列,这就使得期待依托立法而展开的各种扎根社区的终身学习活动失去了赖以生存的法律基础(吴遵民,2014)。

简言之,通过立法充分发挥各种教育资源的作用,同时加大统筹各类教育与文化资源的整合力度,以提供多元与多样的满足公民学习需求的各种教育课程或学习活动,无疑对促进公民的终身学习具有重要作用,而这样一种局面的形成则都需要在立法层面进行必要的法律规范与规定。

五、终身教育的受众人群未全覆盖

终身教育体系不仅表现在各级各类教育之间的相互衔接与相关沟通,更重要的是根据人的全面发展与经济社会发展的实际需要,提供应有的教育产品和服务。终身教育体系建设旨在服务和满足不同群体与个体的终身学习需求,因而必须关注各种群体与个体具体的学习需求及其变化。不同性别、学历、职业以及不同职业阶段的劳动者群体,都有各自特定的学习需求倾向;老年教育群体人口基数和年龄跨度大,不同地区、年龄、健康状况乃至不同生活境遇的老年群体,其学习需求迥异。从目前的教育现实来看,仍存在教育"缺位"的现象,比如,社区里的失学无业青少年以及孤寡老人等弱势群体普遍得不到应有的教育和培训,或者是提供的教育服务与需求不匹配,老年职业教育尚未得到应有重视,现有的职业教育对老年劳动力人口缺乏应有关怀,等等。此外,随着创业者群体的兴起,洞悉他们在创业过程中的特定学习需求,提供针对性的终身教育服务,亦是当前终身教育体系建设的重要任务。

第四节 构建区域终身教育体系的对策建议

一、构建"立交桥",积极推进学习成果互认

正规教育和非正规教育共同发展,学历教育和非学历教育相互促进,各

种教育类型和层次间实现良好的衔接和渗透融合，不仅是终身教育发展的客观要求，也是构建终身教育体系的有效途经。如果说传统的教育体系是一座"独木桥"，那么终身教育体系就像是一座互通式的"立交桥"，从摇篮到拐杖，从家庭到学校，从社会到学校，从工作场所到课堂，无论从哪里都能驶入教育体系，都有路可通。"立交桥"意味着多渠道的沟通与衔接，要实现不同级别教育的衔接、不同类型教育的沟通，就需要积极推进学习成果互认。学习者既可以通过学校的正规教育，也可以通过学校之外的培训等非正规教育进行学习；既可以是课堂中的正式学习，也可以是工作、生活、社交过程中的非正式学习。多种表现形式的学习成果，需要进行统一认证；多渠道的学习成果，需要转换为单一教育机构的学分，以兑换为相应的证书和文凭。

要建立市民学习成果认证制度，首先，建立非学历教育统计及核算受教育年限的办法。这是一项十分关键的基本建设，对于教育质量的客观比较与评价、人均受教育年限的统一认识、学分制的践行与推广、成人继续教育和终身学习的推进，都是不可缺少的。其次，要构建学分银行。对市民在普通高校、高职院校、成人高校、社区学院、社会力量办学等机构的学习情况进行记录，形成具有市民学习账户管理、学习情况记录、学习消费、学习奖励等多种功能的个人学习"账户"，在此基础上逐步建立"学分银行"。学分互认制度试点遵循先易后难原则，先选择条件好的学校、专业、学科；然后制定相应的学分认定、互换程序与制度，同时，可以通过建立协议等手段落实运行。实施一定阶段内，政府与学校都可以采用一定的倾斜优惠政策，鼓励推进。要设立相应的管理制度，实行学分认定、学分互认、学分积累和学分兑换，在上海地区形成学历与非学历教育、普通教育与成人教育、高层级与低层级教育衔接与沟通的学分银行框架体系。

二、整合资源，实现各类教育的横向沟通

目前，终身教育资源已经比较丰富，但是各类资源缺乏有机协调和沟通，处在相对封闭、孤立的状态，导致教育资源缺乏合理的流动和有效配置。终身教育体系的构建，打破了各级各类教育之间相互隔离的状态，促进了教育资源的互补和共享，实现了资源的优化配置。区级学习型城市建设统筹领导机构需要统筹辖域内教育资源，加强资源的整合与开放。教育资源的整合与开放包括三个方面：一是学校教育资源向社会开放，社会成员尤其是社区居民可以利用学校的教育资源，如图书馆、体育场所和设施等，以接受教育和进行学习；二是学校之间教育资源的整合，互通有无，资源共享；三

是社会教育资源的共享，如电视台、文化馆、体育馆、图书馆、博物馆、科技馆以及工作场所为教育服务，实现社会教育资源的开放，把传统的教育空间由学校扩展到社区和社会。教育资源的整合与开放，实现教育资源之间的相互补充和共享，不但有助于增加教育机会，还能提高资源的利用率，有助于教育的长远发展。

运用现代信息技术，完善教育资源与应用系统，搭建以卫星、电视、互联网和移动终端等为载体的开放灵活、功能强大的全民终身学习公共服务平台，开发网络学习课程和数字化学习资源，通过现代信息技术和互联网，把优质教育资源输送到千家万户，实现学习资源的整合与共享，为各级各类学习者提供便捷、多样的学习支持服务，促进教育公平和社会公平。

三、拓宽通道，疏通各级教育之间的纵向衔接

为了保证教育公平，应尽量拓宽入学通道，实行多元化的入学模式，从接受该教育基本能力要求出发，设置入学条件。尽可能把求学者的知识、技能以及经验都列为其入学的考察依据，从而使具备不同知识、技能和经验的学习者都有选择适合自身的入学方式和通道的机会。由政府举办和管理的成人学校教育系统可以为市民提供各种学历或非学历的学习机会。其一是为市民提供各种学历教育机会的社区成人学校教育系统，包括开放大学及其分校，普通高校的成人教育、继续教育或网络教育学院等，以及设置在各区的业余大学、成人中等学校，这种面向成人的（非全日制）中高等教育体系向"正规中高等教育"学生之外的各类人群开放，他们中大多是需要高级训练和继续深造的职工或专业人员。这一教育系统不仅满足了报考者的学习需求，也为他们提供了本科、专科或中等层次的学历教育文凭。其二是政府为市民提供各类多元文化教育培训机会的普惠式社区教育网络，包括各区社区学院、街道（乡镇）社区学校以及居村委分校或办学点，这些立足社区、旨在打造 10 分钟步行范围内的成人学习机构，一般由区政府按本区常住人口规模予以拨款，不仅为普通市民特别是社区老年人、外来人口提供各类非学历教育课程，而且还组织开展丰富多彩的社区文化、休闲与健身等各类活动，满足社区居民学习需要和社区建设需要。

四、加快立法，完善教育回归制度

国家应尽快制定终身教育促进法，为终身教育体系构建提供法律保障。要进一步完善回归教育制度，打破教育领域与劳动领域之间的壁垒。一是强化学习宣传，形成对回归教育的共识。二是高等学校进一步开放。改革入学

选拔方式，实行考试和推荐、申请、甄试相结合；实行弹性学制和学分制；提供兼时制、晚间制、周末制、集中制等多样化的学习研修方式；改革教学模式，以教学、生产（工作）、经营、服务、"产教结合"的教学模式，取代课堂教学唯一的教学模式；改革考核方式和方法，采取考试式、实习式、作业式、工作成就取代式等多种评价或综合评价方法。三是企业实行"带薪教育假"制度。在认真考察国外该制度的发展历程和运行特点的基础上，制定具有我国特色的"带薪教育假"制度，包括确定教育假时间、保证经济待遇、确定享有者的资格、规定企业的责任与义务、规定学习者的教育费用来源等。四是完善企校合作体制，包括合作办学，建立"双导师制"；联合研发，建立"校企技术创新联盟"；人员合作与交流，培养"双师型"教员（叶忠海，2013年）。

五、扩充对象，满足各类群体的教育需求

终身教育体系按照教育对象划分包含了学前教育、学校教育、成人教育和老年教育等基本要素，这意味着教育人口的覆盖面由儿童和青少年扩展到全体人口，呈现出"人人皆学"的趋势。但是，目前仍然有部分群体没有被覆盖到，如外来务工人员中的中青年女性群体。这个群体文化层次相对较低，主要从事保洁、家政、服务员等职业，理应成为终身教育的服务对象。面向外来务工中青年女性的终身教育，不仅应重视专业知识和生产技能的教育和培训，而且应重视平等意识和发展意识的启发，对她们进行社会生活和家庭生活知识的教育，使妇女在面对社会生活和家庭生活问题时，成为有自觉意识和发展能力的人。此外，还要关注社区里的失学无业青少年、残疾人以及孤寡老人等弱势群体的教育，针对不同群体，建立各种教育培训机制，满足他们特殊的学习需求。

第二章 新时期党建引领终身教育大平台建设

党的十九大报告提出,"中国特色社会主义进入了新时代"。这一重大政治判断明确了我国发展的方位,赋予了党建新的时代内涵,为加强基层党组织建设提供了根本遵循,对基层党组织建设工作具有重要的指导意义。新时代意味着新起点、新任务、新要求。高校基层党组织是高校党的工作和战斗力的基础,关系学科建设、人才培养、师资队伍、科学研究、社会服务等各项事业发展。习近平总书记在全国教育大会上强调,加强党对教育工作的全面领导,是办好教育的根本保证。

成人高校是高等教育事业的重要组成部分,进一步加强和改进成人高校党建工作,对于全面贯彻党的教育方针、坚持社会主义办学方向、培养社会主义事业的合格建设者和可靠接班人、保障和促进成人高校的健康发展,都具有重要而深远的意义。长宁区业余大学作为一所区域成人高校,认真学习贯彻习近平新时代中国特色社会主义思想和党的十九大精神,落实全国教育大会精神,立足立德树人根本任务,结合"不忘初心、牢记使命"主题教育,坚持党建引领发展,围绕学校中心工作,服务学习型社会建设,逐步构建成为开放办学的实体和区域终身教育发展的大平台。

当下,学校所处的环境、担负的任务、工作的条件以及自身状况都发生了重大变化,如何应对新形势下的机遇与挑战,成为学校在完善终身教育大平台的过程中亟待解决的问题。全面加强党的领导,坚持党建引领,做好新形势下党建工作,不仅对巩固党在成人高校的执政地位具有重要作用,而且对成人高校实现人才培养、科学研究、服务社会及文化传承具有根本性、战略性和全局性意义,更是为学校完善终身教育大平台提供了重要的保障。

第一节 成人高校基层党建工作概述

习近平总书记指出,加强党对高校的领导,加强和改进高校党的建设,是办好中国特色社会主义大学的根本保证。提高党的建设质量，是习近平总书记着眼于永葆党的先进性和纯洁性，顺应新时代党的建设总要求提出的重大课题。作为党建工作的基石，成人高校基层党组织必须坚实稳固，才能发挥坚强战斗堡垒的作用，引领推动成人教育事业持续健康快速发展。

一、加强和改进成人高校基层党建工作的重要意义

（一）确保成人高校坚持正确办学方向的根本保证

2015 年，中共中央办公厅、国务院办公厅颁发的《关于进一步加强和改进新形势下高校宣传思想工作的意见》指出，意识形态工作是党和国家一项极端重要的工作，高校作为意识形态工作前沿阵地，肩负着学习研究宣传马克思主义，培育和弘扬社会主义核心价值观，为实现中华民族伟大复兴的中国梦提供人才保障和智力支持的重要任务。成人高校作为高等教育的一部分和意识形态领域的前沿阵地，承担着学习研究宣传贯彻马克思主义、培养中国特色社会主义事业建设者和接班人的根本任务，要履行立德树人使命、强化满足人民接受优质成人高等教育需求的责任担当，必须要坚定不移地坚持中国特色社会主义办学方向。

区域成人高校作为面向社会全体成员的成人高等学校，学生置身于社会，且规模大、分布地域广、生源复杂，思想政治教育工作开展如何，事关学校办学以及"培养什么样的人、如何培养人和为谁培养人"的根本问题。加强和改进新形势下学生思想政治教育工作十分重要，任务十分艰巨。因此，加强和改进基层党建工作，全面提升成人高校基层党建工作科学化水平，有利于加强党对成人高校的领导，并落实到办学方向、深化综合改革、推进依法治校、促进内涵发展的全过程，牢牢把握马克思主义在成人高校的指导地位，强化学习研究宣传马克思主义阵地建设，确保坚持中国特色社会主义办学方向不动摇。

（二）提高成人高校基层组织建设质量的迫切需要

党的基层组织是党在社会基层组织中的战斗堡垒，是党的全部工作和战斗力的基础，也是确保党的路线方针政策和决策部署贯彻落实的基础。党的十九大提出"不断提高党的建设质量"，加强基层组织建设，必须牢牢把握质量这根生命线，讲究工作方法，突出政治功能，着力推动基层组织进一步增强政治领导力、思想引领力、群众组织力、社会号召力。习近平总书记指出，要加强各领域党建工作，推动基层党组织全面进步、全面过硬。

区域成人高校作为服务区域社会经济发展的终身教育机构，在实现整体战略转型的同时，也注重强化基层党组织的服务功能，近年来开展了一系列

实践探索。但是，从整体上看，区域成人高校党建工作缺乏特色，自身的特点体现不明显。加强和改进成人高校基层党建工作，切实推动党的基层组织建设，不断强化基层党组织的整体功能，努力提升基层党组织的组织力，必将有利于全面提高成人高校基层党组织建设质量，推动成人高校基层党组织强化政治引领，发挥战斗堡垒作用和党员先锋模范作用，引领基层组织自觉贯彻党的主张，确保基层治理正确方向。

（三）引领成人高校教育事业改革发展的必然要求

习近平总书记在十九大报告中强调："伟大斗争，伟大工程，伟大事业，伟大梦想，紧密联系、相互贯通、相互作用，其中起决定性作用的是党的建设新的伟大工程。推进伟大工程，要结合伟大斗争、伟大事业、伟大梦想的实践来进行"。这充分说明了加强党的建设与推动事业发展具有内在统一性。

当下，成人高校面临着新一轮改革发展的重大机遇和严峻挑战，加强和改进成人高校基层党建工作，有利于推动党委切实履行管党治党、办学治校主体责任，做到把方向过硬、管大局过硬、作决策过硬、保落实过硬，推进学校党组织领导和运行机制到位、政治把关作用到位、思想政治工作到位、基层组织制度执行到位、推动改革发展到位，促进基层党支部教育党员有力、管理党员有力、监督党员有力、组织师生有力、宣传师生有力、凝聚师生有力、服务师生有力，全面提升成人高校基层党建工作质量，逐步建立更加科学、更加严密、更加有效的党建工作体系，引领推动成人高校把握发展机遇、凝聚发展力量，统筹推进党建和教育事业持续健康快速发展。

二、加强和改进成人高校基层党建工作的基本要求

党的十九大报告指出，加强基层组织建设，要以提升组织力为重点，突出政治功能，把企业、农村、机关、学校、科研院所、街道社区、社会组织等基层党组织建设成为宣传党的主张、贯彻党的决定、领导基层治理、团结动员群众、推动改革发展的坚强战斗堡垒。因此，新形势下成人高校基层党建工作要以提升组织力为重点，结合学校工作实际，推进党的基层组织建设。叶茂根需深，枝荣本必固。筑牢基层党组织建设这块基石，是全面加强党对高校领导的长远之计、固本之举。

（一）加强党的领导

习近平总书记强调，办好我国高等教育，必须坚持党的领导，牢牢掌握党对高校工作的领导权，使高校成为坚持党的领导的坚强阵地。坚持党对一切工作的领导，不仅要加强党的中央组织、地方组织对各项工作的领导，而且还要求党的各类基层组织发挥战斗堡垒作用，确保党的路线方针政策和决

策部署在基层得到贯彻落实。全面加强党的领导，就是要求各个行业、各个系统都要加强党的领导，要切实解决党的领导弱化、党的建设缺失、管党不力、治党不严等问题，重点要扭转一些基层党组织弱化、虚化、边缘化现象。区域成人高校党组织是学校的政治核心，这既是宪法、党章和党内规章赋予的职责，也是保证正确的办学方向、促进学校健康发展的需要。区域成人高校党组织要按照党的十九大提出的要求，结合学校实际，突出强化基层党组织政治功能，积极拓展服务功能，着力提升组织力，充分发挥高校基层党组织在贯彻党的教育方针、引领学校中心工作、团结发动师生等方面的战斗堡垒作用。

（二）突出政治功能

习近平总书记在党的十九大报告中指出："旗帜鲜明讲政治是我们党作为马克思主义政党的根本要求。党的政治建设是党的根本性建设，决定党的建设方向和效果。保证全党服从中央，坚持党中央权威和集中统一领导，是党的政治建设的首要任务。全党要坚持执行党的政治路线，严格遵守政治纪律和政治规矩，在政治立场、政治方向、政治原则、政治道路上同党中央保持高度一致"。新时代党的建设要以政治建设为统领，这对于基层党组织而言，就是要加强对党员的教育管理监督，增强思想政治工作的有效性和针对性，不断提升党员的政治意识、大局意识、核心意识和看齐意识。通过"两学一做"学习教育常态化制度化，增强广大党员尊崇党章、遵守党内各项制度的意识，坚定"四个自信"，做到"四个服从"。要把讲政治贯穿于学校教育教学的全过程，着力增强基层党员的政治定力；要严肃党内政治生活，健全党支部生活常态化工作机制；要坚持政治标准，开展标准化基层党支部建设。

（三）创新融合发展

中国特色社会主义进入新时代，要求我们必须用创新发展的思维去开展成人高校基层党建工作，通过网络新媒体整合资源，探索新路径，多层次推进党建品牌化建设；通过完善党建工作新模式，开展具有广泛认知和可操作性的标准化党支部建设；建立健全成人高校基层党组织"党员活动日""党建工作与业务工作融合"和"激励约束"等创新发展机制。结合成人高校文化发展实际，利用新媒体传播社会主义先进文化，以教育者为主导，以精神文明为核心，以各种文化活动为主要内容，把党建工作的范围覆盖到校园文化建设的各个层次，从深层次上提高师生党员的政治觉悟。基于新媒体技术打造蓬勃进取的校园文化氛围，拓展党建品牌载体与路径，提升党建品牌效应，使网络新媒体在高校党建中的作用得到充分发挥。从深入学习研究党支部工作标准出发，进一步明确以党支部标准化建设来巩固高校基层党组织的重要意义，着力推进基层党建工作责任体系的健全。

（四）提升教师队伍能力

面对新时代的新形势、新要求，教师队伍只有不断提升自身的综合素质和能力，才能适应工作需要。新时代创新发展成人高校基层党建工作，需要将党建工作与业务技能融合发展，完善教职工培训制度，拓展培训内容，多维度提升教师队伍的能力素质。通过立足教师培养，创新教学新模式。在对成人高校教师培养过程中，要注重启发教师的自觉性，激发其自主发展意识，通过形成内外合力，实现教师教学能力的稳步提升。发挥教师在基层党建工作中的主观能动性。坚持支部活动与行政活动相结合，协同促进基层党支部通过开展主题党日活动，结合教学内容，进行集体研究，共享成果。极力将党建成效转化和融入到提升人才培养的具体行动中，坚持问题导向，积极建言献策，努力推动学科专业内涵发展，提升师德修养水平。

三、加强和改进成人高校基层党建工作的基本思路

（一）与时俱进，转变党建工作理念

与时俱进，创新党建工作理念是做好新形势下成人高校基层党建工作的前提。在新时代背景下，党的历史方位、中心工作、领导方式的变化要求成人高校基层党建工作必须跳出传统的思想桎梏，不断解放思想，转变观念，强化创新意识。要破除以往工作中形成的已不适应新形势发展的陈旧观念，转变过去那种工作不积极、不主动的陈旧模式。要深刻认识新时代对基层党建工作的新要求，树立坚持高标准、创造性开展基层党建工作的思想，不断推进成人高校基层党建思想观念的创新。这就需要成人高校基层党组织对党建工作给予高度重视，切实将党建工作摆在重要位置，严格按照"不忘初心、继续前进"的要求，大胆创新，积极探索党建工作新模式，使成人高校基层党建工作真正体现时代性，不断开创党建工作的新局面。要深刻认识成人高校基层党建工作在促进高校教育事业改革发展中的重要地位和作用，增强抓基层党建工作的责任感和紧迫感，充分发挥好成人高校基层党组织在推动工作、服务群众、凝聚人心中的作用。

（二）深度融合中心工作，丰富党建工作内涵

高校的根本任务是立德树人育人，这是开展党建工作的着眼点和着力点。成人高校基层党建工作要牢固树立"不抓党建是失职、抓不好党建不称职"的观念，增强服务意识，拓宽服务渠道，丰富党建活动内容，使党建工

作由围绕中心向融入中心转变,由外力推动向自我创新转变。要跳出就党建抓党建的陈旧模式,坚持运用"党建+"思维,把基层党建工作与思想政治工作、学生培养、教育教学、科学研究等工作有机结合,找准党建工作与业务工作的结合点,主动"渗透",推动党建工作与中心工作深度融合,切实做到基层党建工作与中心工作同部署、同推进、同落实,避免"单打一"和"两张皮"现象,真正实现抓党建促发展的目的。成人高校基层党建工作要以学习贯彻习近平在全国高校思想政治工作会议上的讲话精神、党的十九大精神和习近平新时代中国特色社会主义思想为基本内容,紧密结合院系的改革发展,切实丰富党建工作内涵,突出党建工作重点,增强党建工作活力,提升科学化水平。

(三)注重灵活高效,变革党建工作方法

伴随着新形势和新任务,成人高校基层党建工作必须因势而谋,变革方式方法,既要坚持行之有效的工作方式方法,又要采取务实、灵活、有效的活动方式,不断探索富有时代特色的多元化工作方法,提高党组织活动的吸引力和号召力。一是要充分利用网络新媒体,创新党建工作模式。党的十九大报告指出,要"善于结合实际创造性推动工作,善于运用互联网技术和信息化手段开展工作"。要积极运用先进的科学技术,让成人高校基层党建工作插上高科技"翅膀",产生"如虎添翼"的效果。二是要创新组织生活形式。根据成人教育的特点,要积极探索党员教育的新形式,在集中学习、研讨等传统活动方式的基础上,开展参观访问、调研、志愿服务等各种形式多样的活动以代替单一的理论教育,把组织生活和志愿服务、社会实践结合起来,将知识应用于实践,使党员在实践活动中受到教育,增强教育的生动性和实效性。

(四)搭建平台、拓宽渠道,拓展党建工作载体

载体创新是党建工作的活力源泉,是党建工作取得成效的强有力的支撑和抓手。通过创新,形成多样化的工作载体,是新时代基层党建工作的重点之一。在新时代背景下,推进成人高校基层党建工作的载体创新,把党建内容落到实处,提高成人高校基层党组织党建工作的水平和实效性。一是要运用好过去行之有效的工作载体,对原有载体进一步改进、提升。校园报刊、校园宣传栏等传统党建工作载体不能抛弃,要通过增加科技元素,创新呈现形式,使其焕发出新的生机和活力。二是充分利用新技术,积极搭建微博、微信公众号、微信群等新媒体平台。这些可视、可读、可感、可交流的新载体使成人高校基层党建工作看得见、摸得着,更加接地气,在党建实际工作中能起到"化无形为有形"的作用。三是实施党建品牌建设项目,形成特色

实践载体。以党组织活动为主要方式，遵循围绕服务群众创新载体这一根本原则，拓展"党员教师下社区""爱心义卖、志愿者服务"等统领带动、体现特色、凝聚人心的党建工作载体，形成基层党组织各具特色的党建品牌载体。

（五）与健全制度相适应，完善党建工作机制

在推进基层党建工作中要高度重视机制创新，要将创新机制与完善制度体系相适应，把握重点，努力构建成人高校基层党建工作的新机制，保障成人高校基层党组织有效发挥政治核心作用。一是创新党建工作领导机制。要以完善党政联席会议制度为抓手，在坚持传统党建工作齐抓共管机制的基础上，进一步明确党建工作的领导权、决策权，建立集体领导、民主讨论、科学决策的成人高校基层党建工作领导机制。二是完善党建工作责任机制。建立健全基层党委统一领导，党委书记负总责，支部书记具体抓，其他领导协同抓的"一岗双责"机制。三是健全党建工作考核机制。根据成人高校基层党建工作任务，按照"细化、量化、科学化"的要求，不断完善成人高校基层党建工作目标管理考评办法，推动全面从严治党向基层延伸。通过定期考核，以考核、评议促进党建工作提质增效。四是探索建立党建工作问责机制。对履行全面从严治党责任不到位，抓基层党建工作不作为、不善为的党支部和党员干部进行问责，并要求限期整改。五是健全党员作用发挥机制。成人高校基层党建工作要通过推进权利保障、义务履行、激励关怀的有力措施，不断激发党员活力，充分发挥党员的先锋模范作用。

第二节　党建引领终身教育大平台建设的途径

党建引领要发挥党组织的领导、指导和引导作用。具体来说，就是要充分发挥党组织的领导核心作用和政治核心作用，发挥基层党支部的战斗堡垒作用，发挥党员干部的表率作用和广大党员的先锋模范作用。从内容上讲，党建引领就是要发挥好党的各项建设的引领作用，包括党的领导、党的建设和从严治党等方面。通过党建引领，发挥好党的政治、思想和组织领导作用，发挥好党的各项建设对其他各项工作的引领作用，并把从严治党的要求贯穿于党的领导和党的建设的各个方面及全过程。

一、组织建设与终身教育大平台发展

《中国共产党章程》第三十二条对党的基层组织的地位做了规定："党的基层组织是党在社会基层组织中的战斗堡垒，是党的全部工作和战斗力的基础。"基层党组织是教育、管理、服务师生的"终端",只有抓好基层党组织的组织建设,提升其组织力、号召力,党在学校的政治统领地位才能充分发挥作用,才能筑牢思想建设之根基。

近年来,学校党委全面贯彻党的十九大精神,以习近平新时代中国特色社会主义思想为指导,深入贯彻习近平总书记重要讲话精神,贯彻落实新时代党的建设总要求,全面加强党的组织建设、不断提升组织力,推动基层党组织全面进步。一是强化政治功能。政治功能是基层党组织的"魂",政治属性是基层党组织最核心、最本质、最深刻的特征。学校党委坚持从思想上严格要求,组织上严格管理,制度上严格约束,着力增强基层党组织和党员自我净化、自我完善、自我革新、自我提高的能力,汇聚成党在基层的政治优势,为党的领导延伸到基层、落实到基层提供政治保证。二是发挥战斗堡垒作用。发挥党的组织优势、组织力量、组织功能,及时将党的意志、党的声音、党的要求传达到基层,贯彻执行上级党组织的各项决策部署,加强基层党组织在基层治理中的领导作用,做好新时代群众工作,致力营造共建共治共享的社会治理格局,以党的建设成效推动和保证各项改革发展任务落实落地、见到实效,把党组织建设成为宣传党的主张、贯彻党的决定、领导基层治理、团结动员群众、推动改革发展的坚强战斗堡垒。三是提升建设质量。贯彻落实党的十九大对基层党组织建设的部署要求,着力解决基层党组织弱化、虚化、边缘化的问题,从基本组织、基本队伍、基本制度上严起来、实起来、活起来,在打牢基础、补齐短板上下功夫。

随着学校在促进学习型城区建设、区域终身教育体系构建方面的推进,通过做精学历教育、深化社区教育、强化教育培训、拓展文化教育等举措,基本实现由单一办学实体向建设终身教育服务平台的转型。在这一过程中,学校先后建立了社区教育数字化学习平台、非学历教育服务平台、市民终身学习指导中心,基本满足了区域市民多样化的学习需求。随着实践的不断深入,各平台自身功能还有待进一步完善,平台之间的互通机制有待健全,平台资源共享还未完全实现有效融通,各平台服务终身教育的功能还有待拓展等等,终身教育大平台需要进一步完善。其中,党组织建设的引领作用至关重要。

一方面,党组织引领作用是学校完善终身教育大平台的政治保障。学校转型发展过程中,学校基层党组织担负着直接联系师生、引导师生、团结师生,把党的路线、方针、政策落实到基层的重要职责。通过发挥基层党组织政治核心作用、党支部的战斗堡垒作用和党员先锋模范作用,加强党对高等教育的坚强领导,对于"培养什么样的人、如何培养人和为谁培养人"这个根本问题具有重要的引领作用，是学校完善终身教育大平台的政治保障。

另一方面，党组织引领作用是为学校完善终身教育大平台凝人心、聚众力。列宁曾说过，工人阶级在斗争中除了组织外没有别的武器。组织建设引领就是把广大群众组织在党的旗帜下，把广大教职工团结在一起，凝人心、聚众力，共同为党的事业、学校发展而奋斗。

要充分发挥党组织建设的引领作用，就需要从活动开展上探寻成人高校基层党建工作与业务工作的契合点。成人高校有效的活动开展是做好党建工作和业务工作的重要载体。首先，要以积极向上、高度负责的态度开展好中央和上级党组织推进的重大政治活动，把落实中央和上级党组织推进的重大政治活动作为解决学校和处室当前主要矛盾和重大问题的最好契机，扎扎实实完成上级要求的规定动作，突出成人高校行业特点搞好自选动作。然后，紧紧围绕学校相关业务工作实际及工作开展中存在的一些矛盾、困难和问题，结合学习教育工作，抓好学习教育的常态化、制度化建设，坚持问题导向，立足整改落实，全面推进成人高校基层党组织"五化"建设和"一支部一特色"等党建活动，确保党建活动与业务工作融合开展。

二、党员队伍建设与终身教育大平台发展

党员是党的肌体的细胞和党的活动的主体，党员队伍建设是党的建设的基础工程。党员队伍素质高，党的力量就会强；党员队伍充满活力，党的事业就会生机勃勃。我们党历来高度重视党员队伍建设，进入改革开放新时期，把提高党员队伍素质能力摆在更加突出的位置，不断加大党员教育培训力度，为促进改革发展稳定提供了强大动力。党的十八大以来，以习近平同志为核心的党中央反复强调，坚持党要管党、从严治党，要落实到党员队伍的管理中去。党组织要严格把关，把政治标准放在首位，确保政治合格。要重视从青年工人、农民、知识分子中发展党员。要严格党员日常教育和管理，使广大党员平常时候看得出来、关键时刻站得出来、危急关头豁得出来，充分发挥先锋模范作用。

长期以来，学校力抓基层党员队伍建设，不断加强党员队伍建设，充分发挥党员的先锋模范作用。学校党委结合工作实际，深入开展党支部建设工作，不断提升党建工作水平，多举措着力打造一支思想忠诚、业务素质高、使命感与责任感兼具的党员队伍。一是把好党员教育关。党员队伍的素质和形象深刻影响党组织在群众中的威望，学校党委对党员的教育要坚持以党章为根本遵循，结合"两学一做"学习教育常态化制度化，严格执行"三会一课"制度，认真开展"不忘初心，牢记使命"主题教育，不断提高全体党

员的政治素质和思想觉悟，使全体党员能够牢固树立"四个意识"，自觉在思想上、行动上与党中央保持高度一致。通过讲党课、谈体会、开好组织生活、民主评议活动等一系列举措，逐级抓重点，层层抓落实，营造浓厚政治氛围，不断激发流动党员学习热情，推动基层党员学习教育抓在经常、融入日常，进一步促进党员作用发挥。二是把好党员发展关。发展党员是保持党的生机和活力的前提，要积极适应新时代背景，做到三个"注重"，不断优化党员队伍结构。学校党委从源头抓起，秉持党建带团建的工作思路，积极推进团员青年"推优入党"，注重从优秀职工干部中择优选拔发展对象；按照严格标准、个别吸收的原则，通过组织推荐、群众推荐及员工自荐的方式，做到"成熟一个，发展一个"，为打造一支高素质、高标准的党员队伍打下坚实基础。三是把好党员考评关。要保持党员队伍的先进性和纯洁性，必须严格落实党员民主评议制度，切忌形式化、走过场，对照评议程序和内容逐项逐条进行评价，通过党员自我总结、自我评价，党支部民主评议、党组织考察分析，形成评议结果，对优秀党员和先进事迹进行表彰宣传，发挥其示范引领作用；及时处置理想信念缺失、政治立场动摇、宗旨观念淡薄、工作消极懈怠、组织纪律散漫、道德行为不端的不合格党员，在群众中树立党组织的威信和党员队伍的良好形象。学校党委积极推进先进模范带头作用，不断营造积极向上的工作氛围。对先进党务工作者、优秀共产党员进行表彰；广泛开展"党建示范点""党员示范岗"等活动，让优秀共产党员亮明身份，以点带面，引领广大教职工积极向上，努力工作，争先创优。

在看到成绩的同时，我们也要清醒地认识到还存在着一些薄弱环节，主要表现在：一些党员干部和教师职工学习和工作劲头还存在不足，党员队伍的引领力、对教职工的凝聚力还不够强等。这就要求我们必须从全局和战略高度，充分认识到存在的问题，把握形势任务，推进工作创新，全面增强学校党员队伍的凝聚力、战斗力和创造力，引领学校转型发展，为完善终身教育大平台提供重要保障。一方面，党员队伍充分发挥先锋模范作用，做好示范引领。党员能时刻用党员的身份来要求自己，牢固树立党员的责任感和光荣使命感，在各种利益冲突面前，处理好个人利益与学校利益之间的关系。示范岗党员不仅自觉严格执行党和国家的政策法令，而且在党纪和国家政策法令还没有明确规定时，自觉地做到顾大局、识大体，首先考虑群众利益、集体利益、国家利益，以自己的模范带头作用去影响带动广大教职工，率领大家在终身教育大平台建设过程中共同前进。另一方面，党员队伍充分发挥先锋模范作用，做好业绩引领。在工作业绩方面，示范岗的党员踏实肯干，对自己的岗位要尽职尽责，对与自己岗位相关的各项法规政策及制度能够模范执行,结合自身岗位的目标创造出一流业绩,起到示范先锋的作用。同时在优质服务方面,严格遵守服务承诺制度,树立崇高的职业道德形象,坚持遵纪守法、服务群众和爱岗敬业的原则,起到很好的业务上的带领作用。

结合学校工作实际,做好党员队伍引领,促进终身教育大平台发展,需要从重点工作上探寻成人高校基层党建工作与业务工作的契合点。要发挥党员队伍引领作用,真正实现成人高校基层党建工作与业务工作的深度融合,必须把基层党建工作全过程贯穿至成人高校重点工作之中,充分发挥基层党建工作对重点工作的保障、推进和领航作用。我们要将基层党建工作重心放在推动重点工作开展上,通过重点工作带动各项工作的全面开展,针对重点工作特点和目标任务要求,充分发动党员群众结合工作职责,深入基层一线、深入工作实际、深入调查研究,发动党员群众集思广益、献计献策,为各项工作的科学决策提供实际依据,确保重点工作开展有明确的目的性和针对性;同时,也要充分发挥党建领航作用,凝聚发展强大动力,促使成人高校全体党员群众心往一处想、劲往一处使,创造性地完成好各项重点工作,形成整个学校"一条心、一盘棋"的良好工作格局,进而实现民办高校基层党建工作和业务中心工作在目标上的结合性、在任务上的统一性、在行动上的一致性、在效果上的互促性。

三、志愿者服务与终身教育大平台发展

志愿服务是现代社会文明进步的重要标志,对推动社会发展和人类进步有着不可替代的作用。随着我国改革开放的不断深入,志愿服务逐步成为成人高校走进社会、服务社会的重要切入点。党的十八大以来,以习近平同志为核心的党中央把志愿服务工作放到重要的位置,以"四个全面"战略布局为依托,以国家治理体系构建和治理能力建设为抓手,出台了一系列关于志愿服务的体制机制,针对志愿服务工作做出了详细的部署,确保了志愿服务工作的有序开展。2016年5月20日,在全面深化改革领导小组第24次会议上,习近平对社会志愿服务的开展进行了系统的阐释:"进一步强化社会志愿服务组织发展,以服务人民和构建社会主义核心价值观为核心,以完善体制机制为重点,以凸显能力为基础,形成布局合理、活力四射、管理规范、服务到位的志愿服务组织体系"。2016年,中央文明办、中宣部等8个部门印发了《关于支持和发展志愿服务组织的意见》,指出到2020年,形成充满活力、服务完善、管理规范的志愿服务组织体系,这为实现我国志愿服务工作的有序开展提供了必要的准备。2017年,习近平在党的十九大报告中强调了志愿服务制度化建设的重要性,要求志愿服务必须遵从规范意识、责任意

识和风险意识,这为新时代志愿服务工作发展和进一步推进指明了方向。

近年来,学校以相关文件为依据,积极开展志愿服务,为广大市民提供各类学历教育、非学历教育、闲暇教育等多种教育服务,成为各类人群参与各种学习的立交桥和枢纽。在实践过程中,形成了为经济社会发展服务、为市民终身学习服务、为学校转型发展服务的"三服务"工作推进法,成为学校志愿者服务的重要品牌。中国特色社会主义已进入新时代,我国的主要矛盾已经由"人民日益增长的物质文化需要同落后的社会生产之间的矛盾"转变为"人民日益增长的美好生活需要同不平衡不充分的发展之间的矛盾"。新时代对志愿服务提出了新的要求。与此同时,作为终身教育服务的大平台,区域成人高校在实现整体战略转型的同时,工作的触角不断向社区延伸,学校紧紧依托社区、服务社区,通过各类教育培训服务市民、改善民生,回应广大群众关切,成为区域社会中的一个重要成员,在区域经济和社会发展事业中发挥着越来越重要的作用。在开展志愿服务的过程中,对接区域经济社会发展目标,把学校的发展目标与区域发展目标紧密结合,把学校教学、科研与社会服务结合起来,把人才培养与区域发展结合起来,从而在参与社会建设中寻找自己的定位和坐标;在实施各类教育的过程中,要寻求与社会建设的结合点,如在区域文明建设中,以社区教育为载体;在推进社会管理创新中,以各类特殊人群教育培训为抓手;在开展社区教育过程中,发扬区域文化,打造区域文化品牌;在区域职业技能培训中,探索建立成人高等教育、社区教育与职业培训相互促进、共同发展的新机制。同时,区域成人高校也可以作为公共服务体系中的一员,形成教育培训服务网络,可以为公共服务体系实现更多的、更加广泛的服务。因此,开展志愿者服务与终身教育大平台建设有着内在一致性。

结合区域成人高校的实际,志愿者服务引领终身教育大平台发展,可以从以下几方面着手:一方面,鼓励学校青年教师参与区域共建项目,通过"学习便利进楼宇""市民修身"、世博会和进博会志愿者培训、残疾人关爱系列培训、外来务工人员与失业群体职业技能培训等举措,参与区域社会民生工作,服务区域经济社会发展。二是在服务市民终身学习中,鼓励青年教师主动进社区,承担社区学校常务副校长、影子校长、教务主任、专职教师、数字化学习推进员等工作,与街道(镇)一起,为社区居民学习提供支持和服务。同时推出"菜单式"课程项目,让居民在多样化学习菜单中挑选自己感兴趣的课程,然后经过统计分析,匹配相关资源表,最后达成对接,提供送教上门服务。三是鼓励青年教师围绕上海虹桥航空服务业创新试验区和航空服务企业在职人员培训要求,参与航空服务业专业品牌的打造和课程的建设,推动上海开放大学航空运输学院的建设,支撑区域航空服务人才培养工作。

第三节 党建引领终身教育大平台建设的实践

近年来,学校党委以党的十九大精神为动力,以习近平新时代中国特色社会主义思想为指导,贯彻落实中央、市委、区委一系列决策部署和教育党工委工作要点,以"立德树人,办好人民满意的教育"为宗旨,全面推进党的政治、思想、组织、作风建设,提升党的领导力,为学校教育改革与发展提供强有力的思想和组织保证,促进终身教育大平台建设。

一、党建工作模式探索的实践

学校党委以基层党建现有政策法规为依据,通过对若干成人高校党建工作的现状调查,分析成人高校党建工作的特点,结合学校转型发展的大背景,积极开展围绕中心、服务大局、推动事业发展的实践,形成有效的成人高校基层党建工作模式,从而充分发挥党组织的政治核心作用,提升新形势下成人高校基层党建工作的组织力,充分发挥基层党组织的政治功能。

(一)实践举措

1. 基层党组织职责公开

为进一步加强基层党建工作规范化建设,切实强化党组织的制度建设,学校党委推动党支部书记的职责上墙,包括支部党建工作框架、支部构成、支委会与支部书记职责等内容,使之成为集宣传、教育、学习于一体的文化新载体。通过工作职责、工作内容的上墙,进一步让党务干部时刻铭记职责,履行工作义务,提高工作积极性和主动性,为党建工作提供强大的组织保障和精神支持。

2. 党支部领导下的跨部门党建工作运行机制

通过围绕学校的中心工作,进一步加强基层党支部与行政部门的工作对接,各行政部门进一步配合基层支部工作,在实践中形成了基层党支部领导下的跨部门党建工作运行机制。当下,学校的三个基层党支部(行政支部、终身教育支部、教学支部)每学期召开支部所属的学校职能部门工作协调会,学校党委领导、分管领导、部门中层干部全部参会,通过协调会的召开,一方面加强党支部的领导,发挥共产党的先锋模范作用,落实本年度党建工作;另一方面,围绕学校的中心工作,支部要进一步加强与行政部门的工作对接,在实践中要形成党建引领,相互融合的机制。

3. 建立三种党建工作模式

（1）示范岗提升模式。学校通过共产党员示范岗建设，形成以支部为单位，推动党员示范岗提升模式。经过申报、挂牌、实践、交流、评估等一系列实践环节，最终由专家和党外观察员组成的评估小组，依据书面材料与现场汇报，综合评议评出，共产党员"微笑服务"教学管理示范岗、共产党员行政后勤示范岗、共产党员服务社区示范岗被评为校优秀党员示范岗。共产党员"学习便利进楼宇"示范岗获得2018年度长宁区优秀党员示范岗称号。接下来，在党员示范岗建设的基础上，进一步深化示范岗建设，将具体管理运作至基层党支部，由支部负责示范岗的深化特色化发展。

（2）项目推进模式。以党建引领下的工作项目为抓手，开展基层党支部品牌建设。每个支部以自己的工作内容为依据，围绕学校中心工作，建立促进学校教育教学工作的"动力工程"和服务师生的"民心工程"，充分发挥党建品牌的示范、引导和激励效应。截至目前，开展了"品读经典，加强基层党组织的思想建设""读哲学、读名著，加强思想政治建设""创新云视课堂服务，推进基层党的作风建设""牢记宗旨、一心为民、志愿服务"等活动。

（3）典型引领模式。对于具有较强的借鉴意义和榜样作用的人和事案例，加大宣传力度，发挥典型示范作用。学校通过学校网站、微信公众号、电子屏、电视屏、海报等载体，加强对典型事与人的宣传报道，充分发挥党员的先锋模范作用。如学校共产党员信息支持服务示范岗的云视课堂服务、虹古社区党支部与学校终身教育党支部结对共建等等。

（二）实践成效

1. 充分发挥了基层党组织的政治功能

学校在开展党建实践过程中，始终坚持以习近平新时代中国特色社会主义思想为指导，全面贯彻党的教育方针，宣传好党的主张决策，执行好上级指令，牢固树立管党治党的政治主体责任，突出"党建引领"，解决好思想上的问题，统筹推进各项工作落细落小落实见效，增强基层党组织凝聚力号召力战斗力，提升基层党组织的组织力，充分发挥了基层党组织的政治功能。

2. 认真贯彻"不忘初心、牢记使命"主题教育总要求

党的十九大报告指出，"在全党开展'不忘初心、牢记使命'主题教育，用党的创新理论武装头脑，推动全党更加自觉地为实现新时代党的历史使命不懈奋斗"。习近平总书记在中央"不忘初心、牢记使命"主题教育会议上发表了重要讲话，深刻阐述了开展主题教育的重大意义，深刻阐明了主题教育的根本任务、总要求、具体目标和重点措施。成人高校长期扎根基层，进

入新时代，充分发挥战斗堡垒作用，确保党的路线方针政策和决策部署在基层的贯彻落实，是学校党建工作的重点。而党建工作模式则是新形势下学校党建工作在思路和方法上的新尝试，把习近平新时代中国特色社会主义思想转化为推进基层党的建设各项工作的实际行动，是贯彻落实"不忘初心、牢记使命"主题教育工作会议精神的重要举措。

3. 形成了基层党建工作模式的运行机制

在开展成人高校基层党建工作过程中，要使党建工作能够取得相应的效果，得到广大师生的认可和信任，这才是能够持续发展的关键。为了能够达到预期的效果，成人高校党委就需要构建起一套完整的共建工作模式，因为只有完整的计划，才能在较大程度上保证工作的顺利开展。学校党委通过建立党支部领导下的跨部门党建工作运行机制，进一步加强基层党支部与行政部门的工作对接，各行政部门进一步配合基层支部工作，在实践中形成了基层党支部领导下的跨部门党建工作运行机制。

（三）实践思考

1. 党建工作模式是充分发挥基层党组织政治功能，加强党的领导的重要抓手

党建工作模式是学校党委对于党建工作的新部署，是确保党的路线方针政策和决策部署在基层的贯彻落实，新时代发挥堡垒功能和党的政策纲领落实到位的重要体现。提升基层党组织的组织力，对于增强基层党组织凝聚力、号召力、战斗力，提升党建工作质量具有重要的意义。通过基层党建模式建设，使其成为宣传党的主张、贯彻党的决定、团结动员群众、推动改革发展的坚强战斗堡垒，是学校加强党的领导、创新学校基层党建工作的新举措，推动学校党建工作迈上新台阶的有效途径。

2. 党建工作模式是破解成人高校基层党建工作难题的有效举措

成人高校基层党建工作存在被动执行、组织建设缺乏活力、党建工作缺乏特色等问题，要想破解这种局面，提高成人高校基层党建工作实效性，只有立足成人高校实际，坚持创新突破，才能创建有影响力的党建品牌，以点带面，实现整体提升。学校党委通过党建工作模式建设，构建党支部领导下的跨部门党建工作运行机制，打造示范岗提升模式、项目推进模式、典型引领模式，推动党建工作和中心工作深度融合，推动基层党组织和党员在学校发展大局中发挥战斗堡垒作用和先锋模范作用，切实提升基层党组织的组织力，努力实现学校基层党建工作整体水平上新台阶。

3. 党建工作模式是扩展成人高校党建工作在思路和方法上的新尝试

成人高校创新党建工作思路，要坚持基层导向，树立问题意识，务求取

得实在的成效，而不是急功近利，忽略工作的延续性和实效性。而党建工作模式建设是全局性的规划，需要跳出传统党建工作模式，寻找能够推动党建工作创新发展的道路。例如，党支部领导下的跨部门党建工作运行机制，就是走出以往党建工作与行政工作"两张皮"的局面，通过党建引领，与行政工作对接，进行相互融合的实践，是扩展高校党建工作在思路和方法上的新尝试。

（四）实践启示

成人高校基层党建工作模式重在可操作性、实效性、示范性，应该通过项目化运作、精细化管理、品牌化推广的流程，提升工作模式的实效。

1. 工作模式的运作要项目化

具体来说，就是要从工作模式设计开始，坚持对项目统筹安排，明确项目的负责人，在项目申报表中制定具体的措施，同时，要制定详细的实施方案，在方案中严格按照考核标准，明确具体分工、项目内容、牵头单位、完成时限等。项目化运作的关键是要把党建工作的每一项活动都进行项目化管理，具体做到化繁为简，化粗为细。坚持资源利用效果最大化的原则，具体通过做好领导、组织、用人、计划、控制等五项主要工作，确保分工明确，责任到人，加强督促检查，协调有序推进项目的实施。

2. 工作模式的管理要精细化

高校基层党建工作模式要达到精细化管理的效果，必须着力抓好三方面的工作。一是项目聚焦问题要明显。不管是哪方面的问题，都可以在项目实施方案中进一步细化分解，制定具体的措施加以解决。二是工作台账要详细。精细化管理要求管细管精，具体来说就是要保证每一个问题都要有具体的解决方法，每一个意见都要及时给予反馈。三是指导考核要严格。要发挥学校党委的督导作用，把实施基层党建模式列入支部年度考核。

3. 工作模式的推广要品牌化

通过党建工作模式的实践，在凝炼特色校园文化、构建工作机制、加强支部建设等方面培育工作品牌，通过发挥品牌效应，加强宣传推广，推广品牌项目的特色经验，以及党风带学风、党风促管理、党风促服务等方面的经验。还要重点培育品牌项目，促进优秀项目成果在方法上优化、在成果上转化，增强品牌项目的辐射效应。

二、党建示范点建设的实践

党建示范点建设是指通过规范化建设，树立基层党的建设样板，打造基层党的建设的标志性工作、精品工程。党建示范点建设的核心之处在于如何通过示范点的宣传作用，将党的指导方针、习近平总书记系列重要讲话精神贯彻落实下去，同时发挥基层党组织政治优势、组织优势、密切联系群众的优势，找准党建典型示范点创建工作的着力点，有针对性地采取措施，大胆实践、勇于创新、注重实效。党员示范岗是把党员承诺与党员责任有效结合起来，把工作业绩与党组织生活有效结合起来，要求所在岗位的党员立足岗位，率先垂范，做到政治上的引领、业务上的带领、工作上的率领，体现示范岗党员"思想觉悟高于群众、业务技能优于群众、工作业绩好于群众"的标准要求，突出党员先进性，充分发挥共产党员的先锋模范作用和示范带动作用。学校党委以共产党员示范岗为抓手，开展党建示范点建设的实践探索。

（一）实践举措

一是制定党员示范岗建设的实施方案。以党中央的相关文件为依据，结合学校实际，学校党委制定了上海市长宁区业余大学（社区学院）关于开展"党员示范岗"创建活动实施方案。二是党员示范岗的申报、挂牌。经过前期的宣传动员，学校各职能部门依据自己的实际情况，积极申报相应的党员示范岗，进行审核，创建了七个党员示范岗，并在全校教职工大会上进行挂牌。各示范岗根据自身工作实际，制定岗位规范，开展具体实践。三是党员示范岗的运作实践。学校各示范岗以党的十九大精神为指引，提高政治站位，高标准谋划推动活动。注重运用党的十九大报告中的新提法、新要求指导工作，赋予"党员示范岗"活动新的内容和含义，确保内容新鲜、形式多样。同时积极寻找"党员示范岗"活动与"两学一做"学习教育、"不忘初心，牢记使命"专题教育的契合点，精心组织好形式和内容，在全体党员中持续开展"亮身份、树形象"活动，保证各项争创活动落到实处和取得实效。除此之外，融汇学校综合改革大局，总结提升凝炼，在党员示范岗活动的基础上，不断深化完善"党员示范岗"品牌。四是开展党员示范岗评估。党员示范岗的评估采取听、看、问的方式进行考核。遵循"突出政治、坚持标准、注重实绩、动态管理"的原则，挖掘党员示范岗的特点、亮点，形成先进典型。成立由校外党建专家、党外人士任观察员的评选考核小组，依据各示范岗的书面材料和现场汇报，开展提问交流，对学校七个示范岗进行评估。最终，共产党员行政后勤示范岗、共产党员微笑服务教务管理示范岗、共产党员服务社区示范岗获得校优秀示范岗称号。共产党员"学习便利进楼宇"示范岗获得长宁区优秀示范岗称号。

（二）实践成效

在学校党委的带领下，基层党支部认真对照创建标准，扎实开展示范岗创建工作，各党员示范岗积极创新思路，拓展工作空间，完善工作方法，对工作中富有创新性、实效性的特色做法和典型经验进行了挖掘和凝炼，形成了特色和亮点，实现了新发展、新提升。比如，"学习便利进楼宇"示范岗的"五步工作法"、信息支持服务示范岗的"党员服务日"等等。通过党员示范岗的运作实践，使党员同志深入学习贯彻党的十九大精神和习近平新时代中国特色社会主义思想，充分发挥党员先锋模范作用，认识到党员示范岗是立足岗位又高于岗位，在实践过程中要做到政治上的引领、业务上的带领、工作上的率领。

首先，在创建方面，建立党员示范岗，要根据党员教育的目标来选择优秀党员，不断完善党员榜样的选拔机制，并自觉接受广大群众的监督。党员示范岗中的党员要时刻铭记自己是一名党员，将自身的职责义务履行好，更好为群众服务。其次，在组织方面，为了保持党员示范岗的先进性，可以定期组织党员等进行互动交流，不断学习和更新相关知识，从而不断加强党员的先进性建设，将党员的模范先锋作用充分发挥出来。再次，在思想观念方面，党员示范岗中的党员一定要与时俱进，使自身的思想观念能够跟上时代发展的步伐，能够适应市场经济发展的需求，在广大群众中具有更好的推广性，从而使广大群众更加坚定不移地跟着党走，为社会主义现代化事业做出贡献。最后，在后期评价机制方面，应当不断完善对党员示范岗的评价机制，这样有利于提高党员榜样的积极性和进取心，有利于党员不断进步，在自己的岗位中更好工作，更好服务群众。

（三）实践思考

党员示范岗是激发基层组织活力、营造创先争优浓厚氛围的生动实践，是以点带面、进一步培育和发扬党建特色的有效途径，是深化党建示范点建设的重要载体。通过由里及外、以里为主、里外兼修，形成点的示范效应，全面提升基层党建工作科学化水平。在以上基础上，提出区域成人高校基层党建示范点建设的对策如下。

1. 注重特性，抓好党建示范点创建

注重创建的超前性。在具体创建中，要紧密结合实际，既要着眼于超前，又要把握住超前的度，使两者合理兼顾、有机统一。在对示范点的创建培育中，成人高校党委应在各项制度的规范健全、工作方式方法的改进、活动载体形式的创新等方面，加大指导和帮助力度，抓住创建重点，把握工作实质，丰富创建内涵，使党建示范点建设整体工作有序推进，实现创新，获得突破，示范点的超前性、示范性才能更加突出。

注重机制的完善性。在制度建立中，既要注重制度的完整性、规范性、严谨性，使每项制度都具有针对性、准确性和约束力，真正成为能够自觉遵守、严格执行的制度规范；又要注重制度执行的实效性和严肃性，杜绝形式主义。同时，还要抓好制度的细化、内容的规范，做到条款清晰、表述准确、便于执行，并且能够在成人高校基层党建工作中推广应用。

注重典型的指导性。要发挥示范点的示范、引领、带动和辐射作用，在选择示范点时，要充分注意"点"的代表性、普遍性、指导性，让示范点在具有一定条件的基础上，经过培育指导和帮助支持，能够很快实现创建目标，使之成为某种类型的具有典型性、代表性、普遍性和指导性的基层党建工作示范点；在培育示范点过程中，要编制严谨的创建规划，并按照不同的示范点类型精心育"点"，扎实做好各阶段各环节的创建工作。

注重作用的长效性。示范点建设既不可能一蹴而就，也不可能一劳永逸。要想持久有效地发挥示范点的引领带动作用，就应立足于当前、着眼于长远，坚持把示范点作为提升基层党建整体工作水平的基地来抓，既要不断总结经验、完善制度、丰富内容，又要搞好管理、创新载体、抓好落实，在保持示范点建设水平不断提升的基础上，注意发挥好带动作用的持久性和长效性。

2. 突出效果，推进党建示范点建设

加强督促指导。通过制定创建方案，进一步明确示范点创建的意义、目标、标准和要求，落实示范点创建工作责任制，加强对各阶段创建措施和创建内容的督导落实，建立健全汇报、督查、考核、奖惩等制度，按照创建标准的要求，进一步细化、量化创建目标和考核细则，推进示范点建设的深入开展。

提供帮助支持。学校党委应根据基层创建单位的实际情况，在建立支持机制、完善帮助措施等方面加大工作力度，进一步调动创建积极性。在业务上要加大培训力度。建立党支部和党员骨干培训制度，每年定期或不定期地进行集中办班培训，提高党支部书记和党员骨干的业务水平和政治素质，为示范点建设提供人员素质保障。

创新活动载体。通过创新活动载体，丰富工作内容和创建内涵，推进党建示范点整体创建水平的提高。如在党建示范点创建工作中，紧密结合单位工作实际和党员队伍现状，立足于现有条件，创新工作思路，找准党建工作与学校工作的"切入点""结合点""支撑点""提升点"，围绕创建标准，开展高于工作的服务实践。

3. 发挥作用，强化党建示范点的示范带领

注重发挥目标激励作用。示范点创建必须注重创建质量，不可追求创建

数量，更不可按照组织机构的设置硬性规定创建指标或创建时限，要紧密结合实际，切实做到成熟一个、命名挂牌一个。如长宁区业余大学以党员示范岗为抓手，开展党建示范点建设。坚持对党员示范岗实行动态管理，达到了创建标准的，由学校党委命名授牌，并进行考核，评选出具有典型示范作用的党员示范岗，以点带面，形成具有学校特色的党建示范点。

注重发挥创新实践作用。示范点创建是一项具有实践性、创造性的工作。要按照党的路线方针和政策，理论联系实际，深入研究创建过程中遇到的新情况、新问题，积极探索创建工作的新方式、新方法，不断丰富创建内容和内涵，不断完善创建机制和措施，使其更具典型性、代表性和指导性；要鼓励示范点的首创精神，及时总结推广创建过程中的好思路、好做法、好点子，筛选好的创新点，把握正确方向，提供支持、帮助和指导，促进各项工作的落实。

注重发挥示范带动作用。要使示范点发挥最大作用，关键就是要及时总结推广示范点的经验和做法，要以点带面，使之由单个带动整体，由一个点辐射到整个面。示范点建成后，学校党委应充分发挥示范点的带动作用，用示范点创造出的新经验来指导整体工作，使之成为基层党建工作交流经验、推广做法的平台或基地。要定期在示范点举办现场观摩会、经验交流会和工作推进会，鼓励其他创建单位到示范点参观学习。

三、志愿者服务的实践

作为区域成人高校，直接有效地为区域经济和社会发展服务是学校的基本职能。上海市长宁区业余大学（社区学院）作为区域内唯一一所区办成人高校，主动与区域发展目标相对接，增强区域服务意识，提升服务质量，打造服务品牌。自2015年起，在学校党委的积极推动下，本着"三服务"理念，以学校青年教工为主体，探索并建设与区域和学校发展需求相适应的群团组织，进一步推动群团工作的持续发展、健康发展和科学发展。

学校党委立足区情、社情、校情，以"服务社会""以人为本""可持续发展""奉献与激励相结合"为原则，从服务主体和服务对象的需求出发，兼顾服务内容、服务形式以及服务层次，在崇尚"奉献"的同时充分考虑"激励"的积极作用，着力建设稳定、专业、有特色的群团组织，并同步开发、培育志愿服务特色项目。学校党委在调研的基础上，对学校已有的各类志愿者服务工作进行梳理、分类，将零散的、一次性的活动进行整合。随后面向全体青年教工发起倡议，提出设立三支青年志愿服务队伍，得到热烈响应。最终正式成立长宁区业余大学（社区学院）青年志愿服务专项队伍，即"服务社区教育、服务弱势群体、爱校护校"三支团队。

（一）青年志愿服务队的创建过程

一是顺应学校转型发展要求，加强宣传动员。2015年10月，学校党委组织全体青年教工召开"顺应转型发展 演绎青春精彩"青年论坛，结合学校的转型发展提出，青年教工应主动将个人价值的体现与社会发展结合起来，勇于挑担；面对新工作、新问题应调整心态正面应对，发挥青年人应有的作用；作为学校发展的中坚力量，青年应当顺应区域发展要求，抓住学校转型发展的契机，进一步思考和规划职业生涯发展。与此同时，还特别强调了加强和改进教育系统群团工作的重要意义，指出群团组织要充分发挥在引领思想、凝聚力量、服务师生、服务社区等多方面的积极作用。在此背景下，学校党委首次提出打造学校青年志愿服务专项队伍的意向，并广泛征求青年意见。

二是明确建队目标，制定青年志愿服务队工作计划。继青年论坛后，学校党委再次面向全体青年教工组织召开了青年行动倡议座谈会，阐明群团组织的桥梁作用和能动性，并发起《长宁区业余大学（社区学院）服务学习型城区建设青年行动倡议》，进一步明确设立三支专项青年志愿服务队的工作目标，制定相关工作流程、标准、任务，具体包括：第一，为三支专项服务队的召集、成立，分别设立一名召集人；第二，建立联络、宣传网络（学校信息网、微信群）；第三，确立各支队伍名称、服务理念，统一标示；第四，以1小时/人为单位，记录服务情况，并于年终进行评选激励；第五，聘请学校分管领导担任各支队伍的"顾问"，为今后志愿服务工作的开展提供帮助和指导。这三支队伍的成立是三个渠道的开发，相互之间不是割裂的，而是学校青年承担社会责任、关爱弱势群体、培育主人翁精神的土壤，既是身份也是职责。三支队伍的创建从人员保障、管理创新等方面有力地提升了学校群团组织的活力。

三是落实相关工作要求，成立青年志愿服务队。学校党委结合区域、学校的重点工作，在其牵头下，由青年沙龙和教工团支部具体负责，根据青年志愿服务队工作计划相关要求，确定各青年志愿服务队的召集人，并在召集人的动员下，迅速招募各支队伍的青年志愿者，建立起沟通宣传渠道，商定团队logo和服务理念，最终培育并组建了三支专项青年志愿者服务队：服务社区——"云动社区教育服务队"、爱校护校——"安盾爱校护校服务队"、服务弱势群体——"阳光志愿者服务队"，形成了人员稳定化、项目品牌化的特色群团组织。

四是建立信息沟通与宣传渠道，提升志愿服务工作的时效性。三支青年志愿服务队在成立之初就建立了各自的微信群，所有成员实名加入，学校党委领导、青年沙龙和教工团支部相关负责人也参与其中。各支队伍的召集人会在第一时间发布相关服务内容与成员协调商讨。微信群的建立，能够打破时空限制，在短时间内完成信息沟通，切实解决人员分散、信息沟通缺乏时效性等问题。同时，各支队伍与学校公共网站也建立了紧密联系，重大志愿服务活动会上报学校网站。

五是采取评优激励，提升服务质量。按照"干与不干相区别，多干与少干相区别"的原则，每年年终各支队伍统计上报服务项目、参与人员名单等数据，以1小时/人为基本单位，结合服务项目难度、服务质量等标准，由各支队伍自行商定具体活动的加权分值。最后统计每人全年总分，进行评优激励，并将结果上报学校党委、团支部及有关部门，作为年终相关考核的参考依据。

（二）青年志愿服务队的主要做法

三支专项志愿服务队在实际运作中已经形成了"残疾人校内关爱系列工作""独居退休教工上门关爱项目""志愿禁烟员工作"等新的特色品牌项目。每年的"春运平安返乡""中考体育测试引导员"等工作均借助三支服务队的微信群在短时间内完成招募工作，在青年中形成了积极的志愿服务氛围。

一是深化特色项目"青年教师服务社区"项目。学校传统的特色品牌项目"青年教师服务社区"由"云动社区教育服务队"主挑大梁。服务社区队伍中，35岁以下青年教师占60%以上，团员青年占25%，中级以上职称占70%。青年教师下社区担任教学管理工作，同时每学期送教课程、讲座平均达46.5门次，很好地弥补了街镇社区学校师资力量的不足，受到了社区的欢迎。该项目分三个层次服务社区终身教育。

第一类是教学管理。第一梯队共输送5位青年教师分别进入新华、新泾、北新泾、仙霞等街道（镇）的社区学校担任常务副校长，为长宁区社区教育一线提供了最直接的支撑。第二类是青年教师进入街道社区学校协助校长、教务主任完成学校的管理和科研项目工作。第二梯队目前有6位在职教师分别进入新华、江苏、天山、仙霞、程桥、新泾等街道（镇）担任专职教师，每周两天前往社区学校进行教学服务工作。第三类是送教进社区。现已在区内10个街道（镇）开展多轮"菜单式"送课进社区工作。选送内容由全校教师根据自身特长进行报名，由学校社区教育指导中心根据街镇特点进行筛选，每学期末形成"课程菜单"供街道（镇）社区学校选择，并在下一学期送教进社区。

社区是一片广阔的天地,社区居民有学习的热情,有学习的需求。青年教师在社区获得了欢迎,收获了满足,对于教师第二专业的发展也有很好的促进作用。目前,学校大部分青年教师都申请了"非学历教育培训师"资格,同时有多位教师正在参加"茶艺师""心理咨询师"等培训,项目给予了各方面支持。

此外,通过"请进来走出去",进一步拓宽社区教育志愿服务工作局面,加强青年志愿服务工作的联建共建。继续利用社区服务特色项目的自身优势,为区域内其他单位开展社区志愿服务工作搭建桥梁、提供平台。建立一个服务意识强、结构合理、专业水平高的终身教育服务阵地,更加突出为区域社区教育提供直接的支持和服务。积极拓展服务面,广纳兄弟单位共同服务社区,同时也响应社区需求,努力发挥桥梁作用。

二是打造基于互联网云技术的新型社区教育"云视课堂"推广服务的特色项目。2015年,基于云计算和"互联网+"的新理念,学校提出"云视课堂"概念——"学在数字长宁3.0版"。"云视课堂"是基于视频会议技术的实时教学平台,由学校信息技术组全程自主研发,并用最短的时间、最精简的设备完成了整组设备的开发。在推广应用中,三支青年志愿服务队全体成员均接受培训,然后协助信息技术组到街道、居委、居民家中等各处收视点进行设备调试。同时,充分发挥主观能动性,协助推进"云视课堂",使其覆盖面从开始的5个街镇社区学校,逐渐覆盖至全区10个街镇的社区学校甚至外区和外省。该服务项目一经推广,便获得了强烈的社会反响。

(三)青年志愿服务队的创建成效

随着项目的推进,长宁区业余大学(社区学院)青年志愿服务工作形成了学校党委领导,青年沙龙和教工团支部牵头,三支志愿服务队积极配合、自我运作的良好联动机制,在区域中、校园中、师生中都得到好评。

从长宁区业余大学(社区学院)青年志愿者专项服务团队建设工作的创建成效来看,形成了如下转变:一是从自上而下的管理变成了团队自我运作。培育团队凝聚力,团队内部文化的自我管理模式初步形成。二是从被动的任务承担变成了主动的项目孕育乃至自主活动。三是从无稳定团队、无身份认同到专项团队各司其职,团队成员挂牌亮相。志愿服务工作按照内容梳理划分,避免分配工作时过度集中在某几个人。活动开展时,队员挂牌持证,实施服务管理时有理有据有身份,同时培育组织认同感。四是从"干与不干一个样,多干与少干一个样"变成了崇尚"奉献"精神,激励志愿服务,彰显和弘扬了志愿精神,在校内形成浓厚的志愿服务氛围。

第四节　党建引领终身教育大平台建设的思考

成人高校作为我国高等教育的重要组成部分，在构建终身教育体系、推进学习型社会建设方面发挥了重要作用。随着成人高校转型发展的不断深入，党建工作也进入了新的阶段。党的十九大指出，党政军民学，东西南北中，党是领导一切的。新时代背景下，如何加强党的领导，让党建工作在成人高校管理中具有把关导向、举足轻重的关键作用，办好人民满意的终身教育，是学校必须思考的问题。在学校完善终身教育大平台的过程中，学校党委始终坚持以习近平新时代党建思想为指导，充分发挥党总揽全局、协调各方的作用，把加强党的领导贯穿于办学治校、立德树人各方面、全过程，以课题的方式，探索党建工作的引擎式带动作用，增强基层党组织对全校教职工的凝聚力、吸引力，将大家团结起来，齐心协力推进学校实现转型发展，从而不断巩固党在成人高校的执政基础。

一、党建引领终身教育大平台建设，是坚持党对高校的全面领导，把握社会主义办学方向的必然要求

教育是国之大计、党之大计。习近平总书记在全国教育大会上指出，要坚持党对教育事业的全面领导。坚持党的领导，才能牢牢把握中国特色社会主义大学的办学方向，才能加快推进新时代中国特色社会主义高等教育现代化，才能建设教育强国、办好人民满意的教育。

培养什么人，是教育的首要问题。回顾高等教育发展历程，人才培养一直是大学最基本的职能，也是大学办学质量与社会服务能力的直接体现。进入新时代，立德树人是办好中国特色社会主义大学的根本任务，是回答好"为谁培养人、培养什么人、怎样培养人"的中心环节，是检验学校一切工作的根本标准。成人高校党委要提高政治站位，将思想政治工作始终贯穿于人才培养全过程，通过教育规划、教育内容、教育思维、教育过程、教育方法的整体性构建，形成更高水平的人才培养体系。

学校党委立足党的建设的新要求新任务，在完善终身教育大平台的过程中，强化思想政治引领，把理想信念教育放在首位，持续推进社会主义核心价值观教育。把思想政治理论课摆放在更加突出的位置，根据成人教育实际，修订培养方案，开设"习近平新时代中国特色社会主义思想"作为必修课程。围绕社会主义核心价值观"三个倡导"的基本内容，充分发挥好思想政治理论课的主渠道作用，系统地传授知识，重点地阐释和剖析一些重要理论、分析社会热点。旗帜鲜明地加强爱国主义主题教育活动。结合庆祝新中国成立70周年主题活动，深化爱国主义教育，通过讲座、参观交流、爱心义卖、志愿服务等形式活动的开展，增强爱国情怀，激发奋斗精神，让学生真正参与到"两个一百年"的奋斗目标中来。落实学校领导思想政治教育课制度，学校党委书记、校长每学年为学生主讲一堂思政课。

二、党建引领终身教育大平台建设，是提升基层党组织组织力，促进学校转型发展的重要举措

（一）党建引领，统一思想认识，让基层党组织成为凝聚全校教职工的"主心骨"

党建是根，是抓好一切工作的生命线；党建是魂，是引领各项事业的动力源。党的基层组织建设很重要，基层党建的引导更重要。对基层党组织的建设，在认识上绝对不能够有偏差，基层组织建设怎么样，关键还是要看基层党组织的思想引领作用、号召力发挥得怎么样，如果这些作用都不发挥，那么基层组织建设就是形同虚设。通过党建引领，提升基层党组织组织力，确保党的路线、方针、政策和决策部署贯彻落实，充分发挥了基层党组织的战斗堡垒作用。学校基层组织工作要以党建为统领，以学校发展为导向，汇聚各种力量，破解发展难题，形成上下贯通、步调一致的局面，凝聚起强大的工作合力。

在学校完善终身教育大平台的过程中，学校党委遵循习近平新时代中国特色社会主义思想，坚持和加强党的全面领导，坚持党要管党、全面从严治党，以党的政治建设为统领，以坚定理想信念宗旨为根基，以党建为龙头抓思想政治工作，着力发挥学校党组织的政治核心作用，充分调动全校教职工的积极性、主动性，能够在终身教育大平台的建设中发挥"牺牲小我，成全大我"精神。学校青年教职工积极响应党委号召，沉下心来，走进社区，承担社区学校常务副校长、影子校长、教务主任、数字化学习推进员等工作，服务学校转型发展。

（二）党建引领，发挥示范带动，让党员干部成为促推学校发展的"领头羊"

基层党建工作的"牛鼻子"就是党员干部，在基层工作中，党员干部具有灵动性、创造性和战斗性，能够通过不断提高党员干部的理论素养、履职能力和管理能力，推进基层各项事业健康有序发展。因此，抓好基层工作关键在于抓住基层党员干部这个"牛鼻子"，只有打造一支高素质党员干部，积极发挥党员先锋模范作用，才能不断强化基层党建工作的引领示范作用。

学校在完善终身教育大平台的过程中，注重以共产党员示范岗为抓手，开展党建示范点建设的实践探索。一方面,党建示范点建设是成人高校基层党建工作的重要举措,党建示范点建设与成人高校发展有机结合,紧紧围绕学校党委的中心工作,真正做到党委的重点工作确定什么,党建示范点建设内容就添加什么,党委中心工作推进到哪里,党建示范点建设就跟进到哪里,不断推进学校的发展建设。党建示范点可以有效增强基层党组织的凝聚力和吸引力,有助于提高成人高校党建工作的整体水平。与此同时,党员示范岗是激发基层组织活力、营造创先争优浓厚氛围的生动实践,是以点带面、进一步培育和发扬党建特色的有效途径,是深化党建示范点建设的重要载体。通过由里及外、以里为主、里外兼修,形成点的示范效应,全面提升基层党建工作科学化水平。当下,学校成立的七个"党员示范岗"是党组织战斗堡垒作用发挥的一个抓手,以示范岗建设作为平台,每位党员都能结合自身工作特色,全力服务群众、服务学员、服务社会。党员牢记党的根本宗旨,立足岗位,忘我工作,无私奉献,将工作与学校工作结合推进,在示范岗的推动下更好地发挥党员的先锋模范作用。

(三)党建引领,建立品牌意识,让党建活动成为引领终身教育大平台发展的重要载体

现实中,党建引领要通过一些载体来实现,这些载体包括党的宣传、党的组织、党的成员及人才队伍、党的文化阵地(如各类活动中心)、党建平台、党建项目、党的政策等。在这方面,已有一些研究分析了党建引领的具体实现机制。如有学者认为执政党调用了组织嵌入、体制吸纳和价值引领等策略(分别对应执政党的组织、统战和宣传职能)来重新整合基层社会,其中,价值引领是指"执政党以自身推崇的价值标准引导群众的价值判断,以期形成社会的价值共识,进而动员整合社会朝着执政目标努力的行动"。有学者认为,在基层治理中,党建引领主要包括平台引领(如社区代表大会、区域化大党建、党建服务中心)、主体引领("两代表一委员"、党员)、机制引领(协商民主)、行动引领(党建项目)等策略。还有学者指出,应当实现党建由"组织引领"向"功能引领"的转变,"功能引领强调动态的过程党建,替换组织引领中的静态党建做法,具体有四个方面:政治功能引领、整合性引领、动员功能引领、沟通功能引领。

结合学校工作实际,通过党建引领,打造党建活动的品牌化,是基于党建工作的特色及时代特点,在新时代中国特色社会主义思想的引领下,探索符合党建工作规律和顺应时代性的工作新方法与新思路。品牌化建设正是凝聚合力的有效途径,能够帮助高校党建工作者明晰目标、了解成效,在不断优化品牌构建的过程中逐步提升工作水平。在新时代的工作背景下,成人高校党建工作的开展不再只以简单宣传为导向,它需要在长时间的渗透与工作开展过程中形成品牌向心力,让参与者以品牌为荣,让旁观者向品牌而趋,形成品牌辐射效应。近年来,学校青年党员以"三服务"为抓手,寻找工作结合点和着力点,形成为区域经济社会发展服务、为市民终身学习服务、为学校转型发展服务的"三服务"工作推进法,有效拓展党组织活动的时间和空间,增强基层党建工作的生机和活力,提升基层党建工作的实效。教育先锋三服务项目被长宁区列入区级发布项目。

三、党建引领终身教育大平台建设,是彰显学校办学特色,办人民满意的终身教育的题中之义

高校党建实现有力引领,主要是通过组织覆盖和工作覆盖,发挥高校各级党组织的服务功能和政治核心作用,引领高校发展、人才培养、社会服务。区域成人高校作为服务区域社会经济发展的终身教育机构,近年来不断转型发展,逐步由教学型向管理型和服务型转换,即教学是基础、管理是手段、服务才是根本。与普通高校相比,区域成人高校具有明显的区位特征,与区域经济社会发展息息相关,立足并服务于所在区域是其重要的社会责任和价值取向。一方面,区域经济社会发展在很大程度上依靠广大劳动者素质和技能水平的提高。以培养生产、建设、服务、管理第一线的高素质人才为目标的区域成人高校,在区域经济社会发展中的作用日趋显著。另一方面,区域经济社会发展会不断释放出不同的社会问题,作为与经济社会发展联系最密切、服务最贴近并且是区域重要成员之一的区域成人高校有责任利用其人力、智力等优势去解决这些问题,为区域发展提供全方位的服务。此外,区域经济社会的发展造就并养育了区域成人高校,为其提供了良好的生存空间。为了回报区域社会,区域成人高校只有通过主动而有效的社会服务才能不辜负其应有的社会责任,体现其存在的价值。

因此,近年来学校在实现整体战略转型的同时,也注重强化基层党组织的服务功能,开展了一系列党建引领实践工作的探索,有力地彰显了学校办学特色,促进了学校转型发展。第一,根据学校的区位优势及政府相关要求,学校党委带领全校教职工着力开展学习型城区建设指导工作,深入社区第一线开展各类教育活动,成为服务学习型城区建设的指导中心;第二,依托其地域文化特色,将学习与文化紧密结合,通过学习型城区建设的组织网络以及各类机构、载体、活动等,提升并发扬优秀的区域文化;第三,依托学校的教学优势,与相关政府部门、行业联合,开发区域急需的职业技能、社会服务等培训项目,为经济社会发展提供优质的教育培训服务;第四,依

托学校的社区属性，通过相关培训项目和社区活动，提高市民素养，改善区域社会管理能力，提升区域文明和谐水平。

当下，学校已成为"成人高等教育的重要载体，大众技能提高的培训基地，市民终身学习的指导中心"，是区域终身教育事业发展的核心，开展学习型城区建设的重要支撑。学校获得了上海市文明单位（连续五届）、上海市推进学习型社会建设先进单位、上海市学习型社会建设与终身教育工作先进集体、上海市平安单位、上海市健康单位等光荣称号。同时，作为构建区域终身教育体系，推进学习型城区建设的主心骨，学校在满足百姓追求美好生活的学习需求、培育社区教育多姿多彩的新格局等方面颇有建树，睦邻学习点、社会学习点、白领课堂等得到区域市民普遍称赞，被誉为"家门口大学"。

第三章 提升学生职业能力的实践

为适应经济社会发展需要,贯彻终身教育与终身学习教育政策,区域成人高校积极调整自身定位,不断转型发展。根据成人学生特点以及现阶段成人高等教育人才培养目标要求,学校通过课程改革、教学方法的实践改革探索,构建起基于学历教育的职业能力为导向的成人高等教育新模式,将成人学历教育和职业教育有机融合,努力提升成人学生的职业能力,实现各级各类教育之间的纵向沟通、横向衔接,以完善区域成人终身教育大平台,为区域经济建设做出贡献。

第一节 学生职业能力的概述

一、学生职业能力与成人高等教育人才培养目标

(一)成人高等教育的人才培养目标定位

1987年,国家教委《关于改革和发展成人教育的决定》中明确指出:"成人教育是我国教育的重要组成部分。在整个教育事业中,它与基础教育、职业技术教育、普通高等教育同等重要。"成人教育按照办学层次可以分为扫盲教育、成人初等教育、成人中等教育以及成人高等教育等形式,而成人高等教育就是成人教育的最高阶段。《高等教育辞典》把成人高等教育定义为:"对成人实施的高等教育。主要对象为成年从业人员,可包括学历教育与继续教育,旨在提高从业人员的文化素质与专业水平。"(朱九思、姚启和,1993)"成人高等教育的基本任务,是适应国家经济建设和社会发展的需要,培养各级各类专门人才,促进科学技术文化的发展,为国民经济和社会发展提供智力和技术服务。"(张念宏,1987)

成人高等教育作为一种教育形式,有其自身的发展规律和行为特征,主要表现为以下三大特点:第一,教育对象的成人性。其教育对象大多数为已

经走上工作岗位的在职人员，这也是其区分于其他形式教育的一个主要条件。第二，高等性。这是相对于成人教育中的中等教育层次而言的，体现为具有较高的理论知识水平。第三，职业性。成人参加学习的主要目的和出发点是为了提高自己的岗位职责履行能力和职业应变能力。

教育的最终价值在于培养人才，这是教育的本体功能。人才培养归根到底要解决两个实际问题：一个是"培养什么样的人"的问题，另一个就是"怎样培养人"的问题。前一个指的是人才培养目标，后一个指的是人才培养过程。因此，人才培养目标才是人才培养工作的出发点和归宿。人才培养目标作为各级各类学校或各专业学生的具体培养要求，是由特定的社会领域和特定的社会层次的需要所决定，针对各级各类学校的特定的受教育对象而提出，因各行各业、各个社会层次人才需求不同和各年龄层次受教育者的学习需求变化而建立（袁振国，1999）。

成人高等教育是我国现代国民教育体系中高等教育的一个重要组成部分，同时也是我国终身教育体系中的一个有机组成部分，更是实现学习型社会的重要渠道和途径。人才培养目标必须遵循国家对国民教育人才培养总方向的基本规定，但是由于不同阶段教育、不同类别学校的办学性质、培养对象、教育任务各不相同，其人才培养目标的定位也必然不同。《教育大辞典》中是这样阐述的："高等学校人才培养目标指高等学校在培养学生的素质（德、智、体、美、劳等诸方面）和规格（培养过程完成后，学生所能从事的工作类型与层次）方面的目标。主要取决于国家、社会的需要和发展状况及学校、专业的性质与条件，即使同一专业中亦常因国、因校而有所不同。"（顾明远，1992）

人才培养目标是高等学校在国家教育体系中地位及具体教育目的的具体体现。成人高等教育人才培养目标的定位实际上从宏观上规定了各类高校的人才培养的价值取向、人才类型和服务面向，是对其培养的人才类型、规格进行界定和规范的过程。换言之，就是确定成人高等教育主要培养的是哪一种类型的人才，而其人才培养目标应该充分体现国家的教育方针、政策规定的导向性，符合社会对人才的需求以及教育规律。

同时，人才培养目标也要兼顾成人高等教育的本质属性以及发展规律。由于成人高等教育的培养对象大多为在职从业人员，所以成人高等教育人才培养目标定位尤其需要注重成人学生的职业性，培养和提升成人学生的职业技术技能，同时结合当前经济社会发展需要进行人才培养方案改革，引导成人高等教育实现由"学历型教育"到"学习型教育"的转变，使成人高等教育在顶层的设计上，真正成为在职从业人员学习理论知识和提高实践技能的训练场，真正实现由"拿学历"到"为学习知识"而参加成人高等教育的转变。由于成人高等教育的发展与社会发展需求紧密联系，因而随着社会多元化进程的推进，成人高等教育也需要转变形式以应对变化，比如在办学层次上实现多样化，以满足不同层次、不同行业、不同职业对于技能更新和素质提升的要求。另外，成人高等教育是否能取得成功，最主要的还是在于其培养的人才是否具有较强的职场竞争能力，这就需要成人高等教育在进行人才培养时紧密结合工作岗位的实际需求，与各行业企业加强合作联系，以培养能够适应社会经济发展需要的应用型人才为目标，探索新时代人才培养新模式。

综上所述，成人高等教育人才培养目标的定位应有别于普通高等教育，需要突出成人学员对象特点，成人高等教育人才培养目标应具有职业性、服务性、应用性、市场性等偏重"实践""技能"的特点，其人才培养目标定位应该是培养基层、生产一线需要的应用型技术人才。因此，成人高等教育要培养学生较高的理论知识，侧重于培养技术型、技能型的人才；并针对不同的入学类型，培养相应的有侧重的应用型、工程型人才；培养理论与技术的复合型人才（邵晓枫，2010）。只有这样，才能使学生真正得到再锻炼、再提高，才能真正实现成人教育的人才培养目标。

（二）现阶段成人高等教育人才培养目标

进入21世纪后，随着技术知识的广泛兴起、工业革命和信息革命进程的加快，我国经济社会和产业结构正在不断转型和升级，人民的生活方式日益多元化，他们对终身教育和学习的需求在逐渐增长，学习化正成为现代社会发展的一个重要标志。

在这样的大环境下，成人高等教育作为构建终身教育体系、学习型社会的重要组成部分，其功能定位与转型发展也必然应和当前的社会经济发展需要相一致，人才培养目标也应随之更新升级。针对长期以来我国成人高等教育人才培养规格与社会实际需求相背离、课程内容和时代需求相脱节、课程体系与成人教育相偏离等现实问题，成人高等教育人才培养目标必须及时进行战略性的调整，应以市场经济发展的社会需求为导向，以学生的可持续发展为本位，以职业能力培养为主旨，为社会、行业、企业培养全面发展，能够适应职业岗位需要的技术型、应用型的高素质创新型人才，这自然也是作为实施成人高等教育主要阵地的区域成人高校人才培养目标的定位。

二、职业能力的概念

对于职业能力的理解是各国发展学生职业能力的逻辑起点，对其培养体系、能力评价制度及认证体系都有着深远的影响。然而，职业能力是什么？职业能力的概念内涵应该如何界定？目前国内外学者并没有形成统一的说法。

（一）国外关于职业能力概念的界定

职业能力和职业教育一样都是从国外引入的新兴概念，它最早出现在德国，主要经历了四个发展历程。

1. 行为主义的职业能力观

行为主义（behaviourist）为导向的职业能力观认为：人们从事某职业所需的本领和条件，是在工作、生活中科学思维认真处事的能力。这种观念把能力看成是一系列孤立的行为，认为能力与完成每一项工作任务相联系，它既可以分解，也可以测量，职业能力即职业技能。

2. 功能主义的职业能力观

考虑到行为主义的能力观在专业性教育中遇到的困难，功能主义则注重一般素质的培养，如基础知识、基本技能、现场技能、知行技能等必要的技能。美国的一些工商管理学院较普遍地采用了这种能力观，它们通过选择一些优秀管理人才为研究对象，鉴别成功的管理人才应具备的个体素质，以此为基础来确定能力标准和开发课程。

3. 整合的职业能力观

整合的（holistic）能力是将一般素质与具体工作情境结合起来的能力，是个体在现实的职业工作表现中体现出来的才智、知识、技能和态度的整合。它一方面承认能力不等同于特定任务，能力是个体知识、技能和态度所形成的一种复杂的素质结构，是完成具体操作性任务的基础；另一方面又认为这种素质结构总是与一定的职业情境或工作角色联系在一起的，总是通过个体在完成特定职业任务时才能表现出来。整合的能力概念是由美国学者盖力（L. Gale, 1975）和波尔（G. Pol, 1975）首先提出来的，他们提出："能力是与职位或工作角色联系在一起的，胜任一定工作角色所必需的知识、技能、判断力、态度和价值观的整合就是能力。"英国学者斯坦顿（Geoff Stanton, 1989）构建的能力模型，比较准确地表达了这种整合能力观的思想。该能力模型认为，能力结构是由两个方面构成的：一个是一般的知识、技能和态度，另一个是对具体情境的理解力，其中任何一个孤立的能力要素都无法完成相应的职业活动。没有前者，对情境的理解也只能是片面的；而缺少了后者，个体就无法很好地运用其所掌握的知识技能和态度，来适应在具体工作情境中发生的变化，从而对原有的认知结构进行一定的重新整合。

4. 职业能力形成的情境观

澳大利亚职业教育专家单德伯格（Sandberg）认为，上述几种能力观虽然有较大的差别，但就其本质而言都属于典型的特质观。这些能力观虽然对能力具体是什么的看法有所不同，但却都将能力看成了具有跨情境的稳定性的特质（trait），并严重忽视了有意义的实践工作经验在能力形成中的作用。为此，他从现象学的观点出发，提出运用解释性方法（interpretative approach）来界定职业能力，这种方法强调了经验的作用，认为人的职业能力只能在真实的职业情境中通过实践获得，随着人们对于工作情境的了解以及工作内容认知的不断加深，其能力也在不断变化提升（陈挺、叶欢，2017）。

综上所述，人们对职业能力的概念在历史上有不同的理解，经历了一个由表及里、由简单到复杂、由片面到整合的过程，这些理解同心理学科的发展密切相关。但是由于学科视阈的局限，心理学也无法突破认知加工的限制去研究人解决实际问题的生理基础、动作操作过程和社会经济文化环境。这就要求我们客观地站在个体从事职业活动本身的角度，研究职业能力的实质、结构、发生和发展的规律以及培养评价机制。

（二）国内关于职业能力概念的界定

我国对于职业能力的研究是从20世纪90年代开始的。

邓泽民等人（2002）从心理学的角度出发，对职业能力的性质、条件、结构、过程进行定义，将职业能力的概念总结为："个体将所学的知识、技能和态度在特定的职业活动或情境中进行类化迁移与整合所形成的能完成一定职业任务的能力。"并且认为职业教育中的职业能力具有如下基本特征：①应用性；②层次性（复合性）；③专门性（方向性）；④个体性（差异性）；⑤可变性（动态性）。

赵志群（2003）将职业能力定义为个体在职业、社会和私人情境中科学思维、对个人和社会负责任形式的热情和能力，是科学的工作和学习方法的基础。这种定义将职业能力从单一职业的角度扩展到了社会、个人生活等更大的范围，赋予了职业能力更为广阔的概念范畴。

徐国庆（2005）认为，通常把职业能力解释为"工作任务的胜任力"，但对此可以有两种理解：①职业能力是从工作任务中另外分析出来的心理要素。因此其获得需要在工作任务分析的基础上进一步进行。②职业能力虽然是心理要素，但其内容是由工作任务确定的。随着技术的快速变化，职业能力的内涵也处于巨大的变化之中而具有历史性。我们有必要在复杂的关系中理解职业能力。因此在最本质的意义上，可以把职业能力理解为"联系"，职业能力的形成就是要在知识与工作任务的要素，如关系、对象和设备之间形成联系。

吴晓义（2006）认为，所谓职业能力即指从事职业活动所必须具备的本领，它是成功地进行职业活动所必须具备的知识、技能、态度和个性心理特征的整合，其中包括特定职业能力、通用职业能力和综合职业能力。

严雪怡（2007）认为，狭义的职业能力指某个岗位的工作能力，广义的职业能力指某类职业群的共同基础能力。职业能力及相关概念的研究已由最初关注从某一职业岗位出发强调必备的知识、技能、经验、态度到同时重视从职业群出发所应具备的一般的关键能力和创业能力，这是科技的飞速发展、知识的不断更新以及职业的变更所需。在研究过程中，"综合职业能力""职业核心能力""职业关键能力""职业通用能力"等概念纷纷提出。有些尽管差别不大，但各自的侧重还是不同的，从不同的侧面进行了阐释，为人们了解职业能力提供了有益的视角。正确理解职业能力，不仅有重要的学理意义，其实践意义更为重大，尤其对于职业教育中的职业能力培养和评价实践，它是一个基准。

职业能力是进行职业活动所必须具备的知识、技能、态度和身体能力的整合，综合国内外学者对于职业能力的研究，可以将职业能力划分为通用职业能力、特定职业能力和综合职业能力。具体到本书的研究，通用职业能力主要是指从事职业活动所需要的社会行为能力，包括推销自我的能力、塑造自我的能力、交往与合作能力等。特定职业能力主要是指从事某一职业所需要的运用专业知识和技能的能力。综合职业能力是从事某一职业所需要的学习方法、工作方法方面的能力，包括分析和综合能力、决策和迁移能力、信息接受和处理能力等。

三、职业能力的结构

有学者认为，职业能力可以被结构化。教育部职业技术教育中心研究所研究员姜大源教授（1998）在深入调研考察了德国的"双元制"职业教育模式后指出，该种教育模式实际上是以工厂企业培训为主，把工厂企业操作实践和学校理论教学相互融合。因此，在德国"双元制"教育模式下培养的学生，其职业能力是由从业能力和关键能力两个方面构成的。其中，从业能力是指学生为了完成某领域中的职场工作任务所必须具备的基本从业能力。这里所指的基本从业能力主要包括了专业能力、方法能力以及社会能力。另一个就是关键能力，它来自从业能力但又不仅仅是从业能力，而是对从业能力范围深度的不断延展。

原劳动与社会保障部职业技能鉴定中心主任陈宇（2001）认为，高职教育应该是以就业为导向、以能力为本位的职业教育。因此，他在借鉴了英国"学徒制"职业能力人才培养模式的基础之上，提出了我国高职教育人才培养中职业能力的结构。他认为职业能力主要包括三个层次：一是职业特定能力，其范围可以理解为国家职业分类大典划分的范围；二是行业通用能力，其范围要宽于职业特定能力；三是核心能力，是范围最宽、通用性最强的技能，是人们在职业生涯甚至日常生活中必需的，并能体现在具体职业活动中的最基本的技能，它们具有普遍的适用性和广泛的可迁移性，其影响幅射到整个行业通用能力和职业特定能力领域，对人的终身发展和终身成就影响极其深远。

邓泽民（2002）认为，职业能力主要由与特定职业岗位密切相关的专业能力和与职业岗位关系密切但可迁移、泛化到其他不同职业领域的"非专业能力"即关键能力构成。他认为，专业能力应该是与特定职业岗位密切相关的一系列能力的相互结合，是每一个具体职业岗位要求具备的，与该职业岗位的内容、性质、特点相关的各种能力的有机结合。而另一个关键能力更应该包含五大方面的能力，即处理特定职业岗位活动任务所必需的职业行为能力、方式方法能力、社会沟通协作能力、一定的心理承受能力以及自我完善与可持续发展能力。

虽然基于内涵理解的不同研究者对职业能力的结构认识有所差异，但在许多方面都能看到德国学者理念的影响。把分析能力、判断能力、问题解决能力作为职业能力的核心要素，并非意味着把职业能力和学术能力等同起来，二者各自的目标指向不同。从我国的文化背景和思维方式分析职业能力的内涵与结构，对于科学地制订职业能力的培养计划和课程体系、制定并实施测评和认证制度具有重要意义。

四、职业能力的形成和培养模式

从心理学和教育学的角度看，能力的形成正是知识、技能和态度的类化迁移和整合的结果。石伟平教授（1997）认为应围绕"任务"和"工作角色"开发"职业标准"，再由"职业标准"开发"评定方法"与"培训方法"或"学习计划"。

邓泽民（2002）提出通过精选教材，结构化、一体化、网络化编排教学内容，以有利于认知结构的构建为目标合理安排教学程序，教授学习策略、提高迁移意识性，建立模拟的职业环境，参与真实的职业活动（实习、实训）等，促进真正的职业能力的形成。职业能力培养模式的构建和实施是一个涉及经济社会发展诸多方面的复杂问题。

吴晓义（2006）从"目标"和"情境"入手，对高职院校的职业能力开发模式展开梳理和重新设计，提出了"情境—达标"式职业能力开发模式，认为这种模式将"情境"的选择作为设计职业能力开发过程的出发点，从而使职业能力开发可以成为学生积极地了解和适应职业世界的有意义的建构过程，而不是"去情境"的、被动接受"呆滞知识"的过程。

陈涛（2008）从高职院校人才培养目标出发，对职业能力概念的理解、专业课程的设置、实践教学环节、教师的专业水平以及职业能力的评价指标体系等多个方面进行深度剖析，分析了当前在高职院校学生职业能力培养中存在的一系列主要问题以及形成问题的核心原因，同时提出了解决问题的相关对策措施。

吴继红（2009）从通识教育的视角出发，对高职院校的职业能力培养模式进行了分析，以高职汽车应用技术专业为例，构建了通过通识教育来培养高职学生职业能力的课程结构，同时还从保障法律法规、改进教育教学、改善实训环境、加强师资队伍建设等几大方面对通识教育视角下的高职学生职业能力培养模式进行了详细剖析，拓宽了当前高职院校学生职业能力培养模式的研究角度。

胡伟（2008）在对高职院校、普通院校人才培养特点进行详细分析的基础之上，对高职院校学生的职业能力培养进行了深度探索，同时又以长汽高专学生职业能力培养作为典型案例，深入总结分析了该校学生在职业能力培养实践过程中所取得的成绩以及其中存在的不足之处，为高职院校学生职业能力的有效培养提供了一个新的思路。

田敏（2009）从课程实施视角对高职学生职业能力培养进行了研究，为有效提高学生职业能力水平提供了另一个新途径。

可以看出，对于职业能力形成和培养模式的研究，基本上都集中在高职高专院校学生职业能力培养模式的总结概括上，对于不同行业所需要具备的职业能力进行了深入研究和构建。

五、职业能力评价

1. 系统科学评价视角

这一视角将职业能力分为：职业能力的输入性因素的研究，主要是从生源质量、教师教学、课程设置、办学条件、教学基本建设等方面进行评价（付永昌，2007；傅大友、钱素平，2007）；职业能力的过程性因素的研究，主要分析教学方法和手段、教学管理制度等方面的监管（季桂起，2008；王淑莲、谢林森，2008）；职业能力的输出性因素的研究（夏建国等，2012；李冬柏，2013）。这一视角的研究者越来越重视如何提高输出的"产品"质量，其目的是将毕业生作为产品推向社会劳动力市场。

2. 工具理性评价视角

邵桂华（2004）认为，衡量职业能力的标准应侧重于评价教学传授了多少知识和技能。尹明明（2010）认为，职业能力在很大程度上是按其符合社会需要的程度来评价的。从目前研究来看，这一视角更多趋向多元的评价方式。

3. 人本主义评价视角

胡弼成（2006）认为，职业能力就是学生个体认知、情感等个性发展程度的反映。王晓萍（2009）把学生的发展作为教育教学的核心课题，更加强调学生潜力的发展。孙莱祥（2011）用学生自我实现来评判大学职业能力。刘庆昌（2012）认为，评判大学职业能力应看它向学生传授知识和各种技能以及帮助学生不断自我实现的成效。张晓鹏（2012）把促进学生的全面发展、和谐发展当作教育的最高目标。这一评价视角愈来愈以主体因素的主体需要为取向，因而评价标准趋向于主体要求。

4. 实用主义评价视角

这一视角主要源于杜威（1946）提出的以反省思维为特征的探究教学法——"教学五步"。它更为注重教学过程中的实际问题，评价内容主要沿袭Herbert Marsh（1982）的SEEQ指标体系。后来，国内外学者逐步扩展到办学定位（马小辉，2006）、师资队伍（林爱菊，2013）、教学条件与利用（刘瑾，2004）、教学建设与改革（刘立民，2011）、教学管理（朱新秤，2006）、学风和教学效果（陆海琴，2008）。综观这一视角的文献，研究者更偏重于办学定位、教学模式和教学改革方面的研究。

此外，从评价方法来看，具有代表性的方法有：① AHP法（陈内萍，2005）；② DEA法（田景仁，2012）；③模糊综合分析法（王理，2007；曹靖华，2012）；④灰关联分析法（徐雪松，2011）；⑤模糊粗糙集理（李艳灵，2009）；⑥结构方程分析（胡平波，2010）等。而且，研究者越来越重视结构方程和调查研究方法。

从以上论述可见，学者们已经开始从不同的视角出发，对职业能力进行了深入的研究和探讨，并且取得了一定的成绩。

第二节　学生职业能力培养的现状

为了能够充分了解我校在读大专学生职业能力培养的现状，主要包括了解学生当前对于职业能力方面的培养意愿、对学校职业能力培养的满意度以及具体需求，本书课题组设计了相应的问卷进行深入调查。调查问卷由基本资料、提升职业能力的目的以及职业能力培养的意愿三部分构成，一共设计了10道题目。问卷通过"问卷星"App推送给我校在读大专学生在线填写。

经统计，共有356名学生参与了本次问卷调查，从学生的基本情况来看，女生占比60%，男生占比40%；从年龄分布来看，72%的学生在35周岁以下，17%的学生在36—45周岁，超过45周岁的只有7%；27%的学生在服务行业工作，22%的学生是公司行政人员，19%的学生是技术人员，16%的学生是自由职业者，另外16%的学生目前处在无业状态。

一、学生职业能力培养的社会需求分析

由图3-1可知，我校72.47%的学生很想提升职业能力，25.84%的学生偶尔想提升职业能力，只有1.69%的学生完全不想提升职业能力。数据表明，我校学生在职业能力提升方面整体上个人主观需求很大。

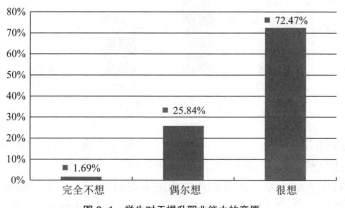

图3-1 学生对于提升职业能力的意愿

如图3-2所示，同时选择职业能力、获得文凭、个人素养的人数均超过了70%。可见，几乎所有的学生都希望在获得学历文凭的同时，在职业能力和个人素养方面也能够得到相应的提升。

二、学生职业能力培养的自我认知分析

根据图3-3的数据分析可知，5.06%的学生有强烈的职业危机感，16.57%的学生有较强烈的职业危机感，58.71%的学生有职业危机感，只有

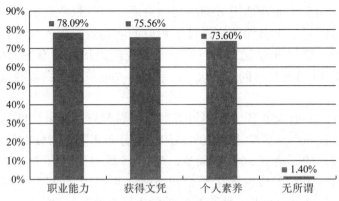

图 3-2 学生通过学历教育希望获得提高的方面（多选）

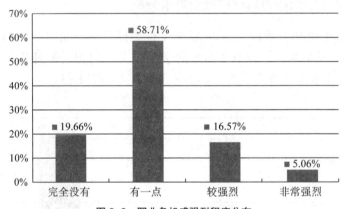

图 3-3 职业危机感强烈程度分布

19.66%的学生没有职业危机感。因此，大多数学生在目前自己所从事的工作岗位上，已经感受到了不同程度的职业危机感。

通过对成人学生希望提升职业能力的主要目的调查可知，85.96%的学生是为了提高收入，57.58%的学生是为了获得晋升，而34.55%的学生是为了转换工作，37.36%的学生是为了避免失业（见图3-4）。

由图3-5可知，学生对综合职业能力（指从事某一职业所需要的学习方法、工作方法方面的能力，包括分析和综合能力、决策和迁移能力、信息接受和处理能力等）的提高需求最大，占到了79.49%；其次是希望提升自身的特定职业能力（指从事某一职业运用专业知识的能力）的占50.84%；而提升一般职业能力（指从事职业活动所需要的社会行为能力，包括推销自我的能力、塑造自我的能力、交往与合作能力等）的仅占40.73%。大多数学生更希望学校提供相应的教学服务，使得自己能够提升综合职业能力。

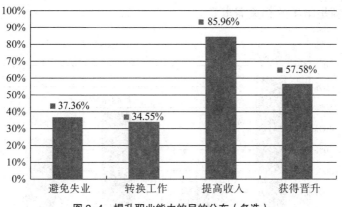

图 3-4 提升职业能力的目的分布（多选）

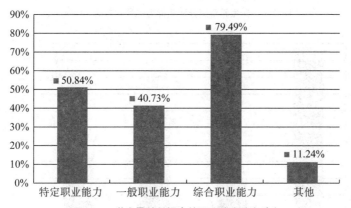

图 3-5 学生最希望提高的职业能力（多选）

66.8%的学生希望在教学中能以任务驱动的形式提升职业能力，48%的学生选择情景模拟，35%的学生选择企业实训等实践类的教学形式来提升自己的职业能力，而只有12%的学生选择课堂讲授方式提升自己的职业能力。通过对图3-6的数据分析可以得出，学生普遍希望学校可以提供更加多样化的实践方式提升职业能力。

45.79%的学生认为职业能力应该由自己的上司给出评价，23.03%的学生认为职业能力评价应该由自己来完成，有13.76%的学生认为由同事来评价自己的职业能力更为客观，而17.42%的学生认为职业能力可以由学校来进行评价（见图3-7）。

通过对我校在读的所有大专学生职业能力现状的调查，可以深入分析学生当前在职业能力培养方面有怎样的社会需求、自我认知情况如何以及希望学校能够提供哪些保障措施。这一调查将有利于学校针对性地进行教学实践改革，以满足学生的相关需求。

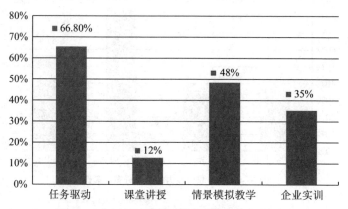

图 3-6　学生希望提升职业能力的教学方式（多选）

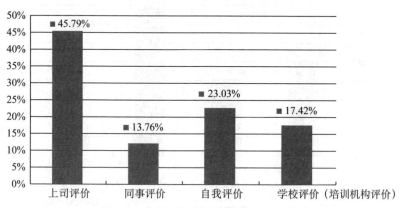

图 3-7　学生希望得到认可的职业能力评价

第三节　提升学生职业能力的行动研究

区域成人高校作为成人高等教育体系中的重要组成部分，在办学目标、社会职责和人才培养方案上有其自身特点，因而在专业设置、课程设置、教学内容方法上也存在差异。具体而言，区域成人高校以成人学历教育为基础，以培养学生职业能力为重点，在帮助学生获得岗位理论知识的同时，培养和发展其自身职业能力。

结合关于我校学生提升职业能力态度的调查，我校对部分专业进行了一系列的教学实践改革，根据成人学生的特点，努力实现各级各类教育之间的纵向衔接、横向沟通，搭建"立交桥"，为成人学历教育与职业教育融合提供可借鉴的经验和实践样本。

一、制订符合行业发展需求的专业人才培养方案

人才培养方案是每所高校实施人才培养工作的一个纲领性指导文件，是各专业对其专业人才培养目标、培养方式以及培养过程的总体设计，对保证专业教学质量和人才培养规格起到了重要的导向作用。因此，人才培养方案必须结合人才培养目标，同时结合行业发展和专业需求进行课程体系的设置。

（一）依据行业需求，确定人才培养目标

为了适应行业发展和行业管理的现实需要，岗位设置、专业技能和专业知识要求具有一定的前瞻性、引导性，能够满足专业人员提高综合素质和适应岗位变化的需要。

我校的建设工程管理专业具有管理学和工程学的双重属性，因此该专业的人才培养目标是通过建设工程专业的理论知识学习，使学生了解、熟悉、掌握建筑施工的基础知识、国家有关建筑施工的法律、法规和建筑项目管理的知识，能在建设工程行业中从事相关的技术和管理工作，从思想上、能力上掌握和提高管理能力和岗位素养能力。同时，根据该行业对人才的需求，在对学生进行专业知识教学的基础上，需要进一步培养学生具有敬业精神、遵纪守法，有良好的社会公共道德和职业道德；具有健康的体魄、良好的心理素质和承担专业工作的身心条件；具备工程项目承包管理及施工管理专业技术人员的基本素质。

（二）以职业能力为主线，设置专业课程体系

建设工程管理专业在课程设置上，在系统分析了各类建筑施工现场专业人员岗位设置的基础之上，总结归纳了施工员、质量员、安全员、标准员、材料员、机械员、劳务员、资料员等八个建筑施工现场关键岗位专业人员的核心工作职责。突出职业能力本位原则、工作岗位职责与专业技能相互对应，通过技能训练能够提高专业人员的履职能力。换言之，该专业的主干课程是与安全员、劳务员、标准员、安全监理员的岗位职责相对应的。同时在注重专业知识的完整性、系统性的基础上，基本覆盖各岗位专业人员的知识要求，其通用知识具有各岗位的一致性，基础知识、岗位知识能够体现本岗位的要求。

因此，建设工程管理专业的学生在其两年半的学习时间里，需要掌握建设工程行业所应具备的包括知识、能力和素质三个方面在内的职业岗位理论知识和实践操作能力，其中包括了建筑工程技术专业知识、建筑经济基础知

识、工程项目管理相关理论知识，同时也需要熟悉国家建设工程法律法规等职业岗位必需的理论知识。

该专业的课程设置共分为三个模块，以职业能力培养为主线，充分体现"实践、应用"的专业人才培养目标，同时结合专业岗位和相关资格证书考核的标准，建立了与培养要求相一致的课程，分别设置了相应的公共课、专业课和选修课。

公共课包括了习近平新时代中国特色社会主义思想、法律基础与思想道德修养、基础英语（一）、计算机基础、应用文写作等课程，提供掌握该专业所必需的通识知识。

专业课包括了管理学概论、劳务员岗位知识与技能、劳务员通用与基础知识、建设工程安全监理、标准员岗位知识与技能、标准员通用与基础知识、建设工程安全生产技术、建筑工程安全生产法律法规、建筑工程安全生产管理。通过专业基本知识的理解和学习，使学生掌握专业技能，培养学生运用理论知识解决实际岗位操作中的具体问题的能力。

选修课有文化旅游、科学史、建筑节能、人力资源管理、建筑摄影、古建筑赏析、社交礼仪、心理学应用、中国绘画、音乐欣赏、毕业论文指导、入学须知等。强化学生的职业素养，丰富学生的知识面，提升学生的综合素养。

建设工程管理专业的课程设置充分体现了职业导向，以行业人才培养目标为基础，制定相适应的教学计划，以满足行业高素质人才的培养需求。

二、以满足职业需求确定教育教学内容

"企业员工管理与自我管理"是本校所有专业的一门选修课，授课对象为全体专业的学生，以培养自我管理与认知在职场上运用方向为主要目标。通过设计阶梯型任务，注重学生基本技能的操作，从学生的实际能力出发，结合"自我定位"主题，创设情境，注入课堂中的职场素养培养。同时结合职场自我规划的工作内容，通过任务设计，设定四部定位法则在职业规划上的运用，掌握SWOT自我分析法，帮助学生寻找职场定位，做好职业规划，以此满足职业的需求。

（一）通过自我分析，帮助学生培养职场思维

在工作中，思维方式影响个人看待问题、分析处理问题、为人处事的方式以及办事效率等方面，学生应尽早地培养职场思维，有利于适应职场环境。

职业思维表达是一种符合职场要求的逻辑思维和语言表达能力，而这种

能力对一个人的职业发展至关重要。一个人的逻辑是否清晰,很大程度上表现为语言表达是否清晰,是否可以很快分清楚事情的轻重缓急,是否可以很有条理地分析问题和处理问题。而语言表达能力在职场中也非常重要,可以简洁明了地表达清楚个人的观点。在整个课程中,着力从以下几个方面进行培养:

1. 自信心的建立

一个人的逻辑思维和语言表达能力跟一个人的自信心有很大的关系。自信心较强的人,会给自己更多积极的暗示,当自己信心十足时,往往表达能力和逻辑思维就比较强。在课堂中多设置一些提问互动以及汇报作业的形式,让学生学会在表达的时候采用结论先行的技巧,先说结论,再说理由和原因,这样可以让对方更快地理解你要表达的重点。

2. 注意锻炼与积累

学会在日常工作中刻意去锻炼自己的逻辑思维,比如在给对方打电话之前,先在笔记本上罗列下要表达的重点和逻辑层次;又如在表达你的观点之前,先在内心捋一捋自己的思路,看看怎么表达可以更简练明了。

3. 自我情绪的培养

学会控制自己的情绪,情绪对一个人的逻辑思维和语言表达影响很大。有时,人被激怒了,就很难理性地去思考问题,逻辑思维混乱,语言表达也就很混乱。

(二)帮助学生寻找职场定位,明确职业需求

该课程主要通过案例及分析来引导每个人剖析自我,解决学生职场迷茫的问题,确定职场定位。课程着力从以下几个方面帮助学生确定职场定位:

1. 自我优点与缺点认知

引导学生充分地了解自己的兴趣、优缺点。了解自身和兴趣取向永远是第一位的。一个人能在某个领域做到最好,一定是本身兴趣所在。在课程中将SWOT分析法模式运用到个人及行业上,合理地进行信息搜集及处理,解决可能在职场上难以发现或处理的问题。培养学生的职场思维和总结归纳的能力,使他们善于发现自己的长处,规避和补齐自身不足的地方。

2. 了解目前职场的现状

引导学生通过各种渠道充分地了解企业工作的真实信息和工作状态。比如,让学生结合热点话题"35岁——职场的中年危机",针对职场进行分组讨论。每个小组可以根据不同的年龄层次及该阶段的需求,选出三个不同年龄段对此话题展开讨论,同时也需要结合自己的能力、兴趣点及专业方向,形成一定的观点与同学分享。

3. 学会正确评估自己

让每个学生清楚地认识到不要把自己想得太强，也不要过分低估自己的实力，而是要找到适合自己的工作，在合适的领域里发展。在转换期，要对自己的工作能力做出一个相对客观的评价。可以通过自我总结，也可以通过找第三方中介进行交流，让第三方对自己做出一个更为客观的评价。

"企业员工管理与自我管理"课程从满足人才市场和企业需要的角度出发，有针对性地制定相应的教学内容，使课堂教学紧贴生活实际情况，在课堂上通过案例让学生发现问题、找到问题，并想办法解决问题，引导学生正确地认识自己，找到自己的职场定位，提升学生的学习积极性和主动性。

三、以实际岗位标准组织实训教学规范

实训教学是实现人才培养目标的重要教学环节，可以有效地帮助学生将学到的理论知识转化为实践能力。

社会工作（幼儿教育方向）是我校新开设的一个专业，该专业的实训教学毕业设计原则是以岗位标准为导向，在仔细分析幼儿园教育教学实际工作岗位标准的基础上，设计其专业实训教学的内容和要求规范，从而全面提高学生从事相关职业所必备的综合素质，更好地适应职业要求。

社会工作（幼儿教育方向）专业的实训教学过程始终是基本理论和技能实践的结合，即学生把有关幼儿教育现象和规律的基本知识理论，通过实训教学，转化为实际的教育技能，锻炼培养学生从事幼儿园课程与教育活动的设计及指导能力，熟悉幼儿园的教学实际，培养教学实践能力，从而使得毕业生具备幼儿园教育教学工作所需的基础理论知识、职业技能能力以及综合应用能力。

该专业的实训教学毕业设计环节总体包括三个部分的内容：小组环境创设主题选择及预算制订；每小组各完成一间"幼儿活动室"的环境布置及区域学习材料制作；分组提交环境创设创意文字说明。

根据毕业设计的要求，每4—5名同学组成一个小组，选择一个年龄班（小、中、大），然后选择节日（春节、端午节、六一儿童节等）、季节（春、夏、秋、冬）作为环境创设的主题（或自拟主题）。设计包括主题墙（与选择主题相一致）、区域学习材料（数学区、科学区、语言区、音乐区、美工区、生活区等）、自然角（盆景、花卉、种植、干果种子、水果、小动物等）、家园联系栏（周计划、育儿知识、温馨提示、小任务等）在内的"幼儿活动室"环境。根据设计方案列出所需材料清单及预算，上报学校集

中采购。

各小组成员在两周的时间内进行分工合作，将给定的教室布置成"幼儿活动室"。运用专业课程中所学到的相关幼儿教育知识及手工制作技巧，并且融入其个人创意和风格，表现出理念新颖、技术运用自如、构思有创意的系列环境创设作品。

各小组针对"幼儿活动室"环境创设过程中的构思及制作过程加以文字说明，并紧密联系本专业所学的知识理论加以概括总结并且提出独到的观点。

文字说明包括三个部分：阐述环境创设主题及年龄班；介绍布置的环境由哪几个部分组成，各部分的设计思路；分析设计和布置过程中遇到的问题和解决的方法，总结经验。

该专业的毕业设计环节是按照实际岗位标准来规定的一次实训教学，以真实的工作任务为依据整合教学内容，让学生将学过的理论知识转化为实际的教育技能，锻炼和培养学生从事幼儿教育课程与教育活动的实际操作应用能力，形成岗位所必须具备的综合素质和职业要求。

四、以工作现场规格建设实践教学基地

由于建设工程管理专业与建设工程现场管理有密切的联系，是实践性应用性十分强的一个专业，该专业的课程设计始终是理论和实践的结合，是通用理论知识与岗位专业知识的结合，因此，就要求该专业的学生不仅要有专业理论素养，同时也需要具备建设工程现场管理的实际操作能力，即工作中解决问题的能力，以及独立思考、探讨的能力。

基于上述要求，自2016年开始我校对该专业的毕业设计方式进行了一次探索改革。归纳起来就是：到实践中去，再从实践中带着问题，结合学到的知识，探究原因，提出观点，探讨解决方式。

该专业的毕业设计改革方案强调了要依托建设实践教学基地开展探究学习，以真实建筑工地的现场规格作为校外的实践教学基础，把理论知识综合运用到实践中去，锻炼提高学生的动手操作的基本技能和实际应用能力，培养学生的适应能力和协调能力。具体的毕业设计环节要求包括以下五个方面：

（1）全班分成若干小组：各小组的人员作为集体探索的主体。

（2）各小组初步选定一个与施工现场管理相关的主题（如表3-1是2015年建设毕业设计的选题），然后各小组选定组长，安排活动计划。

（3）各小组组织现场活动（带着问题到现场）：可自己选定工地（或现

场），也可要求学校推荐组织，关键是带着主题方向下去找问题、求答案。

（4）各小组提交现场活动后的探索文字说明。

（5）各小组成员共同撰写社会调查。

表3-1　2015年建设毕业设计汇总表

课题编号	毕业设计（论文）项目（注明：实践或模拟）
1	浅谈物业服务中外墙清洗施工安全管理
2	装饰工程的施工质量与安全管理
3	关于杭州慧展科技建筑工程施工现场安全管理研究
4	浅谈潍坊新村党建活动中心装修工程全过程质量管理
5	轨道交通10号线3标段高支模施工风险管控
6	加强电气工程管理提高工程质量
7	漕河泾机房2015年中国联通核心网扩容工程设备安装施工监理工作
8	施工现场中的安全防范和管理（中外运浦东国际机场仓库雨棚钢结构维护改造工程）
9	浅论危险性较大分部分项工程的监督
10	浅谈上柴改造项目安全管理
11	班组安全交底和验收制度的落实
12	桥梁施工现场的安全管理及整改对策（川南奉公路〔胜利路—东靖路〕改建工程-张家浜桥）
13	建筑工程废弃混凝土资源化利用
14	建筑材料与结构
15	建筑施工技术和现场施工管理在"上海出版印刷高等专科浦东新校区迁建项目"上的应用
16	建筑工程交叉施工的安全要素（祝桥二期4#地块配套商品房公共安全防范系统工程）
17	建筑施工质量安全生产的管控
18	浅谈工程建设监理现状与发展
19	建筑施工现场安全管理及整改对策（同济医院新建外科医疗教学大楼项目工程）
20	上海星荟中心a栋地下室吊顶安全管理及防治措施
21	浅述施工技术交底的重点和要点（青西郊野公园游客集散服务中心工程）

(续表)

课题编号	毕业设计（论文）项目（注明：实践或模拟）
22	张江绿地幕墙工程安全管理要素
23	绿洲仕格维花园酒店公寓住宅 B 楼主体结构工程的安全管理及防治措施
24	浅谈建筑施工阶段资料的管理
25	施工现场防止高处坠落事故发生的探讨（由"三林镇杨思巷 57，57-1 宗地块商品住宅商品房项目工程发生的一起高处坠落 1 人死亡事故"所想）

第四节　提升学生职业能力的建议

职业能力是每个人在职场上发展和创造的基础，是成功完成工作任务或胜任工作的必不可少的基本因素。没有职业能力或职业能力低下的个体，难以达到其工作岗位的要求，换言之，也就是不能胜任工作岗位。为加强成人学生的职业素养，满足成人学生职业提升的需求，在对我校学生职业能力问卷的分析基础上，结合部分特色专业的实践改革情况，总结归纳出在学历教育中提升职业能力的有效途径与方法。

一、以现代职业教育的要求，设计理论课程体系

（一）根据成人高等教育特点，加强专业课程建设

课程是学生能力培养的基础，学生职业能力的形成，需要通过构建合理的课程体系来作为支撑。成人高等教育的受教育对象大多数是在职从业人员，他们一般都具有一定的知识储备和工作实践经验，因而成人高等教育应充分考虑成人学生的学习特点，重视学生职业生涯的发展，关注学生自信心、应变能力、交际能力以及团队协作能力的培养。因此，课程结构及相应的教材内容要在公共基础课、专业课和选修课分类模式的基础上，突出专业课和专业课程实训，使学生明确专业学习目标，培养学生树立良好的职业意识。成人高等教育的课程设置要从相应的职业岗位需求或相应的技术领域的要求出发，按照学生应具备的理论知识、专业技能和综合素质进行设计，必须突破以学科本位的逻辑体系来设计课程的方式，强调以技术技能为本位，不过多要求专业知识的系统性、完善性和理论性。专业课程按知识的相关程度划分若干模块，专业知识提前渗透，实践教学与理论教学平行并进，课程之间教学内容应有机衔接、灵活配合。

（二）立足职业岗位要求，突出能力目标，强化实践教学

实践教学是指"学生在教师的指导下，在一定的实践环境中，通过实验（试验）、实训、实习、课程设计和顶岗实践等形式，培养学生的基本实践能力、操作能力、专业应用能力和综合职业能力的教学方式"（张建、彭腾，2004）。换言之，实践教学就是在课堂理论教学的基础之上，通过实验、实习、社会调查实践等多种形式，把理论知识与实践活动相互结合起来，旨在培养提高学生创新实践能力的一种教学形式。

合理科学有效的教学体系是成人高等教育目标得以实现的根本保障。成人高等教育与普通高等教育的区别主要在于打破学科体系，以大众教育、终身教育为指导思想，正确处理好理论和实践的关系。为了使成人学生的职业能力得到充分的锻炼，必须加强其专业的实践教学，采用"能力目标"的教育模式，以职业技术能力的培养为导向，从而实现培养应用性技术人才的目标。首先，要根据专业的培养目标，分析所对应的职业岗位需要的综合能力；其次，要分析综合能力是由哪些单项能力所构成，这些单项能力又有哪些能力要素所组成，而这些能力要素就是学生应该掌握的知识点；再次，在充分考虑到成人学生特点的基础上，要以所确定的能力要素为基础，调整组合成各专业的课程体系。以"能力目标"为课程评价的标准，就必须加强实践环节教学，开展以职业活动为导向、以能力为目标、以学生为主体、以素质为基础、以项目为载体，知识、理论和实践一体化的课程建设。可以根据各专业在校生的规模，创建校内模拟岗位环境，不断优化实践教学条件，每一门专业课程都应该通过综合或单项实训来培养学生的技术能力，综合实训项目可以有效检验专业课程所对应的相关职业能力，在教学过程中应该选择、设计一个或几个贯穿整个课程的大型综合项目，作为训练学生职业岗位综合能力的主要载体。这样才能更好地促进学生职业能力的形成和发展，培养出适应职业岗位需要的高质量的技能型人才。成人高校不仅要向学生传授理论知识，更要根据社会经济发展和产业转型发展对于职业能力的要求，及时调整教学课程体系，兼顾自身学历教学和岗位能力的要求，注重培养学生的思维分析以及实践能力，构建以能力为本位的教学模式。

（三）推行就业导向的培训模式，制定订单式人才培养机制

成人高等教育的人才培养目标决定了成人高等教育是与社会经济建设发展结合紧密的一种新型教育形式，面向的是行业、企业的人才需求市场，因此必须根据就业需要和职业技能标准要求，深化学生培训模式改革，大力推行与就业紧密联系的培训模式，增强培训的针对性和有效性。在强化职业能力培训的同时，也要加强职业道德、法律意识等职业素质的培养，提高劳动

者的技能水平和综合职业素养。健全培训制度，统筹利用各类职业培训资源，建立以学校、企业和各类职业培训机构为载体的培训体系，大力开展技能培训、岗位技能提升培训和创业培训，贯通从初级、中级、高级考证的成长通道。大力开展就业技能培训。要面向各类有就业要求和培训愿望的学生开展多种形式的就业技能培训。坚持以就业为导向，强化实际操作技能训练和职业素质培养，重点开展使他们达到上岗要求或掌握初级以上职业技能的培训，提升技能水平和就业能力，着力提高培训后的就业率。加强职业技能考核评价和竞赛选拔，在校内积极推行学历证书与职业资格证书"双证融通"制度。充分发挥技能竞赛在技能人才培养中的积极作用，选择技术含量高、通用性广、从业人员多、社会影响大的职业，广泛开展多层次的职业技能竞赛，提高学生的学习积极性和职业技能。

全面实行校企合作、工学结合，不断扩大校外实习基地改革培训课程，创新培训方法，引导学校、企业和培训机构开展订单式培训、定向培训、定岗培训，使学生在真实的工作环境中学习、掌握相关的技能。根据就业市场需求和企业岗位实际要求，开展订单式培训或定岗培训。学校以企业"订单"为导向确定教学目标，实施教学计划，切实提高学生的职业能力，真正体现以职业需求为导向的成人教学特点，为企业培养"适销对路"的专业技术技能型人才。对成人高校而言，订单式人才培养模式有助于学校找准自身定位，根据实际需要把握办学方向，及时调整专业课程设置，改变专业口径的错位，使专业设置更加符合企业的实际需求，使学生学到真本事，练出真才干。就学生而言，能够使其明确学习目标，保持学习动力，不断提升自身职业素养，以适应企业岗位要求。

二、以合格"双师"要求推进师资队伍优化

（一）提高"双师型"师资队伍的专业化水平

教师是成人高校人才培养的主要承担人，在一定程度上对于成人高校教学效果有着决定性作用，换言之，师资队伍建设是成人高等教育发展的关键影响因素之一。早在1998年颁布的《面向21世纪深化职业教育教学改革的原则意见》中就对"双师型"教师的内涵做出了明确规定："要采取教师到企事业单位进行见习和锻炼等措施，使文化课教师了解专业知识，使专业课教师掌握专业技能，提高广大教师特别是中青年教师的实践能力。要注意从企事业单位引进有实践经验的教师或聘请他们做兼职教师。要重视教学骨干、专业带头人和'双师型'教师的培养"。其后在1999年的《中共中央国务院关于深化教育改革全面推进素质教育的决定》中又进一步提出"必须加

快建设兼有教师资格和其他专业技术职务的'双师型'教师队伍"。一支符合成人高等教育转型发展需要的高水平的"双师型"师资队伍是保证成人高校建设质量的关键指标，同时也是推动教育教学改革的重要力量。因此，区域成人高校必须在明确自身人才培养目标的基础之上，正确认识到现阶段我国成人高等教育对应用型人才培养需求的紧迫性以及教师在其中起到的关键性作用，努力加强对"双师型"教师队伍专业化水平的建设。

"双师型"教师队伍的建设是加强成人高校学生职业技能培养的重要因素之一。教师不仅需要具有扎实的专业理论知识以及丰富的实践教学知识来实施基于专业知识领域的课程开发，还要通过发挥其自身的引导作用，结合行业岗位工作的需要，充分调动学生的积极性和创造性，增强职业培训的系统性，推行以职业能力培养为导向的实践教学，培养出具有综合职业能力的符合社会需求的高层次技术人才。因此，必须重视和加强在职成人教师的专业实践技能培训，并进一步优化教师的知识结构。

建立健全各学科发展支持机制，鼓励和引导教师自发组成专业攻关小组，对骨干教师在政策、资金等方面要全力进行支持，同时还要充分发挥一线教师的主动性和能动性，推动教学制度改革，创新教学方式方法，实现教学资源的优化配置。建立健全教师交流学习机制，大力支持教师到先进地区、先进学校主动进行交流学习；老教师对青年教师起到"传帮带"的作用，改进教学教法，提高教师的科研攻关能力；与企业加强沟通，通过考察学习等方式对专业带头人进行重点培训，提升其对专业改革方向以及专业建设和发展的把控和引领能力；安排一线专业教师到企业任职，进一步在深度和广度两个维度上扩大校企合作的范围，通过多种方式加强教师的实际操作能力，进一步提高教师的专业教学水平。同时，还可以通过让教师参与到企业的技术攻关中去的方法，使教师有更多的操作实践的机会，提高"双师型"师资队伍的专业化水平。

从我校的实际情况来看，一般的教师已经具备"双师"素质中的理论素质，所以培训的侧重点在于提高专业技术实践操作能力，通过各种专业技术实践、操作等形式，实现教师技术技能的突破，使其能够胜任教学实践环节的教学指导工作，实现技能型人才培养的目标。

（二）强化"双师型"师资队伍的社会需求应接能力

学校需与相关企业、行业紧密合作，加快培养既能讲授专业知识又能传授操作技能的"双师型"队伍，构建一个能够充分利用学校内部资源和企业优质教育资源的立体化人才培养模式。依托有条件的大中型企业，开展师资培训，储备职业培训师资队伍。学校应制定教师下企业、入行业选派计划，每年确保选派几名骨干教师到大中型企业进行半年左右的跟岗实践锻炼,让教师系统掌握业务技术流程,提升理论和实践教学相互融合的能力,强化其实践技能。学校要从时间、经费等方面保证教师下企业制度的有效落实。同时,实行兼职教师制度,通过考察考核机制,聘请相关企业、行业的专家担任兼职教师,参与到相关专业的建设中去,建立一支相对稳定的兼职教师队伍。按各专业建设需要合理配置专兼职教师定员,建立兼职教师人才库,充实师资队伍。聘请企业优秀人员来学校承担专业课教学、实训、实习指导任务,设立兼职教师专项奖金和课时津贴标准,监管到位。建立企业兼职教师准入制度和考核评价制度。

另外,学校还可以学习普通高校的做法,组织专业教师参与企业科研项目,既能为企业解决技术问题节省一定的时间和精力,也能使专业教师的专业技术能力在实践中得到发展和提高,以期达到双赢的效果。

三、以满足实际需求建立教学评价标准

(一)能力本位的考核方式

过去,成人高校对学生的考核评定方式多是以书面理论考试的成绩为主要依据,通过直接出书面的理论试题,考查学生该课程的理论知识水平的高低。然而,书面理论考试只能片面反映出学生在课堂教学过程中对于书本知识的掌握情况,导致任课教师将授课的重点难点局限在课本知识的传授中,而忽略了学生职业能力的培养,而学生为了提高成绩将大部分的精力投入到应试中去,这和当前成人高等教育以职业能力为导向的人才培养目标不相符合。

现阶段,成人高校应针对学生运用知识分析解决实际问题的职业能力进行合理评价,因此必须建立以岗位需求为考试、考核内容,包括综合素质和行业岗位需求的知识和能力的合理的教学评价标准。在改革考试、考核方法上,教学评价方式需要改变传统的书面考试、考核方法,采取书面考试与口试、理论考试与操作考试、答辩和现场测试相结合等多种方式。对基础课程,重点考核学生对知识的接受程度和理解能力;对专业课程,以岗位需求为导向,重视学生对实际应用能力的掌握,重点考核学生分析问题、解决问题的能力。

考核主体也应由原先单一的教师为主改为教师、企业行业专家多人组成,学生完成每次学习任务后,由教师、专家共同对学生进行评价与指导,从而使评价更贴近行业要求,也更具有说服力。

同时,要加强对学习过程中平时考核的认识,建立形成性评价和终结性

评价相结合的考核方式。形成性评价是指在教学前或教学过程中对学生的学习状况等进行的评价，而终结性评价是指在学期末或某个阶段学习结束时对学生进行的全面评价，两者结合可以对学生的整体学习进展情况进行监控与评价，为教师提供教学效果的反馈信息，并以此作为及时调整教学内容方法的重要手段之一，以满足学生的实际需求，提高教学质量。

（二）设立多元考核内容

传统应试型的考核方式中，纯理论内容偏多，严重脱离生产实际，导致学生不能很好地理解，依靠死记硬背，机械地掌握知识和技能，往往出现"高分低能"的现象，已不能适应课程教学改革的要求以及现代企业对高级技术人才的要求，应该予以摒弃。

多元考核内容包括了专业知识考核、基本素质考核、能力考核等。专业知识考核是对学生课程基本理论知识掌握情况的考核，它是学生胜任岗位工作的重要基础，有利于促进学生理论联系实际，巩固并综合应用所学到的知识；基本素质考核是对学生的学习态度、学习习惯、责任意识、意志品质、心理素质等的考核；能力考核包括语言表达能力、文字描述能力、分析与解决问题能力、创新能力、动手操作能力、协作能力、社会适应能力等的考核，这些能力有利于促进学生锻炼、提高其专业技能。

因此，构建多元考核内容，可以在考查学生掌握专业知识情况的同时，突出专业的特点和学科的实践性，重视学生运用所学知识解决实际问题的能力，真正构建有利于培养学生全面素质和综合专业能力的教学质量评价体系，从而提升学生的职业能力和综合素质，实现新时代成人高等学历教育的人才培养目标，培养一批新时代的技术应用型人才。

（三）校内实训与校外实践相结合的评价模式

校内实训和校外实践是学校实践教学的主要形式，是培养学生实践能力和职业技能的根本途径，是使学生由课堂和书本知识走向就业和职业岗位的重要桥梁，是使学生养成良好职业道德和严谨工作作风的基础。

学生完成校内实训环节后，到校外企业中去实践。学生通过在企业的实践，体验真实的工作环境，将知识运用于实践。这种方式一方面可以保证学生真正学到新技术、新工艺、新知识，另一方面培养了学生的工程意识、团队意识、诚信意识、协作精神和敬业精神。

通过校内仿真环境的实习和校外实训基地的实践，学生获得最直接、最有效的职业岗位经验和知识，实现从学校到社会、从理论到实践、从模拟岗位到实际工作岗位的无缝对接。同时，在一定程度上将顶岗实习和就业结合起来，无疑会对学生就业乃至其终身的职业生涯产生重要影响。学生只有经过校内实训教学和校外实践教学这两个教学的全过程，才有可能完成从一名普通学生到一名有一定职业技能的学生，再到具备某一专项职业能力的技能型人才的转变。我校空中乘务、形象设计、酒店管理等专业就是校内实训与校外实践有机结合的成功案例。

为了顺应区域社会经济发展需求，区域成人高校积极转型发展，调整其功能定位，根据成人学生的特点和人才培养目标的要求，构建基于学历教育的职业能力导向的成人教育培养模式，把成人学历教育和职业教育相融合，大力推行产学合作教育模式，实现学校培养人才与企业培养员工的相互交融；强化教学过程中的实践性、职业性和开放性，优化专业建设，完善课程体系设置，建立提升职业能力的课程体系。同时，重视和加强在职教师的专业实践技能培训，进一步优化教师的知识结构，建立一支合格的"双师型"教师队伍。学校在推行职业实践方面，多渠道拓展实践教学的途径，加强培养学生实践能力的方法，建立相适应的教学评价标准。通过我校各专业的实践改革情况，满足了成人学生日益增长的多样化高层次的学习需求，实现了新时代成人高等教育的人才培养目标，培养了一批技术应用型人才，进一步推进了终身教育大平台的建设。

第四章 开放教育资源共享途径的探索

高等教育领域中教育资源开放共享日益成为一种国际现象,其开放共享、知识公益的特色理念,以及大规模建设和推广的基于互联网和多媒体信息技术综合应用的实践模式,逐渐成为诸多高等教育机构的变革方向。知识分享是组织或个人通过知识库和知识流通管理机制的建立,使知识拥有者愿意且能将本身所拥有的显性和隐性知识通过书面、语言或示范等方式与他人进行流通和交换,使他人不仅能够知晓,还能重复使用该知识,从而形成共同知识。知识分享理论在各个领域都有应用,并且在某些领域的应用已经相当成熟。例如,在企业领域,通过知识分享理论某些企业已经形成了知识分享的企业文化;在信息技术和社会领域,通过社会性软件(谷歌、百度等)极为成功地做到了知识分享,并得到社会认可。

作为知识的聚集地之一的教育领域,特别是开放教育,很多学者和实践者提出开放教育资源存在利用率低的问题,而这种低利用率在一定程度上意味着资源的浪费,这也是终身教育发展和学习型城市建设亟待解决的问题,而知识分享理论为此问题的解决提供了新思路。为此,学校以知识分享理论为工具推进开放教育资源共享的途径研究,以完善终身教育大平台开放资源共享建设,提高教育资源利用率,进而更好服务学习型城市建设。

第一节 知识分享与开放教育资源理论研究

一、知识分享理论

(一)知识分享理论概述

对于知识分享(knowledge sharing,又译为"知识共享")内涵的认识应从"知识分享的主体——个人、团队和组织;知识分享的客体——知识内容;知识分享的手段——网络技术、组织学习"三个方面来理解。知识分享必须有行为主体的存在，既包括知识的发送方（信息源），将拥有的知识进行外化，也包括知识的接收方（信息宿），对接收的知识进行内化；知识分享的目的是为了达到知识的有效交流、理解，甚至实现知识的再创造，不同类型的知识是分享中不可缺少的客体；知识要实现从一方到达另一方并实现共享、扩大，这一过程离不开知识分享手段的应用。

学者从不同的视角对知识分享进行研究，对知识分享认识的观点也不一样。

分享（share）的观点主要是来自信息的不对称性与环境所造成的困难性。分享具有两种意义：一个是施舍、奉献；另一个是为公众所享有（Dixon，2000）。Dixon认为这两者是一个问题的两个方面，施舍与奉献是表示知识分享的过程，而为公众所享有则是分享的结果，这就是组织内公众所享有的共同知识。基于此，一般认为知识分享应该从两个方面进行理解：一是内容导向的知识分享。Newell认为知识是一种执行特定行为的能力，而不是一个实体，而且人们可在计算机的知识库中利用特定的数据结构来表示知识。因此，在内容导向的知识分享概念中非常强调知识库系统与信息通信技术的重要性，知识库系统与信息通信技术是知识的创造、储存及分享的有效手段，知识库系统中的数据、语言、文字、符号图像等传达某种意义与信念是知识分享的重要工具。二是知识分享的过程。Nancy提出分享的观点是使其他人员知晓（knowing），即将个人所拥有的信息或知识传播给其他人，使对方也拥有相同的信息或知识（Nancy，2000）。因此，过程导向的知识分享认为，知识分享是帮助他人发展新的行动能力（Senge，1997）。当组织成员在向他人学习、与他人沟通时，就是在分享他人的知识，个人的知识通过人与人之间分享交换、评价与接纳，才能转换为共识性和整合性的知识（蔡宁，黎常，2007）。

Nonka和Takeuchi从知识转化角度，指出知识共享是个人与组织之间、默会知识与明晰知识之间互动的过程，高度依赖于个体的主动性及团队内的交互作用，共享的模式分为外化、内化、组合化和社会化等。Senge认为知识共享是组织学习的过程，即组织内员工之间、团队之间的学习过程，在这个过程中，个体知识成为组织知识，组织的重要任务就是促进学习的持续进行，知识是一种"有效行动的能力"，真正的知识共享并不是一个取得的动作，而是一种学习，是一种使他人"获得有效行动力的过程"。

Wijnhoven从知识转移角度指出，知识共享是知识拥有者与知识接受者共享自己的知识，通过信息媒介进行知识转移，知识接受者通过已有知识对新知识进行阐释或两者彼此互动的过程。Davenport和Prusak认为，在企业内部也存在一个"知识市场",企业内部的知识市场是知识转移的重要途径,知识共享过程被看作是企业内部的知识参与市场的过程,与其他商品一样,知识市场也有买方、卖方,市场的参与者都可以从中获得好处。Hendrik指出知识共享是一种沟通的过程,知识是一种特殊的资产,不能自由传送,接受者在接受他人所共享的知识时,必须具备相应的知识去获得知识。知识共享涉及两个主体:知识拥有者和知识需求者,知识共享包括知识拥有者外化知识和知识需求者内化知识两个过程。

Eriksson和Dickson从知识创造角度,提出共享知识的过程包括认知与行为两个方面的内容,并且由于不同的过程而造成共享的差异,在人们共享现存知识的过程中同时也创造出新的知识,这就意味着知识在共享和使用时,新的知识也被创造出来(曹兴、刘芳、邬陈锋,2010)。

综合以上观点,对知识分享的认识体现了两个方面:一是内容导向,认为知识分享必须包括知识库和知识类型的转化,其中知识库系统是不同主体间知识分享的技术手段,知识类型的转化是不同主体间知识分享的基础;二是过程导向,知识分享是一种沟通、学习,进而帮助他人发展新的行动能力的过程,组织成员在向他人学习、与他人沟通时,就是在共享知识。

本书认为,对于知识分享的概念应该从以下两个方面进行理解:知识分享的内容和知识分享的过程。知识分享是组织或个人通过知识库和知识流通管理机制的建立,使知识拥有者愿意且能将本身所拥有的显性和隐性知识通过书面、语言或示范等方式与他人进行流通和交换,使他人不仅能够知晓,还能重复使用该知识,从而形成共同的新的知识。

(二)知识分享的主要途径

1. 知识分享平台建设

通常情况下,知识共享平台包括四个层次:访问层、应用层、整理层和资源层(张迪,2012)。资源层是知识共享的知识储存层,为其他各层提供资源支持,是整个知识共享的基础。数据库主要用来存放成员的相关信息;知识库主要用来存储成员的知识和共同体知识。整理层是在知识共享之前,对成员的知识和共同体知识进行收集、加工、分类、编码等工作,将一些杂乱无章的知识信息整理成便于学习者直接利用的知识,以提高知识共享的效率和效果。应用层通过知识地图、群件技术、社会化媒体、移动微型终端等,将知识从助学者、共同体传递给有需求的学习者,并在传递过程中实现助学者与学习者之间的交流与互动,既提升显性知识共享的效率,也提升隐性知识共享的质量。访问层是指学习者通过Internet、Intranet、手机、PAD及专用客户端等多种终端接入平台,在经过身份验证后,实现对非正式学习共同体知识共享平台的访问。

2. 知识分享技术保障

为了提高知识共享效率，提供有力的学习工具，还需要依靠知识共享技术的实现来做支撑和保证。

第一，利用推送技术。知识推送技术是一种主动的知识获取方法，通过一定的标准和协议，在网络平台上按照用户的需求，定期主动地将重要的知识推送到需求者面前。一般常用的知识推送技术有同步会议、即时消息、电子邮件、服务器推送等。根据学习者所要完成的目标任务、知识需求、个体特点，选择、安排、组织要推送的知识，并以某种规律，通过邮件或者视频两种较普遍、易操作的模式，减少部分知识搜索的工作量，实现知识在共同体成员之间的快速传递与交流，进而提高知识获取和知识共享的效率。

第二，利用可视化工具。如何将隐性知识转化为显性知识，是任何组织、个人在知识共享中都必须面临的一个需要解决的重要问题。隐性知识本身的特点使真正实现隐性知识共享的难度加大。为了实现个体隐性知识的传递、保存及共享，需要借助可视化工具对其进行可视化。知识可视化是指在至少两个人之间传递知识时，对于各种视觉呈现形式和手段的运用，旨在互补性地借助于计算机和非计算机可视化方法，将隐性知识整理成条理清晰、系统的知识，是在群体当中传播人们的深入认识以及产生新的知识的可信渠道。

第三，建立知识地图。作为一种结构化的、描绘组织所拥有的知识及其位置和查询路径的指示图，知识地图可以使各种知识资源集成为入口，以统一的方式，将知识资源介绍给用户，并通过浏览搜索信息的方式，告诉寻找的人，组织有哪些知识项目及其分布位置，智能化地引导用户摆脱寻找知识过程中的混乱状态，帮助成员按图索骥，高效率地寻找所需的资源。在非正式学习共同体知识共享中引入知识的地图，可以用来揭示社区内的知识获取和交换机制，清楚地描述社区内部知识流的运行线，通过层层指引一路追踪下去，找到知识的源头，便于学习者迅速地找到能帮助自己解决问题的助学者。建立知识地图的核心是对知识的描述。知识地图的知识描述，可以考虑包括以下知识项：序号、名称、关键字、来源位置或拥有者名称及联系方式、知识程度、参考书目、事件代号、专利代码或者知识库索引等。同时，也应强调每一个成员，为了提高知识共享的效率，也应建立个人知识地图。

第四，实现个性搜索。随着知识的不断累积，存储在知识库中的知识越来越多，为了让学习者能快速搜索到自己所需要的知识，还应能利用知识搜索引擎工具，实现个性化知识搜索。个性化知识搜索的内容有搜索推荐服务、搜索联想词、定制搜索范围、文件服务器全文搜索、多格式附件全文搜索、逻辑关系高级搜索功能、在结果中搜索功能、个性化查询器、时光隧道等。

第五，搭建群件系统。开放大学的成员有可能不处于同一个单位或同一个地区，面对面交流的机会也可能比较少，而利用群件技术搭建群件系统，能够建立一个方便非正式学习共同体成员之间充分交流和互动的信息技术支持平台，促进非正式学习共同体成员间的知识共享活动。群件系统是指一种能够很大程度地进行公司内部以及和其他公司与客户间的信息通信的改进，并且能够协同工作的软件产品，具有以下特点：面向群体活动、面向任务、社会组织计算机化的体现。为支持非正式学习共同体内的知识共享，构建的群件系统应具备以下功能：系统管理、成员登录状态、工作历管理、公告牌、问题讨论板、成员团队活动总结、电子会议管理。目前，搭建群件系统的技术已比较成熟，并有较多的开源代码提供相关的技术支持。

二、开放教育资源及其共享

（一）开放教育资源

1. 开放教育资源的含义

开放教育资源是以现代信息通信技术为载体，由国家、团体或个人单独或混合提供的，以推进教育公平和终身学习为宗旨，具有非营利性，能够激发并满足支持者、教育者和学习者需要的优质数字化教育资源。需要强调的是，优质数字化教育资源包括了提供给使用者的学习资料和数字化的学习环境，如学习资料的网络发布平台、用于储存学习资料的数据库和相关软件等等。

本书将开放教育资源限定为上海开放大学在本校网站上为开大学生和相关学习者所提供的一系列数字化教育资源，如文字教材、PPT课件、网络课程等等。

2. 开放教育资源的缘起和发展

2001年4月，麻省理工学院（MIT）"开放课件计划"（Open Course Ware，OCW）正式启动，该计划将MIT的课件资源发布到互联网上，供全世界师生免费使用。开放教育资源就是从开放课件发展而来的。2002年7月，联合国教科文组织在法国巴黎召开专题论坛，与会专家建议用"开放教育资源"替代"开放课件"，避免因为"课件"的内涵和暗示带来的局限，并定义"开放教育资源是通过信息通信技术为全社会成员提供开放的教育资源以进行非商业用途的咨询、修改、利用和再传播"。经过联合国教科文组织论坛的发展，认为开放教育资源包括学习资源、支持教师的资源和质量保证的资源三部分（UNESCO，2005）。学习资源包括课件、内容模块、学习对象、学习支持和评价工具、在线学习社区；支持教师的资源包括为教师提供可以制作、修订和使用开放教育资源的工具以及教师培训资源；质量保证的资源，即确保教育和教育实践质量的资源。

开放教育资源的内涵大于开放课件，它是致力于促进全人类免费、无限制地获取和传播知识的知识开放运动，通过内嵌的信息技术支持对这些资源开放的访问和利用，没有地域、民族、信仰等方面的限制，支持教师、学生、社会成员教育用途的直接使用、修订使用和再传播。开放内容的范围显得更为广泛，包括专门面向教育应用、教育相关领域应用和非教育相关应用。内容开放是指任何在比较宽松的版权条例下发布的创造性作品，例如文章、书籍、图像、音像及影像制品等，这些作品允许任何第三方在不受较严格限制的情况下自由复制信息，有些内容开放材料还允许第三方不受限制地对原作品进行修改或再发布。影响较大的有维基百科计划、开放图书的古登堡计划，当然也包括 MIT 的开放课件项目。

自从在全球掀起开放课件的热潮，特别是联合国教科文组织 2002 年在巴黎对"开放教育资源"含义做了表述，联合国教科文组织的这一敏锐启示推动了开放教育资源在全球各个国家的发展。MIT OCW 起源于美国，最先发展开放教育资源的就是美国的众多高校，继 MIT 之后，Carnegie 大学、Foothill 学院、John Hopkins 大学和 Rice 大学率先开放了本校的课件，之后相继又有 Harvard Law School 等 16 所高校有了自己的开放式课件。日本以大学结盟的形式开发教育资源并供全世界开放共享。2005 年 5 月 13 日，日本的六所大学即大阪大学、京都大学、庆应义塾大学、东京工业大学、东京大学和早稻田大学宣布成立开放式课件同盟，之后北海道大学、九州大学、名古屋大学和国家多媒体教育研究所也加入了同盟，并在 2006 年 4 月 1 日正式成立了日本开放式课件联盟，联盟共同开发了 300 多门课件向全世界开放共享。相比于美国和日本，欧洲的开放教育资源发展就略显滞后，在 2006 年由休利特基金会支持，欧洲的开放大学以终身学习的目标为出发点，启动了英国开放大学的"开放学习"计划、荷兰开放大学的"开放教育资源"计划、欧洲远程教育大学协会的"服务与自主学习的多语言开放教育资源"计划。虽然这三大计划启动时间较晚，但是在增加和扩大教育普及程度方面的意义却更大。

除了教育内容上的开放共享，基于开放教育资源的依托平台——信息技术，使得供教育资源发布的平台及其他的信息技术工具也在不断地被开发和开放共享。美国 Tufts 大学在休利特基金会的支持下开发了一个支持学生学习、教授教学、内容管理和教务管理的动态多媒体系统；犹他州立大学开发的 EDUCommons 是开放式课件管理系统，已经成为十几个大学或机构免费共享。由密歇根大学、印第安那大学、麻省理工学院和斯坦福大学联合开发的 Sakai 项目是一个供大家免费共享的、开放源代码的在线合作和学习环境。

开放教育资源在发达国家经过多年发展，逐渐走向成熟，同时也迈向了纵深的发展，开展多方面的合作，系统地完善了开放教育资源的运作模式。

相比于发达国家，发展中国家的教育相对落后，开放教育资源的兴起给发展中国家的教育发展带来了积极正面的影响，从而使其有机会分享到发达国家的优质教育资源。也正是基于这样的现状和出发点，发展中国家甚至个别发达国家的开放教育资源的发展最初起始于翻译世界知名大学的开放课件，克服语言的障碍来平等地获取教育资源。西班牙、葡萄牙和拉美国家 800 多所学院组成联盟，把近 100 门 MIT OCW 翻译成西班牙语和葡萄牙语；中国的开放式教育资源协会（CORE）将 140 门 MIT OCW 翻译成简体中文；泰国翻译了 15 门 MIT OCW。

经过几年的发展，部分发展中国家也开始拥有了自己的开放式课件，供本土使用的同时也翻译部分课件供全世界开放共享。我国开放教育资源的开发虽然不够完善，但已形成了独立的体系，这一体系包含了政府出资建设的国家精品课程项目、区域间共建共享的教育资源体系，中国开放教育资源共享协会承担着国内外的教育资源交流共享任务，部分大学也自主研发建立了具有特色的开放教育资源项目。

（二）教育资源共享

1. 教育资源共享的含义

共享即分享（张婧婧等，2014），指将一件物品或者信息的使用权或知情权与其他人共同拥有，有时也包括产权。教育资源共享是基于网络的资源分享，是众多的教育者不求利益，把自己收集的资源通过一些平台共享给大家。教育资源的共享是实现资源价值最大化的有效途径，对开放教育资源的效果起着决定性的影响。

开放教育资源以互联网为建设平台和发布载体，共享传统高等教育课堂优质教学资源。我国的教育资源共享体系根据共享范围的大小，又可以划分为校园内部教育资源共建共享体系、区域内部教育资源共建共享体系和跨地区的教育资源共建共享体系。目前，我国高校都已覆盖了校园网，校园网成为了高校内部教育资源开放共享的有力平台，校园网内建设比较完善的开放教育资源有精品课程平台，可供高校教师和学生免费查阅、下载从国家到本校不同级别的精品课程。数字化的图书馆是另一个校内教育资源共享平台，在这个平台上教师和学生通过校园网可以免费使用中国学术期刊网、维普资讯网、超星数字图书馆和国外的期刊数据库。这也是目前建设和使用都比较完善的区域性开放教育资源共享体系。

在本书中，教育资源共享是指上海开放大学的教育资源共享。开放教育资源共享包括两个层面：一是面向校内的教育资源共享，其本质是以知识分享为核心的上海开放大学网站的教育资源共建；二是面向校外的教育资源共享，其内涵是让上海开放大学的教育资源走出去，加强与业大、社区教育的联系，满足社会学习者的学习需求，实现教育资源开放性，提高教育资源的传播利用率。

2. 我国开放教育资源的共享情况

开放教育资源以互联网为平台，共享传统高等教育课堂优质教学资源，而共享项目将产生的影响则远不止于此。项目实施的过程是不断丰富网络数字化资源的过程，是教师和学生逐渐掌握信息技术、提高信息素养的过程，也是信息技术逐渐走进教师的教学、科研工作，开展合作交流，不断改进与发展的过程，是信息技术和高等教育全面整合的过程。因此，大规模的教育资源开放共享项目成为诸多高等教育机构进行教育革新的决策选择。

在我国开放教育资源共享的发展历程中，中国开放教育资源协会发挥着不可替代的作用。它的宗旨是促进国际教育资源共享，提高教育质量，并承担着翻译国外优质课件、推广中国精品课程、开源软件的应用与开发、组织学术会议和专题研讨会促进国际交流等事务。作为发展中国家的我国，相比发达国家，存在着教育资源不足、教育发展不均衡等弱势，但随着近几年来国家政策的支持、高校科研人员的不断努力，不再是仅仅依靠发达国家的开放教育资源平台，而是自主开发了开放教育资源平台。比如，在远程教育领域，中央广播电视大学建立了"国家现代远程教育资源库"。

与普通高等院校相比，远程教育机构具有不同的服务对象、培养目标和机构使命，并在资源建设、学习支持、管理服务中全面导入现代信息技术。开放教育机构的教育资源需要体现以下几方面特色。第一，远程教育的培养目标。远程教育的培养目标主要是面向社会大众和基层，有针对性地造就能力强、素质高、适应性宽和应变性好的各类应用型的高级专门人才。所以，以市场需求为导向确定课程设置和学科建设，内容建设以应用知识和技能培养为主。第二，远程教育的服务对象。远程教育机构所服务的对象大部分是在职成人学员，素质基础较薄弱，并且承担着不同的社会职责和家庭职责，求学的目的性、应用性很强，需要不同形式的学习过程支持以完成学业。学生的需求决定了精品课程建设的内容选择、内容组织和学习活动设计。第三,远程教育的师资。社会上历来认为传统大学师资力量强大,拥有大批的学术专家或权威,在国内相关学科领域处于前沿地位,是精品课程建设的重要资源。由于历史原因,我国远程教育系统形成了依赖传统高校师资力量的传统,虽然目前远程教育系统已有自己的一批教师队伍,但大批量地开发高质量的研究型课程的能力尚不足,这成为远程教育系统优质课程建设的限制之一。不过,实施远程教育机构的优质课程建设也将是加强本系统师资队伍建设的有效途径。

课程资源系统是远程教育的主要功能子系统之一,是开展远程教育教学活动的基础和前提,也是影响远程教育成本效益的重要因素。远程教育的描述性定义指出(基更,1996),远程教育中师生处于永久性准分离状态,所以开发预制的优质学习资源,通过学习支持服务系统提供资源的发送和辅导,保证学习有效的发生,成为远程教育的核心工作。在国外高等教育机构发起实施开放教育资源项目,我国高等学校包括高职高专院校全面启动精品课程建设的新形势下,远程教育机构需要认真研讨如何获得借鉴和启发,开展合作,建设并共享符合远程教育特色的优质教育资源。

三、知识分享理论对开放教育资源共享的启示

知识分享理论已应用于各大领域,甚至在某些领域的应用已经相当成熟。例如,在企业领域,某些企业已形成知识分享的企业文化;在信息技术和社会领域,通过社会性软件(谷歌、百度等),极为成功地做到了知识分享,并得到了社会的认可。

作为知识的聚集地之一的教育领域,特别是开放教育,很多学者和实践者提出了开放教育资源利用率低的现状,而知识分享理论恰好为解决此问题提供了新思路。对于上海开放大学而言,开放资源不能局限于面向学生群体,应该面向更广大的社会群体。针对如何提高开放教育资源的共享率、利用率的问题,本书将知识分享理论作为开放教育资源共享的科学的理论指导和行动指南,通过对知识分享理论的研究,探究开放教育资源的有效途径,推进开放教育资源的有效共享,进而为终身教育大平台的构建和完善服务。

(一)分享理念影响共享行为的客观实现

自麻省理工学院(MIT)实施"开放课件计划"之后,课程分享、知识分享的理念和意识逐渐传播至世界各国,与此同时,开放教育资源的建设和共享也开始在全球各个国家发展。

最先发展开放教育资源的是各国众多高校。比如,美国犹他州立大学的

开放教育资源运动开设有生物灌溉技术的课程，详细介绍灌溉系统的设计和建造，这些课程资源可以对阿塞拜疆寻求更好的作物灌溉方法的农民给予指导。荷兰开放大学（The Open University of the Netherland）在网上分享的计算机科学的自学课程，可以让来自马来西亚的自学者通过课程学习掌握网络管理的知识。

许多机构、组织甚至个人都纷纷参与到制作开放教育资源内容的潮流中来。拥有 1 800 节课程的麻省理工学院一度是开放教育资源运动最大的资源提供者，但是由其他学校和组织提供的课程数量也在不断攀升，甚至已经超越了麻省理工学院。其他的一些组织和机构也在分享着自己的 OCW 内容，尽管这些组织和机构并未向外界宣称它们加入了 OCW。其中比较知名的是苹果公司旗下的 iTUNEs 面向外界推出的由加州大学伯克利分校（the University of California at Berkeley）提供的音频教学系列资源，此外还有莱斯大学通过 Connexions 项目在网上推出的在线学前教育资源，尽管并非全部以课程的形式推出。Novell Open Course Ware 是一个以 OCW 形式推出的网站，它在知识共享许可协议下提供培训以及教育资源，在它的 Novell Open Course Ware 网站上，已经推出了不同类型的文档、知识库和培训材料。

（二）技术应用推动资源共享的高效发展

Newell 在内容导向的知识分享中提到，人们可在计算机的知识库中利用特定的数据结构来表示知识，也即在内容导向的知识分享的认识中，共享的知识不限于知识本身，也非常强调知识库系统与信息通信技术的重要性，认为知识库系统与信息通信技术是知识的创造、储存及分享的有效手段，知识库系统中的数据、语言、文字、符号图像等传达某种意义与信念是知识分享的重要工具。因此，在开放教育资源的共享中，技术途径很关键，资源平台的建设、知识库系统的构建、资源平台上知识的便利分享与获取、资源平台之外知识的有效分享和传播等等，都离不开信息技术。充分利用信息技术，通过技术的途径，探究如何提高知识的共享率和使用率，是推进开放教育资源共享，最终完善终身教育大平台的重要手段。

在过去，学校需要资源和精力去准备每一门课程，并且花费额外的精力去重现并展示给学生。传统的远程教育受制于效率和通信费用，只能为一定数量的人服务。而现在，科技的发展几乎将课程的重现和展示所需的花费降低为零。一门课程可通过网络进行传输或者放在网络上，任何学生都可以随时上网获取。数字时代使得远程开放教育极大地降低了成本，教育工作者的工作效率也得到了极大的保障和提升，只需要花费极少的成本，大学课堂上的教学内容就可以呈现在数以亿计的人们面前。技术的运用，使开放教育资源能够从实质上大幅度提升远程开放教育的质量和受众的数量，同时大幅度提升开放教育资源的共享率和使用率。

（三）分享过程也是知识获得的方式

知识分享过程中的学习与沟通是知识获得的方式。过程导向的知识分享认为，知识分享是帮助他人发展新的行动能力，当组织成员在向他人学习、与他人沟通时，就是在分享他人的知识，个人的知识通过人与人之间分享交换、评价与接纳，才能转换为共识性和整合性的知识。可见在知识分享的过程中，分享的过程以及对知识接受、理解和吸纳的过程，也是一种知识获得。知识分享中的学习与沟通，也是提高开放教育资源共享有效性的重要方面。

分享现存知识过程中创造出新的知识也是知识获得的方式。分享知识的过程包括认知与行为两个方面的内容（Eriksson, Dickson, 2000），并且由于不同的过程而造成共享的差异，人们在分享现存知识的过程中同时也创造出新的知识，这就意味着知识在分享和使用时，新的知识也被创造出来。

第二节　开放教育资源共享现状

本书对上海开放大学长宁分校的教师在开放大学学习平台上共享资源的情况，以及长宁分校198名不同专业的本、专科生在开大学习平台上使用课程资源的情况进行调查，以开大长宁分校的教师和学生的情况为例，了解当前上海开放大学的资源现状以及开放教育资源共享的情况。上海开放大学长宁分校，行政管理由长宁区社区学院直接领导，教学业务由上海开放大学指导，是长宁区社区学院成人高等学历教育的重要组成部分。

一、开放教育资源现状

资源是利用之本，没有教育资源就是无源之水、无本之木，因而资源的多少、优劣直接影响着学习的效果。另外，资源是知识共享的知识储存层，为其他各方面提供资源支持，是整个知识共享的基础。目前，上海开放大学网站的资源建设归属上海开放大学本身，其各个分校与上海开放大学总校共同使用资源网站。

（一）共享的开放教育资源情况

当前上海开放大学开放教育资源的共享表现在两方面，一方面是开发针对社会人群开放、共享的教育资源，上海开放大学将其归类为"在线课程"，这一课程资源以不同主题的形式呈现，知识点相对分散。此类课程资源面向所有社会人员。当前上海开放大学已经建成并共享了一些课程,并在不断充实的过程中。另一方面是针对学历生开放的学历教育资源,学历生登录开放大学网站后,可以看到与自己相关的课程的所有教育资源,也可以查看其他专业课程的教育资源。由于自 2016 年秋季开始上海开放大学使用新的网站,在线课程资源以及针对学历生的课程教育资源至今仍在不断地建设和充实当中。

(二) 开放教育资源的共建共享情况

开放教育资源共建性不足。现在的课程教育资源主要由上海开放大学内部教师来提供,学校之间如上海开放大学总校与其分校间、上海开放大学各分校间、开放大学和业余大学等之间的资源平台的教育资源共建、共享缺乏或者明显不足。而且绝大部分的资源由任教职工提供,由学生参与提供资源的寥寥无几。

学历课程教育资源共享对象单一。学历课程教育资源共享存在共享对象单一的问题。学历课程教育资源主要面向学历生及任课教师,其他没有学校账号的社会人员无法登录、查看、共享学历课程的教育资源,这降低了资源共享的利用率。

共享的在线课程资源内容有限。完全开放的共享课程资源即上海开放大学的在线课程资源,资源内容主题各自独立,如现有资源主题:产品整体概念、一滴牛奶的前世今生、知觉及其特征、"行政助理"会议筹备、操作系统导论等等,每个主题即一个知识点视频,各主题知识点间关联不大。同时,在线课程的课程资源有限,当前有两个栏目:一是视频展示,共有 27 个课程视频资源;一是获奖资源,共有 25 个视频资源。两个栏目的视频资源存在个别重复。

根据对现有开大教育资源状况的调查,可以看出在知识共享时代,开大的教育资源仍需要多方面的投入,以提高共享资源的数量和质量,同时完善资源库建设。

二、开放教育资源共享现状

(一) 教师对开放教育资源共享的认识

1. 教师对知识共享的认识和意愿

教师的知识共享态度,即教师对知识共享的认识以及教师参与知识分享的意愿,直接关系到共享知识的数量及质量。在对知识共享的认识方面,教师们均认同知识共享,28.21% 的教师认为知识共享有一定的意义,71.79% 的教师认为知识共享非常有意义,如表 4-1 所示。教师们虽然都非常认同知识共享,但认同不等于愿意参与,仍有部分教师认同但不主动或者不愿意将自己的知识共享出去。根据参与意愿的调查,发现 56.41% 的教师非常愿意并会主动进行知识分享,41.03% 的教师愿意但不会主动分享,有 2.56% 的教师不太愿意进行知识分享,如表 4-2 所示。

表 4-1 教师对知识共享的认识调查统计表

对知识共享的认识	教师比例(%)
非常有意义	71.79
有一定的意义	28.21
不太有意义	0
没有意义	0

表 4-2 教师参与知识共享的意愿调查统计表

参与知识共享的意愿	教师比例(%)
非常愿意并会主动进行知识分享	56.41
愿意但不会主动分享	41.03
不太愿意进行知识分享	2.56
完全不愿意知识分享	0

2. 教师对开放教育资源共享现状的满意度

当前教师对教育资源共享现状的满意度,可以直接反映开放教育资源共享的现实状况。当前,只有极少数教师对开放教育资源共享现状非常满意,少部分教师比较满意,还有近半的教师认为当前的开放教育资源共享现状一般,另有部分教师不太满意,具体如表 4-3 所示。

表 4-3 教师对开放教育资源共享现状的满意度调查统计表

开放教育资源共享现状的满意度	教师比例(%)
非常满意	2.56
比较满意	35.9
一般	51.28
不太满意	10.26
不满意	0

由表4-3可以看出，当前教师对开放教育共享现状满意的不到40%，有一半的教师认为共享现状一般。通过进一步的访谈了解到，选择"一般"或者"不太满意"的原因主要有"目前学习平台上共享的教育资源品种单一、数量少"，"学历教育资源受众面窄、对社会公众不开放"，"学习平台上分校教师上传的教育资源比较杂乱"等等。从整体来看，开放教育资源的共享进程有待推进，共享有效性亟待提升。

（二）学生对开放教育资源共享的认识

1. 学生利用开放教育资源情况

对于开放教育资源的共享来讲，学生是共享过程中享用资源的主体。根据学生登录学习平台、访问开放教育资源的频率及访问时间，可以了解学生对开放教育资源的利用情况以及资源对他们的吸引力。总体来讲，学生访问资源平台的频率不是很高，从频次上看，每天1次的仅有1%的学生，平均每周1—6次的占8%，大部分学生平均每月低于1—3次，具体如表4-4所示。从每次访问资源平台所用的时间来看，大部分学生每周的访问时间在3小时以内，只有少部分学生访问时间超过3小时，具体如表4-5所示。

表4-4 开放教育资源网站登录次数调查情况统计表

访问频率	人数	学生比例（%）
低于平均每月1—3次	123	62
平均每月1—3次	57	29
平均每周1—6次	16	8
每天1次	2	1

表4-5 开放教育资源网站使用时间调查情况统计表

访问时间	学生比例（%）
平均每周4小时以上	6.86
平均每周3—4小时	8.01
平均每周2—3小时	24.94
平均每周1—2小时	37.3
平均每周1小时以内	22.83

从表 4-4 对网站访问频度和表 4-5 对访问时间的调查可以看出，学生对开放教育资源的使用率不高，虽然课程的数量逐年增多，课程的内容和形式也更加丰富和多样，但资源对学生的吸引力还需要较大提升。大多数学生一般在完成记分作业和考前复习时登录学习相关资源。不过，与历年相比，学生访问开大资源的频率在逐年增加，对开大的各方面资源都有所查询。

2. 学生的开放教育资源共享意愿及方式

学生看到优质的开放教育资源的时候，是否愿意向同学及校外朋友推荐开放教育资源，希望以什么样的方式推荐开放教育资源，这也是决定开放教育资源共享效果的关键因素。当前，近半学生非常希望与同学或者校外的朋友共享自己认为好的资源，部分学生比较希望但要看具体情况，另有极少部分学生不太希望与别人共享，具体如表 4-6 所示。在共享的方式上，以愿意共享为基础，较多的学生会以建立学习小组、BBS 讨论或者共享学习文件的方式与同学共享资源；而针对校外朋友，他们多以直接分享链接的方式共享资源。具体如表 4-7 和表 4-8 所示。从整体来讲，开放大学学生在看到好的资源时，有较强共享意识和共享意愿。

表 4-6　共享开放教育资源的意愿调查表

共享意愿	向同学共享意愿比例（%）	向校外朋友共享意愿比例（%）
非常希望共享	50	57.73
比较希望共享	24.55	28.18
视情况而定	24.32	13.41
不太希望	1.14	0.68

表 4-7　向同学共享开放教育资源的方式调查表

共享方式	比例（%）
建立学习小组	30
BBS 讨论	28.86
共享学习文件	28.18
搭建知识库	13.41
其他	0.91

表 4-8　向校外共享开放教育资源的方式调查表

共享方式	比例（%）
直接分享链接	80
下载后转发	18.18
其他	1.82

（三）影响开放教育资源共享的因素

影响教师和学生共享开放教育资源的原因很多，而只有明晰这些原因并进行相应的改善，才能更好地推进教育资源共享，提升教育资源共享的共享率和知识共享的有效性。

教师不愿进行资源共享有以下几方面原因：第一，个人的积累是自己的心血结晶，如果告诉别人心里会不踏实；第二，担心教育资源共享会被认为是出风头或故意炫耀；第三，教学平台的设计不够合理，不利于知识分享；第四，教育资源共享行为得不到相应的鼓励或相应的利益。其中，教育资源共享行为得不到相应的鼓励或相应的利益占比最大，具体如表4-9所示。

表 4-9　教师教育资源共享的影响因素调查表

教师不愿意进行教育资源共享的因素	教师比例（%）
个人的积累是自己的心血结晶，如果告诉别人心里会不踏实	30.77
担心教育资源共享会被认为是出风头或故意炫耀	2.56
教学平台的设计不够合理，不利于教育资源共享	43.59
教育资源共享行为得不到相应的鼓励或相应的利益	46.15
其他	20.51

影响学生教育资源共享的原因主要有：第一，个人的积累是自己的心血结晶，如果告诉别人心里会不踏实；第二，担心教育资源共享会被认为是出风头或故意炫耀；第三，担心在考试中会失去竞争优势；第四，教学平台的设计不够合理，不利于教育资源共享；第五，教育资源共享行为得不到相应的鼓励或相应的利益。与影响教师教育资源共享的原因不同的是，担心教育资源共享会被认为是出风头或故意炫耀的因素，是对学生不愿意分享知识影响较大的因素，具体如表4-10所示。

表 4–10　学生教育资源共享的影响因素调查表

学生不愿意进行教育资源共享的因素	学生比例（%）
个人的积累是自己的心血结晶，如果告诉别人心里会不踏实	14.55
担心教育资源共享会被认为是出风头或故意炫耀	42.5
担心在考试中会失去竞争优势	17.05
教学平台的设计不够合理，不利于教育资源共享	29.55
教育资源共享行为得不到相应的鼓励或相应的利益	26.82
其他	15.23

从表 4–9 和表 4–10 可以看出，影响教师和学生是否愿意进行教育资源共享的前三个主要因素是一致的。其中，学习平台的设计问题成为影响资源共享的第二大因素。另外，从教师方面分析鼓励及利益因素的影响，也可以看出如果老师们共享资源后得到了相当的利益，更确切地说如果能得到相应的鼓励，比如学校的支持、学生对教师资源的强烈需求等等，也会在心理上对其自身的知识共享行为给予极大的助力。

三、开放教育资源共享存在的问题

目前，我国开放教育资源更多是面向相应高等院校开放，只有部分是面向教育发展不平衡的地区或向整个社会开放。除了共享对象的限制外，开放资源共享在其他方面也存在一定的问题。

（一）开放教育资源共享理念不足

开放教育资源支持者、提供者和使用者的开放共享理念不足。从我国开放教育资源应用的情况来看，无论是开放教育资源的支持者、提供者还是使用者，开放共享的理念都存在不足。以精品课程为例，通过个别访谈发现，很多课程资料的提供者并不知晓精品课程是开放教育资源的一部分，不知晓它承载着开放共享的精神，认为仅仅是教育部的一项评优工程或者是鼓励教育工作者提高教育教学水平的评比项目；在访谈中，学生表示尽管知晓开放资源，比如精品课程，但很少去使用这些资源。上海开放大学开放教育资源共享的现状显示，教师们能认识到开放教育资源共享的意义，但在实际的资源共享行为中却不是人人都能做到共享。另外，从上海开放大学学习平台服务对象的限定性来看，其知识共享理念还需要进一步加强。知识共享理念没有深入组织、师生的原因有很多，如政策导向不足、宣传不力等，而只有真正树立起知识共享的理念，才能真正实现资源共享的持久发展，更好地服务于学习型城市的建设。

（二）开放教育资源质量参差不齐

开放教育资源的质量也是国际上一直很关注的问题，质量的好坏直接影响使用者使用的效果和开放教育资源的持续良性发展。上海开放大学各专业课程的资源质量参差不齐，有些课程资源类型丰富、文本内容能很好地指导学习、PPT 及视频制作精良，比如有些课的资源根据章节分为学习指导、文本讲义、PPT 及视频、案例分析及小结与自我测试，学习指导块面又包括学习目标、重点与难点以及学习思维内容导图，PPT 及视频内容的知识点和案例等有机融合。有些课程资源类型及内容一般，包括教学要点、章节练习及 PPT 课件，PPT 内容基本以知识点罗列为主。还有一些课程资源太过简单，仅有章节 PPT，质量内容有待提升。

开放教育资源质量参差不齐的原因，一方面是学校层面没有统一的资源类型、内容等方面的规定，不同专业的课程，课程性质及内容或多或少有些差异，不宜一刀切；另一方面，主持教师设置的课程资源，与使用者的需求也有一定的相关性，使用者急切需求的往往是主持教师重点设置的资源，一般是章节 PPT 和习题。调查显示，开放大学学生对教育资源内容的需求偏重于复习资料，占比达 77.73%，而对于获取知识的课件、课堂实录、教学案例等只有近一半或者不到一半的需求，对学科前沿咨询的需求不到 16%。学生的这一需求导向，会直接影响教师对相关资源种类和内容的不平衡关注。最后，资源质量问题，关键还在于主持教师本身对所主持课程的整体关注度。

（三）开放教育资源平台的技术支撑有待升级

开放教育资源利用率低的原因有很多，其中一个原因就是开放教育资源平台不稳定。上海开放大学的教育资源平台即统一身份认证平台不是很稳定，出现的与资源共享相关的问题包括平台无法正常登录、资源上传出错、资源无法打开、文本资源无法下载等，以及平台对浏览器的特殊要求。虽然平台出问题能很快解决，但不时地有相似或者新的问题出现，会直接影响对教育资源平台的利用以及对开放教育资源的利用——非必要和必须时也许就不再查看该平台资源，平台的稳定性急需平台技术系统的强力支持。

开放教育资源利用率低的另一个原因就是资源共建共享的技术系统不完善。技术系统的研究需要聚焦于如何构建一个技术先进、资源齐全、使用方便、标准兼容的资源库管理系统，其目的是将分散在互联网上的资源聚集起来，提供便捷查询的功能。同时，跨平台通信技术也有待发展并应用于开放教育资源系统。跨平台通信技术可以使各个模块化的教育资源实现网状的链接，从而实现更加开放、自由的教育资源的共享。然而，目前开放教育资源跨平台通信技术的缺乏令每个开放教育资源的平台成为信息孤岛，阻碍了开放教育资源更大范围的共享。

第三节　开放教育资源共享的途径研究

自开放教育资源出现以来，如何更好地共享开放教育资源，使其更好地发挥价值，一直是人们关注和研究的重点。对于开放教育资源共享过程中存在的问题，本书基于知识分享理论的视角，结合开放大学实际情况和当前教育发展现状，探析了开放教育资源共享的途径，以期实现开放教育资源共享机制的长远发展，为完善终身教育大平台发挥更大的作用。

一、营造积极的知识共享氛围

（一）深入推进知识共享的办学理念，提升共享意识

上海开放大学是面向成人开展远程开放教育的高等学校，是以开放的学习平台，为学习者提供多样化、多层次的学历教育和非学历教育。深入推进知识共享理念，不仅对办学目标的达成具有深层次的意义，而且对提高教育资源利用率以及促进终身教育具有重要意义。然而理念是无形的，一方面，在宣传理念时要注意紧密联系学生需要与利益。例如，在宣传开放教育资源共享时，着重宣传共享能给学生、给公众甚至给教师本人带来哪些便利，能使他们从中获得哪些实惠。另一方面，要注重宣传的策略，可以针对不同的人群宣传适合他们的开放教育资源内容。比如，如果是针对在校的学生，可以宣传高校的开放课件，宣传非本专业知识资源的视野；如果是针对开放教育的学历教育体制外的社会公众，可以宣传国家精品课程（国家精品课程是与高校课程同步的），宣传开放教育的在线课程。无论是从宣传内容还是从宣传方式上，都要着重让人们体会到开放教育资源开放共享的实惠。当人们体会到便利时，自然会提升其开放共享的意识和行为。

（二）增进教师间的互信，提升教师共享的意愿和行为

信任是实现知识共享的基础，教师之间形成相互信任的关系，才可能产生与大家分享个人成果和经验的意愿和行为。信任关系的形成，能使一些人摒除私念分享成果，也能使一些人放下杂念，从容分享自己知识所得。在实践层面，一是可以鼓励团队合作，合作进行研究、合作进行开放教育资源开发，在相互配合交流中，增进了解和信任；二是引导合作交流中的开放、包容心态，换位思考、吸取他人优点，相互尊重、合作共赢；三是提供宽松的合作环境，减少人为干预，让教师自主组建合作团队。

(三)培养学习者的信息素养,推进知识共享的实现

缺乏信息素养,相关的知识共享技术将无用武之地,知识共享平台也无法正常运转。所谓信息素养,按照美国信息产业协会主席保罗·泽考斯基的观点,是指"人们解决问题利用信息的技术和技能"。信息素养是一种对信息社会的适应能力,参与者要能高效和有效地从各类信息源中获取信息,正确地分析评价所获取和搜集到的信息。就信息素养的本质来说,包括信息知识、信息意识与情感、信息技能。对于社会公众甚至开大学生来说,并不是每一个成员都拥有相关的获取知识、共享知识的信息素养,如对平台信息的知识整理技能、加工技能以及对知识的传递共享技能。因此,应加强学习者信息素养的培养。

信息素养的培养可以通过多种方式。一是专业课程设置中增加信息素养方面的课程,或者在已有计算机类课程的基础上进行内容扩充,提升学历生的信息素养水平。二是开设灵活机动的信息素养方面的讲座课程,及时关注新的信息技术。三是拍摄提升信息素养的相关学习视频,作为在线课程,非学历生的社会公众也可以随时打开学习;利用现代技术将信息素养的学习视频进行推送。

二、建设开放互动的知识共享平台

推进开放教育资源系统化的质量、数量、种类等建设,充实开放教育资源库,以资源库为根本推进开放互动的知识共享平台建设。

(一)丰富开放教育资源库

当前,上海开放大学的开放教育资源有针对学历教育的学历课程资源,也有针对社会公众的在线课程资源。每年上海开放大学都有大批量的学历课程资源申报、建设计划,学历课程资源每年都在充实、增加,整体内容、种类、质量都在不断提升,但仍有个别的资源种类单薄、内容简单翻版自文字教材,不能满足学生多样化的需求;同时,在线课程的资源种类、内容也都需要充实,资源的系统性也需要特别关注。丰富开放教育资源库,上海开放大学就要多方面着手:其一,学校层面统一规定各专业课程必有的基础性资源类型及内容,比如学习目标、重难点、练习题、PPT课件。当前,上海开放大学针对新开设的专业课程,要求制作PPT、拍视频,但对于课程学习基本的学习目标、重难点等没有提出必须的要求。在基础性内容的基础上,各专业课程再根据自己课程的性质,补充增加内容,丰富本门课的资源。其二,采取多种奖励或者激励的方式,鼓励各专业课程主持教师丰富自己的资源,包括鼓励拍摄课程视频,同时建立专门的组织,对课程资源的质量进行

把关。其三，挑选知识点独立的优质的专业课程资源，充实为在线课程。其四，针对应用性强的、前沿性的知识等民众感兴趣的内容拍摄讲座视频，丰富在线课程资源。

（二）提供开放互动知识共享平台

其一，平台的资源库针对所有的在线课程资源以及所有的学历课程资源，各类课程、信息种类庞大且零散，所以资源的条理性以及检索、查看的便利性是平台建设的重点。其二，开放平台更多教育资源的共享权限，让社会公众可以以自由学习者的身份共享所有的课程资源，但可以对他们查看、分享资源的形式进行限制，比如只能查看、不能复制下载。在资源的提供方面，学校应该在严格审查的基础上允许更多学习者上传健康积极的教育资源。其三，构建双向沟通的教育资源共享、共建平台。开放教育资源开放共享的本质就是交流互动，平台应该给予学生学习活动及时的反馈。另外，在资源提供的内容和形式上也应该与使用者进行交流。开放教育资源应始终以学习者为中心，学习者的需求才是开放教育资源发展的不竭动力。

三、运用先进技术提高资源共享率

现代信息技术是远程开放教育开展的主要手段和先决条件，是开放教育资源共享的技术基础，因此技术的开发、升级与运用是开放教育资源共享的重要保障。

（一）成立优秀的信息技术人才团队

成立优秀的信息技术人才团队，专门建设信息技术平台。信息技术平台是开放教育资源的开放共享载体，没有优秀的技术团队，无法搭建开放的信息技术平台，再优质的教育资源也无法实现开放共享。学校可以与相关高校形成合作互助的专业技术团队。高校集中了我国的高级知识人才，可以将这些高级知识人才组织起来，成立优秀的信息技术人才团队，一起攻克技术难题，优化信息技术平台，为资源共享提供更加专业的技术保障。

（二）运用技术手段丰富开放教育资源的共享形式和内容

运用技术手段开拓、丰富开放教育资源的共享形式和内容，提升开放教育资源共享率。比如，积极推进直播课堂或者云视课堂。直播课堂是一种充分利用互联网优势，并使用视频方法实时将课堂内容发布到互联网，学习者利用移动终端和PC终端实时加入课堂，参与课堂交互（师生之间、学员之间可通过语音、文字等方式进行实时交互），课堂教学结束后，学习者可随时进入链接进行课堂的直播、点播的课堂模式。云视课堂是借助互联网、云计算、大数据、移动学习等理念和技术，将授课现场、学习点或学员等在线互联起来，使用云视频会议系统开展网上教学，实现线上线下教学即时互动的新型教育模式。两种课堂模式均将优质的教育资源通过网络开放给在线学习者，突破了教学场所和空间的限制，扩大了教育资源的分享人群；而且两种课堂模式均实现了师生、生生的即时互动。虽然因技术手段的不同，直播课堂主要是收看收听，可以互动发言但有数量限制，而云视课堂的每个参与方都可以使用音视频和屏幕共享互动展示自己的内容，但两种技术手段均解决了在线学习难以实时互动的缺陷，增强了在线课程的趣味性和吸引力，从另一个角度扩大了教育资源的分享人群。

第四章 开放教育资源共享途径的探索

第五章　社区教育办学网络的支持服务

经过多年的探索与实践，长宁区业余大学（社区学院）已初步建立由学历教育、社区教育、教育培训与服务构成的终身教育大平台。2016年新一轮学院发展规划指出，到2020年形成较为完善的终身教育大平台。这对社区教育子平台的建设提出了更高要求。

社区教育办学网络是社区教育建设的重要方面，然而当前社区教育办学网络在服务范围、资源覆盖、学习形式和技术支持等支持服务方面尚不能满足学习型城区全民学习、终身学习的需要。因此，如何进一步完善社区教育办学网络支持服务建设，不断拓展教育阵地，将优质专业的学习资源和创新的学习形式提供给广大学习者，成为社区教育办学网络建设关注的重点。

第一节　社区教育办学网络支持服务概述

一、概念界定

（一）社区教育办学网络

这里所探讨的社区教育办学网络，是长宁区社区学院在推进长宁区社区教育网络建设实践过程中，在以社区学院为龙头，街道（镇）社区学校为骨干，居民教学点为基础的社区教育三级网络的基础上，积极培育睦邻学习点、社会学习点、体验基地等社区教育新形态，不断探索区域社区教育网络的纵向延伸和横向拓展，从而形成的社区教育发展的办学网络。

（二）支持服务

学习支持服务的概念源于远程教育，通常是指远程教育机构为指导和帮助远程学习者自主学习，实现学习目标，通过各种形式和途径提供的各种类型服务的总和，包括基于师生或学生之间的面授和基于技术媒体的双向交流所需的各种信息、资源、人力和设施的支持服务。

本章中的"支持服务"主要指"业务支持服务",具体而言包括服务指导、网络体系、信息技术、队伍建设、课程开发、资源整合等。

二、理论基础

(一)系统论

系统科学的传播与应用,给当今教育改革带来新的契机。系统论的创始人贝塔朗菲认为:"系统是处于一定相互联系中并与环境发生关系的各组成部分的总体(或集)。"钱学森认为:"系统是由相互作用和相互依赖的若干组成部分合成的具有特定功能的有机整体,而且这个系统本身又是它所从属的一个更大系统的组成部分。"综观系统的概念,可以分析得出系统强调整体性、层次性、开放性、关联性、动态性等特征。系统论的核心思想就是整体性观念,就是把研究和处理的对象视为一个整体,分析系统的结构和功能,研究系统、要素、环境三者的相互关系和变动的规律性,并运用优化系统观点看问题。系统论的观点可以为社区教育办学网络支持服务提供有益的思考角度。

(二)关联主义理论

加拿大学者乔治·西蒙斯(George Siemens)认为,技术正在改变我们的头脑,"怎样学"与"学什么"正在被"从哪里学"所补充。西蒙斯通过长期的研究实践,于2004年在《关联主义:一种数字时代的学习理论》(Connectivism: A Learning Theory for the Digital Age)一文中提出了一种学习理论——关联主义理论。该理论认为:"学习就是在一个云雾状网络中,核心要素不断迁移的一个过程,这个迁移的过程不完全受学习者本人的控制;学习(actionable knowledge)即可付诸行动的知识,可以存在于我们自身之外的组织或数据库等实体中;学习就是将不同的信息集合进行连结,这些连结可以让我们有机会学到更多的知识;这些关系(或连结)比我们自身掌握的知识还要重要。"因此,获得信息、知识的通道比内容本身更为重要,要使自己能够不断地获得知识,最好的方式是使自己处于一个适应性的网络关系之中。

关联主义的新取向可以成为一种面向学习的"解决方案",这种取向在于个体与集体智慧的实现。学习是在时间上贯穿学习者一生,空间上从学校扩展到家庭、社会及各个方面的过程,在学习的深度和广度上也将突破传统学习的限制。关联主义理论的发展给社区教育办学网络的支持服务研究带来了新的视角,建立连接也是一种学习结果,这种新颖的思路符合技术伴随终身的未来学习的需要。

三、研究现状

(一)关于"社区教育办学网络"的研究现状

国内关于"社区教育办学网络"建设的研究较少,2016年在中国知网以"篇名"检索,搜索到的文献数为零。目前较为常用的办学网络的提法是"社区教育三级网络"和"社区教育四级网络",在中国知网上检索到的文献也比较少。相关研究主要有以下几项:

范立军(2007)在《常熟构建社区教育三级网络》一文中指出,常熟市已建立市社区教育培训学院、镇社区教育中心,全市村(居)委会普遍成立了社区学校,构建了社区教育三级网络。

宋亦芳(2014)在《城区社区教育三级网络建设现状探析——以上海市长宁区为例》中提到的社区教育三级网络主要指社区学院、社区学校、居民教学点(学习点),他分析了长宁区社区教育三级网络建设现状,认为长宁区实现了社区学院的战略转型、强化了社区学校的骨干作用、夯实了教学点的办学基础,进一步稳固了社区教育的发展基础,提振了新的发展动力。

宋其辉(2014)在《在老年学习型团队建设中社区教育三级网络支持体系研究》一文中提到,上海市静安区基于老年团队建设实践提出了"三级支持服务系统"模式,支持老年团队转变为学习型团队,即区级层面、街道层面、居委会层面三级网络支持系统。

吕立军(2015)在《加强社区培训学院、社区教育中心、居民学校三级网络建设的探索》一文中提到的社区教育三级网络指的是社区培训学院、社区教育中心、居民学校三级网络。

滕丽、张琳(2013)在《四级社区教育网络构建的实践探索——成都市锦江区创建院落学习室的成功经验》一文中,指出成都市锦江区在社区教育三级网络的基础上,创建了第四级——院落学习室,且认为院落学习室最大限度地满足了社区居民的学习需求,助推了社区教育的发展。

仲红俐(2016)在《基于社区教育四级网络体系的终身教育共同体建设调查分析——以常州市为例》一文中,分析基于常州市社区教育四级网络体系的终身教育共同体建设现状,包括资源建设、运行机制、其他共同体类别、合作内容、共同体培育存在的问题等,并在此基础上提出了建设终身教育共同体的对策,包括加强制度建设、多渠道筹措经费、加强资源整合、发展契约文化等。他提到的常州市社区教育四级网络体系指"常州市社区大学—辖(市)区社区学院—街道(乡镇)社区教育中心—社区居(村)民学校"网络体系。

从相关文献可以看出，目前国内关于社区教育办学网络的研究不多，主要偏重于实践研究，而且不同学者对社区教育办学网络内涵的理解存在较大的差别。这一理论研究滞后的状况导致不少地区社区教育办学网络建设不够深入，相关的支持服务也很难深化和提升。

（二）关于学习支持服务的研究现状

1. 国外"学习支持服务"的相关研究

理论研究。20世纪70年代，英美等国远程教育逐步数字化，学生学习支持服务则体现了从以"教"为主向以"学"为主的理念转变。1978年，英国开放大学的大卫·西沃特（David Sewart）教授在德国哈根远程教学大学发表了《远程学习系统对学生的持续关注》一文，可以认作是西方学者对学生学习支持服务的第一篇系统论述。

实践研究。英国开放大学已通过精心设计的课程材料教学包、导学教师、网络以及学习中心和地区中心提供的服务，形成了自己的学习支持服务模式，取得了巨大的成功。

2. 国内"学习支持服务"的相关研究

学习支持服务的内容研究。陈德人、张尧学在《数字化学习港：构建面向终身学习的学习型社会》中认为，其应该包括如下内容：学习管理服务、实时教学服务、考试服务、教学管理服务、信息服务、计费服务、知识管理服务、用户服务、搜索服务、内容服务、决策支持服务与集成服务。

学习支持服务的机制研究。缪富民在《对远程开放教育支持服务系统构建的认识与思考》中指出，支持服务系统由五个相互联系、相互制约的要素构成：服务机构、服务人员、服务平台、服务环境和服务对象。该系统是一个多层级的系统，各构成要素间不断地相互作用，系统既相对稳定，又不断发展变化。学生是支持服务系统的核心，与其他构成要素之间是能动的关系，处于主体地位。该系统是一个有明确目的、以人性化为先导的人工系统。

学习支持服务系统的模式研究。侯发讯在《现代远程开放教育学习支持服务系统的探索》中对其基本的框架模式构想如下：该模式由三部分组成，首先是学习条件支持服务，其包括网络技术服务、学习媒体资源服务和学习场所服务；其次是学习准备支持服务，即专业入学教育服务，其包括入学教育服务和专业导学服务；最后是学习过程支持服务，该服务贯穿于学生学习的全过程，其包括为学生提供动态教学信息、提供集中辅导服务、个别化学习辅导服务、集中实践教学环节服务、学习小组指导服务、课程修补服务和考核服务等。

学习支持服务系统的构建策略研究。缪富民认为，该系统的构建应树立科学理念并切实转变为行动；学习支持服务应特别重视个性化、个别化的学习需求；学习支持服务的规模必须与学生规模相互匹配；其必须充分考虑服务的价值与成本，关注学生的满意度。

学习支持服务的问题研究。电大在线远程教育技术公司总经理赵敏指出，在远程教育与继续教育发生根本性大变革的背景下，学习支持服务系统面临三个问题：第一个问题，技术支撑力。全国要保持不间断的服务，必然需要庞大的投入。第二个问题，服务系统和服务运营能力。在未来的发展中，需要何种服务体系及运营能力来支持庞大的学生数及一站式的运营能力。第三个问题，平台的架构与布局战略。计算机构底层服务如何在一个大系统中真正地发挥作用，如何实现底层技术公开共享。

学习支持服务的实践研究。各地和院校在实践层面进行了多样化且富有成效的实践研究。中央电大致力于开发统设必修课程材料教学包，通过学习平台提供在线学习资源和教学活动，并给部分学生提供答疑等帮助；通过教学培训及网络教学研讨等形式，为地方电大教师提供教学指导；省级电大致力于设计开发自开课程的教学资源，分校及教学点为学生提供集中面授和学习环境设置。其学习支持模式是通过三级办学机构的分工合作，为学生提供多种形式的学习支持。上海交通大学网络教育学院主要展开在线学习，利用网络通信技术构建了全网络的学习支持模式。学院自主开发了"答疑系统＋网上作业＋定期语音辅导＋智能学习数据分析"的网上智能学习支持系统，具有基于 IP 的实时、交互、多媒体、远程教学功能，基于 Web 的数字点播、自动答疑、作业收缴、在线助教、信息发布等功能，网上学习分析中心提供了学生本人、班级、年级等学习状况的数据。

概言之，我国对社区学习支持服务的研究尚处于起步阶段，且其中引用国外学者观点或研究方法的较多，真正结合本国国情深度挖掘的则较少。因此，本研究有较大的空间。

第二节　社区教育办学网络支持服务现状

2017 年，长宁区在 10 个街镇开展了较大范围的社区教育问卷调查，《长宁区各街道（镇）学习型社区建设情况调查问卷》共发放 10 份，由各街镇社发（宣传）科负责人填写，有效回收率为 100%。《长宁区社区学校社区教育发展情况调查问卷》共发放 10 份，由各街镇社区学校负责人填写，有效回收率为100%。《长宁区教学点社区教育发展情况调查问卷》共发放185份，回收有效问卷182份，有效回收率为98.4%。《长宁区社区市民终身学习现状与需求调查问卷》共发放3 000份，回收有效问卷2 889份，有效回收率为96.3%。根据问卷调查结果，结合现有资料和访谈情况，分析社区教育办学网络支持服务现状如下。

一、社区教育服务体系建设

（一）社区学校办学现状

1. 软硬件建设

在社区学校是否为独立校舍方面，只有新泾镇和北新泾社区学校是独立校舍，其余均与文化活动中心共用场地，其中程家桥街道社区学校还借助哈密路小学开展教学活动。

在社区学校是否有独立办公地点方面，有6所社区学校有独立办公地点，华阳路街道社区学校、新华路街道社区（老年）学校、江苏路街道社区（老年）学校和仙霞街道社区学校没有独立办公地点。

在社区学校拥有的教室中，全区社区学校共有教室122间，其中，多媒体教室40间（见表5-1）。

表5-1　各街镇社区学校可利用的教室

学校名称	学校拥有教室	多媒体教室
新华路街道社区（老年）学校	12	4
江苏路街道社区（老年）学校	9	1
华阳路街道社区学校	11	2
周家桥街道社区学校	15	4
天山路街道社区学校	23	16
仙霞街道社区学校	8	4
虹桥街道社区学校	16	1
程家桥街道社区学校	15	3
北新泾社区学校	7	3
新泾镇社区学校	6	2
合计	122	40

2. 发展支撑

在社区学校发展的主要支撑方面，100%认为是政府和街道（镇）支持，100%认为是社区学院指导与帮助，90%认为是居民支持。数据显示，社区学校负责人认为社区学校发展主要依靠政府和街道（镇）的支持、社区学院指导与帮助和居民支持。

3. 发展动力

在社区学校的发展动力方面，90%认为是政府领导人重视，90%认为是居民客观需要，80%认为是社区学院支持。数据显示，社区学校的主要发展动力是政府领导人重视、居民客观需要和社区学院支持。

（二）社区教育教学点建设

1. 教学点数量及面积

调研显示，全区共有185个教学点，面积合计为20 950平方米。教学点教室数量，全区总计330间，平均每个教学点有1.8间，多媒体教室总计84间，平均每个教学点0.6间（见表5-2）。

表5-2　各街镇社区教育教学点教室情况

学校名称	教室数量	多媒体教室
新华路街道社区（老年）学校	40	12
江苏路街道社区（老年）学校	22	13
华阳路街道社区学校	46	12
周家桥街道社区学校	33	14
天山路街道社区学校	17	3
仙霞街道社区学校	42	12
虹桥街道社区学校	23	7
程家桥街道社区学校	10	4
北新泾社区学校	21	5
新泾镇社区学校	76	2
合计	330	84

2. 示范教学点建设

在社区教育示范教学点创建情况方面，2013—2016年，全区共创建社区教育示范教学点26个，示范教学点在各街镇所占的比例在11%—25%，示范教学点占全区教学点的比例为 14.85%（见表 5-3）。

表 5-3　各街镇社区教育示范教学点创建情况

街镇名称	教学点总数	示范教学点数量	创建年份	示范教学点在本街镇所占比例
新华	17	3	2014、2015、2016	17.60%
江苏	13	2	2014、2015	15%
华阳	21	3	2013、2015、2016	15%
周桥	21	3	2014、2015、2016	14.29%
天山	18	2	2013、2016	11%
仙霞	23	3	2013、2015、2016	13%
虹桥	16	2	2014、2016	12.50%
程桥	8	2	2014、2016	25%
北新泾	15	2	2014、2016	13%
新泾镇	33	4	2013、2014、2015、2016	12.10%
合计	185	26	/	14.85%

通过调研，发现各街镇负责人非常认同社区教育示范教学点建设，认为社区教育示范教学点发挥了重要的推动作用，主要包括：示范引领，重点难点工作先行先试，能根据社区居民的学习需求、实际教学条件和发展特色，组织各类市民学习活动、建设特色课程、培育特色学习团队及睦邻点项目；有些示范教学点的运作模式可以形成样板予以推广，提供了"可复制"模式；规范了教学点的教学、师资、课程、制度建设，提升了教学点规范化建设水平，引领了居委教学点规范发展。

（三）社区教育睦邻学习点

长宁区各街镇积极开展社区教育睦邻学习点建设工作，2016 年共建成 83 个睦邻学习点。

在社区教育教学点与睦邻点资源联动的方式方面，54.4% 选择师资共享，28% 选择活动场地外借，20.1% 选择经费补给，49.5% 选择教学资源共享，11.5% 选择其他。数据显示，教学点与睦邻点资源联动的主要方式是师资与教学资源共享。

在社区教育睦邻学习点成员人数方面，7.1% 选择 3—5 人，37.4% 选择

5—10人，30.2%选择10—20人，12.6%选择20人以上。数据显示，睦邻学习点的成员人数集中在5—20人，这样的人数比较方便交流和组织。

在社区教育睦邻学习点的活动场地方面，31.9%选择定一位居民家中，8.8%选择群组成员家中轮流，50.5%选择居委活动室，4.9%选择所属社区教育教学点。数据显示，睦邻学习点的活动场所主要是在居委活动室和某位居民家中。

二、社区教育课程开发建设

（一）课程开设情况

长宁区各社区学校平均每年开设课程合计约350门。在社区学校开设课程的主要内容方面，80%选择文化、科技类讲座，70%选择计算机、外语等技能培训，90%选择绘画、音乐、舞蹈、棋牌、运动等休闲教育，90%选择保健养生教育，40%选择家政、理财、法律等生活教育。数据说明，社区学校开设的课程类型主要是休闲教育、保健养生教育、文化科技讲座和实用技能培训。

（二）课程开展形式

在社区学校开展社区教育课程的主要形式方面，数据显示，社区学校开展课程教学的主要方式是班级集体授课、现场讨论或辅导，其次是网上学习，包括网上课程资源学习、云视课堂、手机移动学习等。

（三）课程创新评价

在社区学校的课程创设方面，社区学校认为创新能力不足，60%认为时常有想法、没师资，30%认为缺乏专家指导。数据显示，社区学校在课程创设方面遇到的障碍较多，集中表现在缺乏师资。

（四）教材使用情况

在社区学校主要使用的教材方面，70%选择正式出版的文字教材，80%选择自编文字教材，40%选择光盘，50%选择网上课程资源。数据显示，社区学校中最主要用的教材是自编文字教材和正式出版的文字教材，部分使用网上课程资源。数据显示，社区学校认为社区教育的课程、资源和教材最好能够由社区学校自己编写和建设。

三、社区教育信息化建设

（一）信息化硬件建设

在社区学校的信息化方面，全区基本上都配备了电脑，可供使用电脑合计270台，其中218台可连接互联网，可连接互联网的教室33间，全区共有 5 所社区学校有专用无线 Wi-Fi 供学员上网使用（见表 5-4）。数据显示，各社区学校的设备配置很不平衡，社区学校拥有的电脑数量最多的是新华路街道社区学校，有 60 台，最少的是仙霞新村街道社区学校，仅有 3 台，各社区学校差距较大。

表 5-4　各街镇社区教育信息化硬件建设情况

学校名称	学校拥有可供用电脑	可连接信息网络电脑	社区学校可连接互联网的教室	社区学校是否有专用无线 Wi-Fi
新华路街道社区（老年）学校	60	60	1	无
江苏路街道社区（老年）学校	13	13	0	无
华阳路街道社区学校	45	45	4	有
周家桥街道社区学校	22	2	3	无
天山路街道社区学校	32	32	4	有
仙霞街道社区学校	3	1	0	无
虹桥街道社区学校	30	0	16	有
程家桥街道社区学校	21	21	1	有
北新泾社区学校	24	24	3	无
新泾镇社区学校	20	20	1	有
合计	270	218	33	/

（二）网上学习资源类别

在网上社区学习资源库应拥有的资源类别方面，28.2% 选择不同层次的学历教育；25.6% 选择各类的职业培训；21.3% 选择文化、科技类讲座；42.9% 选择计算机、外语等技能培训；43.9% 选择绘画、音乐、舞蹈、棋牌、运动等休闲教育；34.4% 选择保健养生教育；27.3% 选择家政、理财、法律等生活教育。数据显示，休闲教育、技能培训和保健养生教育是最受学员欢迎的网上学习资源。

（三）市民在线学习意愿及原因

关于市民在线学习学分银行网络课程的意愿方面，41% 选择愿意，22.4% 选择不愿意。在社区居民愿意参与在线学习的原因方面，10% 选择网上学习资源质量高，80% 选择网上学习更加灵活，50% 选择网上学习资源更丰富，30% 选择网上学习更有趣味。在社区居民不愿意参与在线学习的原因方面，70%选择缺乏学习氛围，60%选择找不到网上学习的资源，60%选择难以深度学习，30%选择网上学习资源太枯燥。数据显示，社区学校认为学员愿意参与网上学习的因素主要有在线学习更加灵活、资源更丰富，而学员不参加在线学习的因素主要有缺乏学习氛围、找不到网上学习的资源和难以深度学习。

（四）市民在线学习参与方式

在市民参与网上学习的方式方面，40.7%选择电视的教育类节目，33.7%选择电脑上网学习，21%选择手机移动学习，6.7%选择iPad移动设备学习，8.6%选择云视课堂学习。可以看出，市民主要通过电视、电脑和手机等终端进行在线学习。

四、社区教育师资队伍建设

（一）师资队伍性别构成

调查数据显示，本区社区学校男教师数总计112名，女教师数总计212名，合计324名（见表5-5），说明社区学校的教师以女性为主体。

表5-5　各街镇社区学校师资队伍性别构成

学校名称	男教师数	女教师数	小计
新华路街道社区（老年）学校	15	18	33
江苏路街道社区（老年）学校	8	28	36
华阳路街道社区学校	16	32	48
周家桥街道社区学校	4	14	18
天山路街道社区学校	4	23	27
仙霞街道社区学校	8	16	22
虹桥街道社区学校	19	34	53
程家桥街道社区学校	19	16	35
北新泾社区学校	7	15	22
新泾镇社区学校	12	16	28
合计	112	212	324

（二）师资队伍年龄结构

社区学校教师在年龄阶段方面，30岁以下的教师有8名，30—60岁的教师有113名，60岁以上的教师有177名（见表5-6）。说明社区学校的教师队伍年龄偏高，以老年志愿者为主体。

表5-6　各街镇社区学校师资队伍年龄结构

学校名称	年龄结构		
	30岁以下	30—60岁	60岁以上
新华路街道社区（老年）学校	0	18	15
江苏路街道社区（老年）学校	0	5	25
华阳路街道社区学校	3	14	31
周家桥街道社区学校	0	11	7
天山路街道社区学校	0	8	19
仙霞街道社区学校	2	7	13
虹桥街道社区学校	1	11	23
程家桥街道社区学校	1	11	23
北新泾社区学校	0	10	12
新泾镇社区学校	1	18	9
合计	8	113	177

（三）师资队伍学历水平

社区学校教师在学历水平方面，本科及以下学历的教师有201名，硕士学历的教师有6名，硕士以上学历教师没有（见表5-7），说明社区学校的工作环境对高学历人才的吸引力较低，主要以本科及以下学历的教师为主。

表5-7　各街镇社区学校师资队伍学历水平

学校名称	本科及以下	硕士学历	硕士以上
新华路街道社区（老年）学校	32	1	0
江苏路街道社区（老年）学校	4	0	0
华阳路街道社区学校	47	1	0
周家桥街道社区学校	17	1	0

（续表）

学校名称	本科及以下	硕士学历	硕士以上
天山路街道社区学校	10	0	0
仙霞街道社区学校	22	2	0
虹桥街道社区学校	3	0	0
程家桥街道社区学校	34	1	0
北新泾社区学校	16	0	0
新泾镇社区学校	16	0	0
合计	201	6	0

（四）师资队伍的来源

在社区学校的教师来源方面，90%选择退休教师，80%选择其他社会志愿者，70%选择社区院校的专职教师，20%选择有组织的宣讲团。数据显示，社区学校的教师以退休教师、其他社会志愿者、退休的专业技术人员和社区院校的专职教师为主。

（五）师资队伍的薪酬待遇

在社区学校的教师薪资待遇方面，100%选择讲课费，40%选择通信交通费等补贴，10%选择奖金，20%选择无薪资报酬，完全公益性。说明社区学校主要通过讲课费的形式对兼职教师进行鼓励。

（六）师资队伍的建设困境

数据显示，社区学校在师资建设方面整体情况良好。在社区学校的师资建设困境方面，90%选择高质量师资缺乏，50%选择师资经费不够，30%选择师资流动性大，30%选择师资培训不够，10%选择优秀师资作用未能得到充分发挥，10%选择教师管理制度有待完善（如准入、竞争制度等），问题集中表现在缺乏高质量师资、师资经费不足和培训不够等方面。

五、社区教育资源整合能力

（一）资源共建共享情况

在社区学校的区域资源共享方面，10%认为有较成熟的资源交流共享制度，30%认为基本只是网络资源共享，30%认为有多种资源共享渠道，但基本没发挥作用。数据显示，在区域资源共享方面，社区学校没有建设完善的运作体系，仅有10%认为有较成熟的资源交流共享机制。

（二）期望获得的资源形式

在最希望获得什么形式的学习资源方面，26.4%选择书籍，12.1%选择学习光盘，6%选择在线学习资源，69%选择送教上门。数据显示，教学点最希望获得的学习资源类型是送教上门，说明教学点的师资力量薄弱，课程类型不足，需要外界给予支持。

（三）资源整合的现状

社区学校在资源整合方面，40%选择可供利用资源有限，30%选择资源整合能力不足，40%选择可利用渠道不足，30%选择整体情况良好。数据显示，社区学校在资源整合方面存在的问题突出，表现在可利用资源有限、整合渠道不足和整合能力不足。

第三节 社区教育办学网络支持服务存在的问题及对策

一、社区教育办学网络支持服务存在的问题探讨

（一）社区教育服务指导能力有待提升

通过调研发现，各级各类社区教育场所均表示需要社区学院给予相应的指导和支持，主要包括教学管理规范、人员培训、学习资源丰富与整合、交流平台搭建、特色品牌创建等方面（见表5-8），说明社区教育网络体系的建设离不开社区学院的密切指导，这就迫使社区学院不断提升自身的服务指导能力。

表5-8 各类社区教育场所需要社区学院给予的指导或协助

指导与协助内容	非常需要（%）	比较需要（%）	不太需要（%）
1. 教学业务指导	20	60	20
2. 师资、管理和技术人员培训	10	80	10
3. 组织课题研究	/	50	50
4. 提供教学资源	60	30	10
5. 搭建社区教育理论和办学经验交流平台	10	70	20
6. 争取政策支持	50	40	10
7. 社区学校间协调	10	70	20
8. 帮助区域资源整合	30	60	10

（续表）

指导与协助内容	非常需要（%）	比较需要（%）	不太需要（%）
9. 帮助创建社区学校品牌	20	70	10
10. 教材开发、数字化资源升级	20	50	30
11. 扶持社区学校数字化学习平台建设和完善	10	70	20

（二）社区教育网络体系仍需拓展

通过调研发现，在市民对社区教育的参与现状方面，40.7%表示参与过（或正在参与）社区教育与学习。在参与社区教育与学习的途径方面，51.7%选择本社区的教学点，24.5%选择本街道的社区学校，14.2%选择本区社区学院，8.9%选择本区的在线学习网站和其他在线学习网站，13.9%选择楼宇课堂、体验基地、睦邻学习点，8.9%选择本社区短期培训班。相比社区学院前两次调研结果，市民对社区教育的参与率不断提升，而且更加偏爱实体场所的学习。但是，许多社区学校迫于场地的限制，严格控制课程报名人数，导致很多有学习意愿的市民的学习权利得不到保障。此外，绝大多数社区学校、教学点的负责人也认为社区学校在办学条件上有较多局限，活动场地有限，硬件设施不充足，造成社区市民的学习需求无法得到充分满足，这就需要社区学院发挥龙头作用，多方协调，完善和拓展社区教育网络体系。

（三）社区教育信息化融合程度不深

在社区学校的信息化方面，尽管"学在数字长宁"网经过多年的运营积累了一定的经验，在学习资源提供、学习行为统计、教务教学管理方面发挥了很大的作用，各街镇社区学校都建立了多媒体教室，推出了计算机操作基础、网络冲浪等数字化方面的课程，但数据显示，各社区学校的设备配置很不平衡，数字化学习的推进措施不够有效，社区教育信息化融合程度不深。

在社区居民愿意参与数字化学习的原因方面，10%选择网上学习资源质量高，80%选择网上学习更加灵活，50%选择网上学习资源更丰富，30%选择网上学习更有趣味。在社区居民不愿意参与数字化学习的原因方面，70%选择缺乏学习氛围，60%选择找不到数字化学习的资源，60%选择难以深度学习，30%选择数字化学习资源太枯燥。市民对于数字化学习的知晓度和参与度还不够理想。此外，市民的移动学习需求也得不到有效满足。

数字化学习方式如何满足市民不断学习的需求，数字化学习资源如何吸引市民，数字化学习形式如何有效与时俱进，数字化学习如何对社区教育形成有效补充，如何与社区教育信息化深度融合，需要社区学院认真思考和解决。

（四）社区教育师资专业化建设不够

通过调研发现，社区学校在师资建设方面整体情况良好，学员满意度高，但教师队伍年龄偏高，以老年志愿者为主体，60岁以上教师占比超过一半；学历水平偏低，本科及以下学历的教师占90%以上。师资队伍专业化建设不够，问题集中表现在缺乏高质量师资、师资经费不足和培训不够等方面，高水平教师缺乏是重要原因。由于目前社区学校的师资多为社区志愿者，以退休人员为主，资源毕竟有限，而且社区学校限于讲课费用低，上课时间多为白天，优秀教师引进比较困难，社区教育师资专业化建设进度缓慢。虽然社区学院通过教师下社区等措施在一定程度上充实了社区教育专业化师资队伍，但下社区教师数量有限，师资队伍专业化建设不够。

（五）社区教育资源共建共享不足

长宁区在各街镇区域资源共享方面，有7个街镇有合作单位和项目（见表5-9）。有10%的街镇认为有较成熟的资源交流共享制度，30%认为基本只是网络资源共享，30%认为有多种资源共享渠道，但基本没发挥作用。数据显示，在区域资源共享方面，社区学校层面还没有建设完善的运作体系，仅有10%的社区学校认为有较成熟的资源交流共享机制。

表5-9　长宁区各街镇资源共享情况表

街镇名称	合作单位名称	具体合作项目
新华	复旦小学	待定
华阳	开元学校、长宁初职校、省吾中学	中华书法学习、爱心乐活计划、"小小记者团、小小宣讲团"
天山	天山社区文化活动中心、图书馆	联合办学、讲座教学资源共享
仙霞	长宁区社区学院、长宁区文化艺术中心	多媒体教室、舞蹈房等场地、教育培训场地使用
虹桥	上海芭蕾舞团、长宁体育局、长宁文化局	芭蕾之友体验课程、瑜伽、太极等音乐类课程
程桥	哈密路小学、文化中心	联合办学
新泾镇	长宁区老年大学、长宁区社区学院	长宁区老年大学西部分校、长宁区社区学院西区分校

社区学校在资源整合方面，40%选择可供利用资源有限，30%选择资源整合能力不足，40%选择可利用渠道不足，30%选择整体情况良好。数据显示，各街镇社区学校在资源整合方面存在的问题突出表现在可利用资源有限、整合渠道不足和整合能力不足，迫切需要社区学院牵头推进社区教育资源整合。

二、社区教育办学网络支持服务的策略

（一）多方协同，增强服务指导

完善政府统筹、党委领导、行业部门联动、社会协同、全民参与的学习型城区建设格局。强化政府在学习型城区建设中顶层设计、规划制定、宏观指导以及统筹协调的作用。加强区学习委领导，拓展区学习办推进层面，创新学习型城区建设的推进机制，形成党建、宣传、文明、教育、财政、科技、人保、文化、民政、工青妇等各部门协同推进学习型城区建设的良好局面，提高财政、文化等核心部门在学习型城区建设中的参与度，深入推进文教、体教、医教、科教、养教等结合。提升行政条线区终身教育指导服务中心作为实体化操作机构的指导能力、业务条线区社区学院服务社区教育的能力，双管齐下，齐头并进。

2017年9月，长宁区委发布《关于增补长宁区推进学习型城区建设指导委员会组成人员的通知》（长委〔2017〕117号），决定充实学习委和学习办领导班子成员。区委决定增补区财政局、体育局主要领导为长宁区推进学习型城区建设指导委员会委员；增补区发改委、财政局、文化局、体育局分管领导，区社区学院党委书记为委员会办公室副主任。此次增补了区学习办业务具体管理执行单位（社区学院）的负责人，有助于加强区学习办工作的执行力，提高"一头两线"工作机制的协调力，有力保障了社区学院更好地支持服务社区教育办学网络。

（二）强化内涵，完善网络体系

完善以社区学院为龙头，社区学校为基地，各级各类学习组织相协同的社区教育办学网络，构建多元化发展的社区教育新格局。社区学院主动完成从成人高校向终身教育服务平台的转型，以更高的社会服务视野和更强的责任意识进行"功能再造"，充分发挥长宁市民学习中心功能，继续提供高品质的学习、培训、体验和展示服务，安排了云视优质课程、智慧钢琴体验课程、移动学习课程等，起到区域市民学习中心的窗口示范作用，不断扩大学习服务面。

自2017年开始，社区学院积极指导社区学校推进内涵建设，通过解读

相关指标、组织培训、规范指导等方式帮助社区学校推进内涵建设。通过努力，长宁区共有7家社区学校通过了内涵建设评估，其余3家社区学校新通过了标准化建设评估，为内涵建设评估奠定了基础。2017年，社区学院推进第三批教学点示范评估。2018年，为了更好地推进长宁区社区教育办学网络建设，及时总结并充分发挥长宁区社区教育示范性教学点在居委教学点层面开展社区教育工作中的示范引领作用，对全区示范性教学点开展"创建回头看"调研评估活动。这对长宁区教学点提出了新的更高要求，进一步强化了示范学习点特色和品牌建设，提升了教学点的办学品质。在此过程中，社区学院引入第三方专业机构参与终身教育培训、研究、评估等专业化工作，邀请上海教育评估协会参与社区学校、居民教学点的标准化、示范化建设评估工作，以评促建，指导社区学校和居民教学点提升教学质量。为了拓展社区教育阵地，解决阻碍居民特别是高龄、独居、行动不便居民参与学习的"最后一公里"问题，长宁区深入推进"睦邻学习点"的建设，睦邻学习点的数量不断增加，截至2019上半年长宁区共建成123个睦邻学习点。社区学院指导睦邻学习点开展交流，在情感交流、邻里互助的基础上规范发展，拓展社区教育功能，深化学习内涵。

社区学院还不懈推广体验式学习，创建了体验基地，特别是红坊、水墨缘、临空园区、春美术馆等的加入，有效地整合了区域内企事业单位、社会组织和艺术文化力量，进一步拓展了社区教育网络边界，提升了体验基地的专业性和社会影响力。社区学院因地制宜，深化"1+N"体验学习基地网络建设，完善体验基地运营的机制、经费和管理，让体验基地真正运作起来，从社区设施向社会场馆拓展。2017年，长宁区建立8家社会学习点，经过沟通和协调，开展了社会学习点向社区开设优质课程工作，"刘海粟美术馆""秦汉胡同培训学校"等社会学习点运作逐步常态化。2019年上半年，长宁区继续加强体验基地和社会学习点建设，开展了新一轮的申报工作。

（三）深化融合，推进数字化学习

社区教育办学网络离不开数字化学习的支撑。数字化学习可以打破时空限制，促进资源共建共享，在一定程度上缓解社区教育办学网络建设中资源、场地不足等难题。在区学习办的指导下，社区学院积极深化融合，推进数字化学习，拓展"学在数字长宁"品牌影响力，通过完善"二平台一课堂"，即"区街一体化"数字学习平台、移动学习平台和"云视移动课堂"，为市民创设更加便捷、丰富的学习环境。2017年起启动"学在数字长宁"平台整体升级，根据数字化学习中的移动学习需求，开发移动学习功能，积极面向学习者提供多元化、个性化服务。2019年1月，"学在数字长宁"4.0版正式上线。2018年2月开通了"学在数字长宁"微信公众号，2019年3月开通了"终身学习云视课堂"微信公众号。长宁区一方面重点开发"学在数字长宁"微信公众号，扩大数字长宁的影响力，开发支持微信界面的在线学习功能，适应市民移动学习的需求；另一方面进行社区教育云视课堂的再升级，提升硬件的兼容性和软件操作的简易性，拓展"云视课堂"现场授课点，在区内各街镇实现全覆盖，同其他区合作设立授课点，并向全市学习体验基地、文化科学场馆和外省市终身学习场所拓展。同时，加强特色课程资源、微课升级建设，实现各类数字化学习资源数量再翻一番，促进数字化学习资源的规范化和专业化。加强区域的协作交流，实现优质学习内容和资源的开放共享，形成数字学习资源库。

（四）聚焦专业，建设师资队伍

2017年，社区学院进一步完善社区教育师资队伍建设，完善社区教师管理制度，制定和完善了一系列管理文件，规范教师队伍管理，要求社区学校管理者要到教室听课，并提交书面反馈，通过教师考核表对教师进行考核，严肃教学管理。针对社区教育优质师资短缺的问题，一方面继续推进社区学院教师下社区的工作，增派优质师资到社区学校、教学点和睦邻学习点开展管理和教学工作；另一方面加强教师队伍的培养与培训，定期开展大类教师师资培训，提高社区教师的总体质量。课程建设是学校建设的重要基础。自2017年起，社区学院在多年开展教材建设的基础上，推进优质区本教材的出版工作，陆续遴选、修订和出版了数本社区教育教材，通过这一形式对社区学校的优质课程给予肯定和宣传，促进各社区学校加强优质课程和教材的开发与建设。社区学院还组织社区学校参与教学比赛，通过教学评比活动发现问题，指出问题，提出建议，敦促社区学校改进教学质量。

（五）多措并举，促进资源整合

在办学网络建设过程中，社区学院充分发挥龙头作用，提供支持服务，从区域层面协调社区不同学习网络节点的资源，通过整合达到教育资源在社区教育办学网络之间的共享，提升资源利用效率，优化市民学习质量。社区学院通过数字化学习平台为区域内各级各类终身教育办学机构搭建信息沟通平台，提供信息发布、资源共享、师资交流等的平台。建立有效的协调机制，统筹区域内各类学习资源，推进学习资源的社会化，促进各部门、各系统的学习资源开放共享，鼓励由民非等培训机构承办的体验基地、社会学习点以项目形式为社区学校、教学点、睦邻学习点等提供师资培训和优质课程。社区学院积极拓展和延伸各类教育平台的服务功能，实现跨时空、无障碍的优质教育资源全覆盖，通过不断推进"云视课堂"，2017年下半年在长宁区内各街镇实现全覆盖，并在市数字化协作组内同其他区如浦东新区、普陀区、徐汇区、嘉定区等合作设立云视课程，2018年实现了全市16个区全覆盖，支持全市范围优质资源的共建共享。

第四节 社区教育办学网络支持服务案例

长宁区社区学院从不同角度、不同层次为社区教育办学网络提供支持服务，取得了显著成效，为终身教育大平台建设提供了有力支撑。以下案例从不同侧面反映了长宁区社区教育办学网络支持服务的实践。

一、社区学校内涵建设的支持服务实践

社区学校是社区教育三级网络的骨干、构建终身教育体系的有力支撑。近年来，长宁区不断加强社区学校内涵建设，社区学校的骨干作用日益突出。

长宁区实施独具特色的社区教育"一头两线"管理模式，即"区学习委一头统领，区学习办行政条线和社区学院业务条线两线协调"模式。通过这个模式，对长宁区10个社区学校进行管理、指导。社区学院作为业务指导单位，为社区学校提供各项支持服务。

（一）深入调研，把握重点难点

自建立起，在社区学院的指导下，长宁区各社区学校就积极利用社区内的各类教育资源，开设了各级各类居民喜爱的学习班、兴趣班，吸纳社区居民学知识、学科学、学技能、学艺术，通过各种不同形式的学习培训活动，满足居民多样化的学习需求。

经过不懈的实践和探索，为了较深入全面地了解长宁区社区教育的现状，进一步把握重点难点，为社区学校建设提供更好的服务，2017年长宁区开展了覆盖全区的社区教育调研工作。调研主要通过问卷调查、访谈调查、座谈会等不同形式，围绕社区教育如何深化内涵，针对有关管理部门、社区教育专家、区内各街道（镇）、社区学校、社区居民等分步骤、分层次开展。通过调研，长宁社区学校在软硬件现状、管理体制、资源整合、财政投入、队伍与课程建设、特色项目、教育培训覆盖面等各方面的情况得到了有效梳理，为加强社区学校建设提供了真实有效的第一手数据，为社区学校进一步科学发展、深化内涵建设奠定了基础。

（二）完善体制，统筹协调加强领导

2017年9月，长宁区委决定充实学习委和学习办领导班子成员，增补区

财政局、体育局主要领导为长宁区推进学习型城区建设指导委员会委员；增补区发改委、财政局、文化局、体育局分管领导，区社区学院党委书记为委员会办公室副主任。此次增补了区学习办业务具体管理执行单位（社区学院）的负责人，有助于加强区学习办工作的执行力，提高"一头两线"工作机制的协调力，有力保障了社区学院更好地支持服务社区学校等建设。

长宁区在区层面由学习办领导，终身教育指导服务中心和社区学院分别从行政管理和业务指导两方面加强对各街镇社区学校的服务，每两个月召开一次社区学校负责人例会，及时沟通各校教学、管理的近况，明确不同阶段的工作重点，促进各校错位发展，形成特色。

街镇层面各社区学校均建立了校务委员会，实行校务委员会领导下的校长负责制。街镇分管领导担任校长统揽全局，亲自抓；相关部门具体落实，协调各方，专职管；各职能科室担任校务委员成员各司其职，配合做。各方各条，职责明确，分工协作。校务委员会采取联席会议制度，由校长牵头定期召开联席会议研究社区教育工作，解决问题、探索新途径，谋求新发展。

（三）健全制度，科学管理形成保障

长宁区根据《上海市社区学校设置暂行规定》文件的精神，根据区实际情况制订了《长宁区社区学校管理（暂行）办法》，从硬件设施、资金投入、人员配备、管理监督等各方面对社区学校给予制度上的保障。各社区学校因地制宜、因时制宜、因人制宜，从办学章程、学校职责、教师及学员管理、经费及档案管理各方面订立了相应的管理制度，如《校务工作职责》《任课老师职责》《班主任工作职责》《学员守则》《档案管理制度》等，确保社区学校科学管理、有序运行。

（四）骨干引领，教师管理队伍专业化发展

社区学院进一步完善社区教育师资队伍建设，完善社区教师管理制度，制定和完善了一系列管理文件，规范教师队伍管理，要求社区学校管理者要到教室听课，并提交书面反馈，通过教师考核表对教师进行考核，严肃教学管理。针对社区教育优质师资短缺的问题，一方面继续推进社区学院教师下社区的工作，增派优质师资到社区学校等开展管理和教学工作；另一方面加强教师队伍的培养与培训，定期开展大类教师师资培训，提高社区教师的总体质量。

社区学院充分发挥对社区学校的业务指导功能，搭建平台促进专兼职教师们交流，不断提升专业化程度，从而提高了我区社区教育队伍的整体水平。社区学院已经按照课程大类组织社区学校教师的教研活动，形成了长效机制。

社区学院还牵头建立分层培训体系。要促进社区教育教师专业化发展，仅仅依靠社区学院的力量来开展培训是远远不够的，社区学院牵头建立起分层培训的体系，以点带面，扩大培训受众。针对派任到各街镇的社区学校常务副校长，社区学院通过定期召开联席会的方式来开展业务指导，再由常务副校长专门从事社区学校的具体管理工作，指导社区学校兼职管理人员、兼职教师以及志愿者开展教育教学活动，帮助社区学校建立兼职教师和志愿者资源库。针对普通教师，社区学院通过加强对骨干教师的培训，提高教学质量。社区学院还建立了社区教育辅导员队伍、数字化学习推进员队伍等，作为社区学院指导服务功能的延伸，对口联络区域内各个街镇的社区教育相关工作。

（五）研发课程，支持优质教材开发建设

课程是教育目标转化为教育质量的中介环节，社区教育课程建设是社区教育发展的重点领域、活动的基本依据、内涵的核心标志。为了进一步指导社区学校开展课程建设，长宁区制订了《长宁区社区教育课程建设管理办法》以及《长宁区社区教育课程建设标准》，鼓励社区学校参与开发课程。截至目前，研发出区层面课程、区街合作课程、街镇独立课程三个层面的课程系列，这三级课程分别针对不同层级的学习需求、学员特点和实践特色而制定，大大满足了社区居民的多样化学习兴趣，取得非常好的效果。目前，长宁区出版区本教材26本，校本教材133本，教学点讲义152本。

（六）实验引领，推动社区学校内涵发展

社区教育实验项目是推进社区教育工作的重要抓手，有利于理论联系实践，指导基层更好地开展社区教育工作，减少社区教育管理的随意性、盲目性。为促进实验项目工作发展，长宁区形成了行政主管部门统筹领导、社区学院服务指导、社区教育专家引领、街镇实验工作组为基础的实验网络体系。社区学院作为业务指导单位，积极促进体系各部分充分发挥优势，形成有效的监督和激励机制，从整体上确保实验体系协调、高效运行。

为提高社区教育实验工作水平，首先，社区学院指导社区学校等实验承担单位真正理解实验工作的内涵和要求。其次，提高科研队伍水平。社区学院定期组织社区学校等实验队伍的培训，通过专家讲座、专题研讨、项目解析、交流沟通等不同的内容和形式，不断提高实验工作者在社区教育研究方面的知识，从而逐步形成一支理论和实践并重的实验工作基层队伍。再次，加强实验项目管理。学院拟订了《长宁区社区教育实验项目管理办法》，还通过设立专门的管理部门、派出专业工作人员、聘请专家指导等方式积极指导社区学校等单位的实验工作。社区学院的指导服务贯穿了实验项目从申报

到结题的全过程。最后，注重实验成果应用。社区学院在工作中积极推广实验成果，充分挖掘实验成果的价值，指导社区学校利用实验成果实现内涵发展。

二、区域终身教育与学习体验基地建设的支持服务实践

联合国教科文组织提出，体验式学习是 21 世纪最重要的学习方式之一。目前，社区教育领域中的"体验式学习"引起了广泛重视，上海市也开展了相关的实践探索。针对如何有效演绎体验式学习的内涵，如何将体验式学习理论应用于多样化的全民终身教育实践，创新市民终身学习方式，长宁区开展了进一步尝试。

这里的区域终身教育与学习体验基地是指在区层面创设"长宁终身教育与学习体验基地"，是由区学习办作为行政领导机构，负责规划协调、经费保障和督导评估；社区学院作为业务指导单位，由社区教育指导中心专门落实相关工作的区级市民体验学习场所。区域终身教育与学习体验基地着力整合区域内各类资源，用独具风格、富有地方特色的体验项目，打造集参观、学习、交流、培训等功能于一体的教育和学习新平台，创建具有影响力的长宁区市民终身学习体验基地品牌项目。

（一）深度打造区域"1+N"多元学习网络

1. 建立健全管理机制

2017 年初，为了进一步推进体验基地建设，保证体验基地工作顺利开展，长宁区建立健全终身教育与学习体验基地管理机制，具体由区学习办作为行政领导机构，负责规划协调、经费保障和督导评估；社区学院作为业务指导单位，由社区教育指导中心专门落实相关工作，对全区的体验基地建设进行项目开发、师资培训、课程培育等多方面的业务指导。在体验基地的总体布局上，逐步确立以长宁市民学习中心作为区体验学习的核心，也就是"1"个中心，由区学习办协调整合社会资源拓展体验空间，在全区逐渐形成"N"个终身学习体验基地（见表 5-10）。

表 5-10　长宁终身教育与学习体验基地汇总表

序号	街镇/社会单位	体验基地名称
1	华阳路街道	扇面画体验基地
2	江苏路街道	陶艺体验基地
3	江苏路街道岐山教学点	爱国名人故居体验基地

(续表)

序号	街镇/社会单位	体验基地名称
4	天山路街道	龙凤书法体验基地
5	虹桥街道	昆腔京韵体验基地
6	程家桥街道	茶艺体验基地
7	新泾镇	民俗文化体验基地
8	新泾镇北苑教学点	民防教育体验基地
9	周家桥街道虹桥新城教学点	智慧社区体验基地
10	仙霞新村街道	原创纸艺体验基地
11	虹桥街道	烘培体验基地
12	新华路街道	瓷绘体验基地
13	北新泾街道	上海老街民俗文化体验基地
14	虹桥临空园区	临空园区规划展示体验基地
15	水墨缘工作室	国画体验基地
16	红坊创意园区	城市雕塑体验基地

2. 尝试探索运行模式

长宁区在推进市民终身教育学习体验基地的建设中，根据区域资源状况、学习项目的类型、居民学习需求等多方面的因素，尝试采用不同的运行模式，推进终身教育学习体验基地的建设工作，其中包括由社区学院在社区教育系统内部挖掘资源，指导各街镇社区学校、教学点的特色项目和学习资源建设成为体验基地；由区学习办协调文化、体育、科普、民政等系统内相关机构，利用不同条线的优势资源创建创新市民终身学习体验基地，通过与相关委办局协作来丰富终身学习项目等。

3. 加强保障措施

2017年以来，由区学习办统筹协调，通过与各体验基地签约的形式明确参与各方的责、权、利，务必使经费、人员、制度保障到位。在经费投入方面，区层面在社区教育经费中设立体验基地建设专项经费，街镇层面根据自身建设计划将建设经费列入年度财政预算，在此基础上，保证逐年稳步增加，为逐步构建终身学习体验基地网络提供充足的经费保障。社区学院作为业务指导部门，在体验基地建设中负责宣传推广、学习项目培育、网络搭建、人员培训、科学研究等工作的组织和指导。

（二）挖潜＋集聚，探索市民终身学习创新模式

体验基地需要资源，而通过体验基地凝聚与开发各方面的优质资源，是探索市民终身学习创新模式的立身之本，也是形成燎原之势的开发之举。本项目立项以来，项目组就聚焦体验基地所属社区和机构，对学习资源进行进一步的分析、整合和凝练，推出更多优质的体验学习项目。

1. 深挖内部资源

社区教育系统中蕴藏着丰富的显性资源和隐性资源，长宁区各体验基地通过对自身现有资源的充分挖掘，在社区教育课程的基础上加以升级和提炼，形成一批高质量的体验学习项目，以更加精炼、更具吸引力的主题内容吸引更多市民了解这些项目，激发市民的学习兴趣和学习热情。2017年，各体验基地充分利用既有的场地和资源，在既有体验主题的基础上增加了很多体验主题和形式，进一步丰富了体验项目和类型，吸引了更多的市民前来参与（见表5-11）。

表5-11 部分体验基地体验内容与形式拓展创新表

序号	体验基地	体验活动	创新类型
1	江苏路街道陶艺体验基地	插花、多肉植物	体验内容创新
2	程家桥街道茶艺体验基地	外国人体验传统文化	体验内容创新 服务人群拓展
3	虹桥烘焙体验基地	亲子烘焙、暑期烘焙、创意料理	体验形式创新 服务对象拓展 体验内容创新
4	仙霞街道原创纸艺体验基地	手工扎染、永生花制作、体验式教研活动	体验内容拓展 体验形式创新
5	华阳路街道扇面画体验基地	扇面画进学校	体验形式创新

2. 加强资源整合

长宁区在建设终身教育与学习体验基地过程中，通过区学习办协调，进一步加强与各委办局的资源整合，充分利用现有的社会公共学习资源，如文化馆、艺术馆、企业场馆等，多方形成合力，最大限度地用好系统内文化资源。例如，在刘海粟美术馆多次举办教学点骨干教师、睦邻点负责人的交流培训和体验活动，利用临空经济园区展示体验基地开展针对市民的长宁区情教育参观体验，庆祝教师节体验活动等。实践证明，利用体验基地开展"培

训+体验"的活动形式，能够实现更好的培训效果。

（三）激发终身教育与学习体验基地长效活力

体验基地的建设最终要落实在市民的学习实践上，开展学习是长宁体验基地建设的核心，通过创设参与式的互动场景，营造印象深刻的互动感受，让市民在有兴趣、有乐趣和较为轻松的氛围中获得知识。根据区学习办的部署，16个体验基地要向其他街道社区市民至少开放两场体验活动，体验是采取"走出去请进来"的方式，既可以组织市民到该体验基地参加活动，也可以请该体验项目的指导老师到其他街镇辅导社区市民参加体验活动。仅此一类，长宁区体验基地就开放近30场活动，参加者达到700余人次。在此基础上，各体验基地面向市民提供体验活动，运作和管理日益常规化。

更新工作理念。终身学习体验基地覆盖了不同领域的教育、科技、文化等，是新形势下社会力量办终身教育的新形态。通过组合、拓展、开放、共享和优化等办法，依托系统内资源和优质社会资源，打破围墙，开放资源，主动对接，满足市民多层次学习需求。虹桥临空园区——临空园区规划展示体验基地、水墨缘工作室——国画体验基地和红坊创意园区——城市雕塑体验基地作为社区学院直接管理的体验基地，先后由社区学校常务副校长、教务主管、骨干教师（学员）及睦邻点负责人分别参加了不同项目的体验（参观）活动，约500多人次。通过有组织的体验活动，这些园区和工作室的管理人员积累了经验，熟悉了体验活动的操作流程，推动了体验基地活动的有序开展。

体验带动课程。长宁区体验基地通过创设互动性、实践性的学习情境，使体验者获得切身感受和启发，实现场景化的学习。在推进过程中，强调体验基地的体验活动与后续教育服务的有效衔接。为此专门召开了研讨会，通过交流和沟通发现，大部分体验基地所依托的社区学校和文化教育机构，都有相应的办学或者培训能力，在课程设置上一般都有与体验主题对应的课程。在体验基地开展工作的过程中，项目组特别重视各具特色的体验项目开发和设计，以及体验式学习与课程学习的有效衔接，参加体验学习的市民对学习内容产生兴趣，想要深入系统学习的，可以报名参加社区提供的相关课程学习，由此加入到终身学习的队伍中来。

创新内容设计除传统模式外，还积极挖掘区域社区教育数字化体验学习资源，尝试拓展"网上+网下"的模式，充分发挥"学在数字长宁"的技术和资源优势，部分体验基地以"互联网+体验"为特点，引进虚拟现实技术，不断拓展新的学习项目，在虚拟空间组织学习者进行情境模拟和知识学习。

培育学习团队。社区学习团队是居民围绕某一共同兴趣而自发组织的学习团队,能够带动居民的学习自觉性,寻找到趣味相投的学习伙伴,共同学习,共同进步。开展多元多层次的学习项目,既丰富了个体对于学习项目的直观感知,也使具有共同兴趣爱好的居民找到了交流分享的平台。多种多样的学习项目使社区中具有相同爱好的居民相互聚集,培育了多支社区学习团队,带动社区居民自主管理、自主教育、合作学习、共同发展。

三、社区教育云视课堂建设的支持服务实践

在社区教育的推进过程中,长宁区社区教育工作者们发现,社区教育面授课堂虽然具有很好的即时互动性,但是受众群体仅限于现场学习者,从而导致本就稀缺的社区教育优质资源无法惠及更多的社区学习者;在线学习虽然可以克服时空、学员数量的限制,但是即时互动性则基本无法实现,造成社区学习者的学习体验无法充分满足。如何突破二者的局限,成为长宁区社区教育工作者深化"学在数字长宁"体系的新探索。

云视课堂建设的目标是以"构建区域终身学习体系"为理念指导,利用信息化手段,运用云计算、移动 4G 网络、无线热点等新技术,在区域内开设"云视互动课堂",探索和形成社区教育数字化教学新模式,为学习者提供在线参与、即时互动的新型数字化学习方式,并逐渐向全区、全市乃至全国拓展。

(一)搭建云视课堂,创新学习方式

1. 基于云技术搭建云视课堂,提供技术支持

结合应用云计算、无线热点 Wi-Fi 技术、移动 4G 网络、软件即服务等"互联网+"的新技术和新理念,长宁区提出了社区教育云视课堂来解决这一矛盾,社区学院提供相关技术支持服务。社区教育云视课堂即通过云视频会议系统和移动互联网,将街镇社区学校、教学点和在线学员互联起来,通过视频在线会议进行互动公开教学,从而将线上和线下教育活动结合起来,打造具有长宁特色的新型社区教育在线学习模式。云视课堂利用云计算技术将社区教育授课现场呈现在云端,学员可以通过在线加入的形式进入云端课堂,视频会议技术使教师与学员虽然在不同的空间,但仍可以即时互动。

2. 基于云优势创新学习方式

云视课堂能够将优质的教学资源实时提供给在线学习者,并实现即时互动功能,解决面授课堂和在线学习存在的短板问题,为社区教育数字化学习提供了一种新的方式,具有一对多、无中心、可移动、云存储、大数据等优势和特征。

自 2015 年 10 月开始进行的长宁区社区教育云视课堂系统建设，包括系统设计、设备安装调试、系统测试、试运行及验收等五个阶段。2015 年 12 月，长宁区社区学院利用云技术自主开发的"云视互动课堂"系统正式开通，开通现场在长宁区市民学习中心、两个试点单位（虹桥街道社区学校、新华路街道社区学校）和三个合作单位（东华大学纺织服饰博物馆、徐汇凌云街道社区学校、宁波江北区社区学校）开展了"云视课堂"的实践运作，标志着"学在数字长宁"体系进入 3.0 时代。

（二）开展实践探索，支持服务区内云视课堂建设

1. 在线互联，牵头促使云视课堂项目顺利开展

2016 年初，长宁区社区学院在区市民学习中心先期开设了两次"旅游文化"讲座，组织了相关试点街镇的云视课堂教室在线参与测试，取得了不错的效果。长宁区社区学院结合区市民学习中心的场地和课程资源，根据云视课堂的特点和优势进行挖掘遴选，最终选取了市民中心开设的"学说上海话"和"现代全营养新概念"两门课程作为云视课程，启用云视设备开展"实体＋在线"相结合的教学方式探索，并向试点街镇进行了发布和宣传，得到了积极响应。3 月 22 日，随着"学说上海话"课程的开展，虹桥街道和周家桥街道两个云视课堂教室积极响应，同步开启，与区市民学习中心三点一线，同一个教师、同一门课程通过云视平台实现了实时同步，互联网将三个教室连接成了同一个课堂，克服空间障碍，教学和互动宛如在同一个空间开展，受到了教师和学员的普遍认可和高度好评。23 日上午，"现代全营养新概念"课程开设，同样采取了云视课堂的模式，教师精彩的课程通过网络即时传递到网络另一端，还可以在线即时与学员进行互动，给网络另一端的学员也带来一种身临其境的学习体验，营造了一种理想的学习氛围。

良好的开端是成功的一半。两门试点课程的成功开设，从实践上论证了云视课堂项目的现实可行性和巨大优势，也吸引了广泛的关注。3 月 24 日下午，区人大专程到市民学习中心调研，现场观摩了正在开展的云视课堂。30 日下午，宁波广播电视大学领导也专程赶到市民中心交流探讨。

云视课堂能够将教学功能与数字化课程资源建设功能结合起来，云视课堂的在线视频功能不仅支持即时互动的课堂教学，还能把现场教学录制成视频进行云端存储，经过后期加工即可成为在线课程视频资源，转存入在线学习平台，方便学员在线访问和学习。结合市民学习中心场地和课程资源，根据云视课堂的特点，选取了"学说上海话""现代全营养新概念""书法"三门课程作为云视课程，长宁区市民学习中心正在对三门课程进行升级，现场

录制了一批教学视频,制作成数字课程发布在"学在数字长宁"网站。

2. 举办讲座沙龙,丰富云视互动形式

举办"云视课堂"学分银行专题讲座。为进一步扩大云视课堂在长宁的知晓率与参与度,结合市学分银行管理中心开展的"我为学分银行献一计"主题宣传活动,长宁区社区学院于2016年7月12日通过"云视课堂"开展学分银行专题讲座。讲座由长宁市民学习中心作为主会场,华阳路街道、周家桥街道、天山路街道以及程家桥街道社区学校作为分会场,主会场与分会场实时联动,取得良好的效果。

举办"i阅读·云分享"读书系列活动。2016年6月23日下午,由区学习办和长宁区社区学院举办的"i阅读·云分享"读书系列活动——"今天我们怎么读书"讲座在长宁市民学习中心举行。活动邀请了上海市语文学会副会长、学林出版社社长段学俭博士作为嘉宾,为社区居民开设了主题讲座,并进行读书心得的分享与交流。依托长宁区社区教育云视课堂的平台,本次活动采用了线上线下联动模式,设立了街道社区学校、天山白领商圈及睦邻学习点三个层面的分中心,活动现场与三个分中心实时共享、即时互动。本次在线阅读交流与分享活动是在上海市"全民阅读 终身学习"系列活动背景下,响应"书声·书香网络"活动项目开展的。结合"互联网+"的新趋势和新理念,重点突出长宁区社区学院在数字化网络时代背景下的"云视创新"读书体验方式,启用云视设备开展"实体+在线"相结合的学习方式探索,得到了积极响应,市教育电视台也专程前来进行了摄制,并作为第六届市级主题读书活动的优秀成果和宣传视频进行展播。主讲嘉宾也围绕这几个问题作了精彩的解读和分享,现场活动气氛热烈,分中心通过网络即时互动营造了身临现场的感觉,活动起到了良好的效果。

2016—2018年,为深入推进上海老年教育事业的发展,拓展老年教育特色课程,长宁区社区学院与中国银行长宁支行联合开展"中银常青树"金融常识课程进社区暨金融知识传播者培育项目。本次活动通过云视课堂形式,主会场设置在长宁市民学习中心内,各街镇社区学校作为分课堂在线连入,远程学习。培训通过专题讲座、案例分析和知识竞赛等多种方式,将金融常识开发成为社区教育特色云视共享课程,为市民更好地科学理财、安全理财提供教育服务。长宁区各街镇市民远程连接,跨越空间障碍实时在线学习,依托云视课堂,显著地扩大了培训的覆盖面,几年来累计培训人数已达3 000人次。

3. 开展业务培训,为云视课堂建设提供人力支持

为了推进云视互动课程系统的建设,提高系统覆盖单位中相关人员的设

备操作水平，首先对长宁区社区学院信息中心和社区教育指导中心的人员进行了培训，再对5个试点街道（镇）责任部门工作人员、社区学校常务副校长和云视设备操作人员开展了"学在数字长宁"云视课堂培训会。通过培训活动增进了参会人员对云视课堂技术原理及其在社区教育中作用的理解，进一步推动云视课堂在长宁区的深入实践。

4. 制订相关文件协议，规范管理服务

为了提高云视课堂的规范化建设水平，保障实际运行效果，根据需要制定了一系列的管理文件。2015年11月制定《学在数字长宁"云视课堂"操作手册》。随着云视互动设备的不断完善与更新，操作手册也多次修改版本。社区学院还制定了《长宁云视课堂环境建设技术标准》等。通过制定相关文件，确保了项目的时间可控制、结果可监测。

（三）拓展辐射范围，提升支持服务能级

根据在街道（镇）试点单位探索的成功经验，积极统筹资源向其他街道（镇）、全市其他区及外省市推广云视课堂技术。

1. 纵向延伸

随着"互联网+"与社区教育信息化发展的深度融合，长宁区社区学院利用云技术，通过云视频会议系统和移动互联网，将分属不同主体的社区教育课程和在线学员互联起来，通过视频在线会议进行互动公开教学，实现资源共享，并将线上和线下教育活动结合起来。经过两年多的推进，长宁区10个街镇全部具备了云视课堂的运作条件，在街镇层面实现社区教育云视课堂的全覆盖。长宁区以市民学习中心为引领，形成了不断向社区学校、教学点、体验基地、睦邻学习点辐射的云学习实践活动，收到了较好的效果。

2. 跨区联动

长宁区作为上海市数字化学习社区建设协作组牵头单位，在市教委终身教育处、市学指办的指导下，积极促进云视课堂在各成员区推广服务，协作组成员单位各提供一门区域特色课程升级为云课程，在更大范围内共享社区教育优质课程资源。2016年9月28日，嘉定区在"2016年数字化学习社区建设推进会"上正式启动了与长宁互联互通的"云视课堂"。随后，徐汇区、浦东新区、普陀区、虹口区、黄浦区、奉贤区、闵行区、宝山区、青浦区和杨浦区等开通社区教育云视课堂，实现了云视课堂在上海市数字化协作组13个区全覆盖。

2018年11月，社区教育云视课堂实现了上海市16个区全覆盖，成为服务全市、整合各区优质学习资源的创新性平台。

3. 跨省市合作

在市教委终身教育处、市学指办的指导下，长宁区积极促进云视课堂的应用与推广，跨省市合作，与无锡市新吴区、成都市新都区、包头市青山区等积极对接，共享优质社区教育资源。与此同时，云视课堂还应用到边远地区的帮扶工作中，与云南金平、新疆克拉玛依、云南保山开展对口帮扶工作，实现了区域内和各省市间云视共享学习新局面。

以合作为契机，长宁区将继续加大云视课堂建设支持服务力度，着力扩大云视课堂和体验学习的覆盖面，在更大范围内整合优质资源，探索终身学习新模式。

（四）支持服务成效显现，云视课堂社会知晓度不断扩大

在上海市第十四届全民终身学习活动周开幕式和宁波2018年全国全民终身学习活动周总开幕式中，长宁区社区教育云视课堂作为终身学习展示项目，进行外场展示活动。在上海展示活动中，长宁区以一场精彩的TED演讲带领大家走进云上的课堂，了解社区教育数字化学习新模式；在宁波全国全民终身学习活动周总开幕式中，作为上海市两项展示项目之一，接受教育部及全国成协领导工作指导，通过云视课堂现场直播了活动周总开幕式，多地分会场通过远程直播进行了收看，向全国展示了云视课堂支持全国各地优质特色社区教育、资源共建共享的特点。

社区教育云视课堂更是吸引了国外专家学者的目光。2018年10月，联合国教科文组织成员国"面向终身学习的教育系统开发能力建设研修班"到访长宁区，深入了解社区教育云视课堂。通过现场演示和接入正在开课的浦东新区洋泾街道社区学校云视课程"诗词写作"，进行了远程互动交流，来访专家在零距离接触长宁区社区教育数字化新模式的同时，充分感受了云视课堂的魅力，纷纷给予高度评价。

第六章 域内民办非学历教育资源的整合

终身教育大平台的完善,一个重要的推动力就是有效地整合各类教育资源,特别是民办非学历教育资源。因此,探索域内民办非学历教育资源整合的途径与机制,对完善终身教育大平台具有重要的指导意义。

民办非学历教育资源的整合是完善终身教育大平台的重要方面,对推进市民终身学习、促进学习型社会建设、推动终身教育发展也具有重大意义。本书以社会系统理论和资源优化整合理论为指导,通过文献梳理对民办非学历教育资源的整合进行分析,探索市民学习需求与教育资源有效对接、民非(民办非学历)教育资源整合等关键性问题。此外,通过问卷调查与实地走访相结合的方式对民非教育资源整合现状进行调研,并根据调研结果对教育培训需求方以及民非教育机构进行反馈调查。基于前期调查结果以及后期的反馈意见,对民办非学历教育资源整合的成效进行总结与分析。

经过实证调查发现,整合民办非学历教育资源给教育培训需求方以及民非教育机构都带来了很大便利。对于教育培训需求方而言,其获得民办非学历教育机构信息的渠道会变得更加广泛,受到的教育也会更加专业。而对于民非教育机构而言,其教育资源得到了较为充分的利用,课程资源也变得更加丰富。简言之,经过对民办非学历教育资源的整合,教育培训需求方能接受到更加专业的教育,终身学习需求能得到较为充分的满足,而民办非学历教育机构也能得到进一步的发展,从而推动终身教育大平台的完善,即民非教育资源的整合是完善终身教育大平台的重要抓手。由此也表明,整合域内民办非学历教育资源势在必行。

第一节　民办非学历教育资源整合概述

一、民办非学历教育资源的概念

民办非学历教育资源，顾名思义，主要是指由民办非学历教育培训机构提供的各种教育投入而形成的资源，在这里，可以将其范围划定在教育课程、教育师资和教育场地等方面。目前，长宁区区域内民办非学历教育培训机构正常运作的共计95个，其中培训学校76所，办学层次高等及高等以下的8个，中等及中等以下的68个；培训公司19个，属于经营性民非机构。在这95所民办非学历教育机构中，具有高等自考助学资质的1所；与高校开展合作办学项目的13所；经教育行政部门备案，有21所民办非学历教育培训机构在本区范围内设立校外教学点，共计开设教学点43个；有19所民办非学历教育培训机构跨区设立教学点，共计开设跨区教学点近100个。此外，长宁区的民办非学历教育培训机构办学内容主要集中在外语类、职技类、管理类、艺术类、计算机类、文化类以及其他类等方面，并且有的民办非学历教育培训机构的办学内容包括一个或几个类型。可以说，长宁区民办非学历教育资源是比较充足的，课程内容也是丰富多样的。

经过实际调查和走访发现，区域成人高校是民办非学历教育资源整合的主要推动力，而民办非学历教育培训机构又是民办非学历教育资源的主要聚集地。民办非学历教育培训机构，主要是指由国家机关以外的社会组织或者个人，利用非国家财政性经费，面向社会举办的，主要开展文化教育类非学历教育培训的民办学校及其他民办非学历教育培训机构。

二、民办非学历教育资源整合的意义

民办非学历教育资源是学习型社会建设的重要补充，也是完善终身教育大平台的重要推动力。因而，域内民办非学历教育资源的整合，不仅是顺应时代发展，也是满足市民终身学习需求的必要选择。具体而言，域内民办非学历教育资源的整合，是顺应终身教育发展、推动市民终身学习以及完善区域终身教育大平台的需要。

（一）整合民非教育资源是顺应终身教育发展的需要

2016年，上海市教委联合上海市学习型社会与终身教育促进委员会办公室发布《上海终身教育发展"十三五"规划》，其中提到"扩大各类人群的教育服务，优化终身教育服务平台"。与此同时，教育部、民政部等九部委出台《教育部等九部委关于进一步推进社区教育发展的意见》，提到"坚持以人为本，需求导向，开放共享学校资源"。2019年，中共中央、国务院印发文件《中国教育现代化2035》明确指出：更加注重终身学习。基于中央的文件精神，上海市制定并出台了《上海教育现代化2035》《上海市面向2020年加快推进教育现代化实施方案》，在推动教育现代化以及实施方案的具体要求上明确指出：要让"终身教育泛在可选"。

由此可见，实施终身教育以及推动终身教育发展已成为不可阻挡的时代发展趋势。终身教育发展需要充足的教育资源作为支撑，而民办非学历教育资源是学习型社会的良好补充，即整合民办非学历教育资源是顺应终身教育发展的需要。

（二）整合民非教育资源是推进市民终身学习的需要

随着国家及上海市构建终身教育体系和学习型社会建设工作的推进，市民学习的途径增多，课程内容越来越丰富，市民参与终身学习的比例逐年增加，由此不断催生出更广泛多样的学习需求。2018年9月，上海市首份"市民终身学习需求与能力监测研究"报告显示，在市民终身学习需求上，市民的学习目的呈多元化态势，主要体现在"提升职业技能""提升生活品质""提升个人素质""提升社会适应能力"等方面。此外，报告还显示多数市民具有强烈的学习需求，由此可见，推进市民终身学习已刻不容缓。当前，民办非学历教育资源是学习型社会的良好补充，可以说民办非学历教育资源是满足市民终身学习的重要条件。简言之，整合域内民非教育资源是推进市民终身学习的需要。

值得注意的是，目前政府提供并鼓励为广大市民终身学习提供教育资源，但市民学习需求与教育资源供给之间仍然存在着较大矛盾，现有的教育资源供给不足以满足日益扩大的市民学习需求。上海市长宁区是民办非学历教育培训机构集聚发展的区域之一，其众多的民办非学历教育机构一定程度上满足了区域内市民的教育培训需求，表明民非教育资源在推进市民终身学习中具有巨大潜力和可操作性。但部分民办非学历教育培训机构的教育资源却存在闲置现象。合理利用闲置资源，有利于更好地满足市民的终身学习需求，即整合域内民办非学历教育资源，建立起市民学习需求与民非教育培训机构的优质教育资源之间的良好对接，有利于促进市民终身学习。

（三）整合民非教育资源是完善区域终身教育大平台的需要

党的十九大报告指出，"办好继续教育，加快建设学习型社会，大力提高国民素质"。2009年，上海市正式开通终身学习网，该网站设有学习课程、特色活动、兴趣社区、工作室、大讲堂和媒体联盟六大功能模块，是面向上海市市民的智慧学习平台。该平台学习内容丰富，涵盖生活保健、文化艺术、家庭教育、市民安全多个领域，可以满足不同类型人群的学习需求。上海市已搭建起的"时时能学，处处能学"的终身学习网络，为全民终身学习营造了良好氛围。当前，学习型社会建设已呈现出蓬勃发展的局面，终身学习已经成了市民的一种生活方式和态度。终身教育是我国教育事业的重要组成部分，是社会建设的重要内容。终身教育的发展具有促进经济建设、社会发展以及促进人全面发展的作用，是构建终身教育体系、完善终身教育大平台、建设学习型社会的重要推动力。

终身教育体系是一项系统工程，各类教育都与终身教育有着内在联系，但是相比较而言，成人教育则更接近于终身教育。早在1993年，中共中央、国务院颁布的《中国教育改革和发展纲要》中就明确指出："成人教育是传统教育向终身教育发展的一种新型教育制度，对不断提高全民素质，促进经济和社会发展具有重要作用。"区域成人高校是实施成人教育的主要阵地，它在构建终身教育体系方面发挥着重要作用，尤其在社会经济转型的背景下，区域成人高校不断转型，而在转型发展过程中，区域成人高校实际上扮演了整合区域终身教育资源的重要角色。而民非教育资源是终身教育资源的重要组成部分，进而整合民非教育资源是整合终身教育资源的需要，也说明了整合域内民非教育资源是完善区域终身教育大平台的需要。

三、民办非学历教育资源整合的理论指导及关键问题

民办非学历教育资源的整合，是对民办非学历教育和资源的优化过程。基于文献资料、教育资源整合所涉及的内容以及整合域内民非教育资源达到的效果，将系统论与优化整合理论作为整合民办非学历教育资源的理论指导，并结合理论对民办非学历教育资源整合问题进行相关分析。此外，基于理论分析及区域民办非学历教育资源的实际情况，将探索市民学习需求与教育资源的有效对接方式与如何有效利用民办非学历教育培训机构的闲置资源确定为研究的关键问题。

（一）民办非学历教育的文献梳理

理论是实践的指导，在确定民办非学历教育与资源整合的理论之前，需要对相关文献进行梳理。在梳理文献的过程中，以中国知网为搜索平台，以"区域成人高校""民非教育""教育资源整合"等为关键词，搜索了相关的研究文献，并对其进行整理、归纳与分析。

关于区域成人高校的相关研究主要从区域成人高校的转型发展、教育教学改革、社会服务能力等方面进行了探索，其中在区域成人高校转型发展的研究上，既有理论探析也有实践研究，并且关于区域成人高校的研究主要探

究的是区域独立设置成人高校的转型发展。此外，关于区域成人高校的社会服务主要依据终身教育大背景（宋亦芳，2011，2012，2013；张东平，2013；董珏慧，2014；王晓佳、吴慧涵，2015；李晓蕴，2016；朱柳玉，2016；杨文霞，2016；王锦云，2016 等）。关于民非教育相关研究主要集中在地区民非机构的个案研究上，阐述了发展现状、经验总结（黄贵波，2005；李纯真 2006 等），除此之外，还有对我国民非机构未来走向进行的思考（郑丽君，2009 等）。此外，本书研究的核心是整合区域民非教育资源，而目前关于民非教育资源整合的研究极少。为探究民非教育资源整合的途径，促进终身教育大平台的完善，我们搜集并整理了教育资源整合的文献，以此作为借鉴。关于教育资源整合的研究，主要包括社区教育资源整合、思想政治资源整合、高教资源整合以及职业资源整合等等（高卫东，2009；张龙秀，2009；谢海琼，2009；李彦西，2010）。

（二）民办非学历教育资源整合的理论分析

基于前期的文献梳理、教育资源整合所涉及的内容以及整合民非教育资源达到的效果，将系统论与优化整合理论作为民办非学历教育资源整合的理论指导。

1. 系统理论

系统理论认为，任何组织都是社会的一个系统，这个系统中包含许多相互联系、密不可分的要素。当系统内外各要素发挥作用时，整个系统就处于彼此交融、平衡或稳定的开放状态，实现能量、价值的转换。由于整合域内民办非学历教育资源涉及方方面面的关系，是一个复杂的系统工程，因而系统理论可以作为区域成人高校整合域内民非教育资源很好的理论指导。

基于系统理论，可以把民办非学历教育作为整个社会的一个要素，从全局出发，加强民办非学历教育内外各个资源要素之间的交流与合作，努力促进各种资源之间的联系，无论是有形的资源还是无形的资源。当前，区域内民办非学历教育机构资源丰富，但资源存在一定的闲置现象。由此，针对区域内市民的多元化学习需要，需要对民非教育各种资源进行有效配置和优化组合，最大限度实现民非教育资源的共享。

2. 优化整合理论

优化整合理论，主要指的是将各种呈现分散化的资源，通过系统整合的方式予以归纳，并使各项资源充分发挥作用的一种资源优化理论。该种理论的最终目的，是使整合后的资源发挥"1+1＞2"的协同效果。目前，优化整合理论既可以应用到教育、教学、资源优化中，又可以为企业所用，作为经营战略调整的一种常见手段。其中,尤其是对各项资源的充分利用,根据资源不同类别、内容、结构与层次进行有机融合,优化整合理论收效显著。

资源整合是系统论的思维方式。在整合域内民非教育资源的过程中,可通过组织和协调,把民非教育培训机构中的有形与无形的教育资源联系起来,充分利用闲置资源,完善区域成人高校的服务体系,为教育培训需求方与民办非学历教育培训机构搭建良好的对接平台。

(三)民办非学历教育资源整合的关键问题

在整合域内民办非学历教育资源的过程中,有两个方面的问题对于我们来说至关重要:一是探索市民学习需求与教育资源的有效对接路径,二是如何有效利用民办非学历教育培训机构的闲置资源。

在探索市民学习需求与教育资源的有效对接路径上,具体的做法是搭建区域内民办非学历教育资源的融合平台,从而推动市民学习的需求与民非优质教育资源的供给达到较高契合度,进而实现市民学习需求与教育资源供给之间的有效对接。

此外,由于民办非学历教育培训机构的办公时间主要集中在双休日和周一至周五的白天,但是中间还是有空档期,这些空档期的场地、设备、师资等资源就被闲置了下来。有些民办非学历教育培训机构并没有意识到这些资源的重要性。然而,这些资源却是学习型社会建设必不可少的条件,是完善终身教育大平台的有利条件。因此,如何有效利用民非教育闲置资源也是我们整合域内民非教育资源的关键问题。

第二节 民办非学历教育资源整合的现状

关于民办非学历教育资源整合的现状,我们主要做了两方面的工作:一是对市民的学习需求进行调研,二是对民办非学历教育资源参与终身教育的现状进行了调研。在对市民的学习调研上,以长宁区市民为观察对象,根据活动区域的不同,分三大调研群体进行调研:一是长宁区的市民,二是在职白领,三是青少年。长宁区市民方面,调查旨在了解我区居民对终身学习的需求情况,具体包括学习的内容、学习的时段、学费价位、学习方式、受欢迎的教法等。在职白领方面,调查内容包括学习目的、学习课程、学习时间、学习地点、偏爱的授课方式、期望的学习方式等。青少年方面,旨在了解青少年校外教育的培训需求,主要包括文化课补习的学习内容、兴趣特长培训等。在对民办非学历教育资源参与终身教育的现状调研上,通过与行业自律组织、协会会员单位和教育服务业发展指导中心的协作合作,对长宁区的教育资源进行梳理、分类、整合。在此基础上，筛选出优质民非教育资源，分为兴趣爱好类、专业技能类、一般技能类课程。

一、市民学习需求调研

随着长宁区学习型城区建设的不断深入，如何更好地服务市民多样化的学习需求，满足区域人们对优质教育资源的需求，是长宁区推进学习型城区建设过程中亟待解决的问题。对此，开展了对市民教育培训需求的调研，旨在了解不同对象的学习需求现状，为民办非学历教育资源的整合提供切入口。在调研的过程中，与长宁区的程家桥街道、虹桥街道、仙霞新村街道、天山路街道等9个街道办事处合作，对长宁区的部分居民、在职白领以及青少年的教育培训需求进行了比较深入的调查。本次调研从2017年5月开始，于2017年8月结束，历时三个月的时间。另外，本次调研的相关工作主要是依托区相关教育三级网络进行的。具体结果如下。

关于长宁区社区居民的教育培训需求的调研，采取的是与各街道进行协作，通过发放调查问卷的形式进行。本次调查问卷发放共计3 000份（约300份/街镇），实际有效问卷2 642份。对于"市民的教育培训需求"的调查，主要是想了解长宁区的市民们对终身学习的具体需求情况。在调查内容方面，设计的维度也比较广泛，具体包括学习的内容、学习的时段、学费价位、学习方式、受欢迎的教法、对教学管理的要求、对课程的需求、对教师的要求以及对社区教育环境的要求等方面的内容。

经过对数据的比对与分析发现（见图6-1）：在课程学习需求方面，市民们的教育培训需求类型主要有7种，具体包括不同层次的学历教育，各种各类的职业培训，文化及科技类讲座，计算机及外语等技能训练，绘画、音乐及舞蹈等休闲教育，保健养生教育，家政、理财及法律等生活教育，其中绘画、音乐、舞蹈等休闲教育和养生保健教育两个方面的需求所占的比例相对较高，分别为24.94%和21.68%，表明市民们对绘画、音乐、舞蹈等休闲教育和养生保健教育的培训需求强烈；而在对市民进行授课的方式上，民办非学历教育培训机构的主要类型有课堂讲授为主，课堂讨论为主，讲座、现场辅导为主以及其他，其中市民们选择课堂讲授为主类型所占的比重最高，为51.23%，表明了市民们偏爱的授课方式为课堂讲授。此外，在学习时间的选择上，市民们喜欢在周一至周五的白天；在学习地点的选择上，市民们倾向选择本街道的相关学校及教学点；在学习周期上，市民们偏向于选择半年至一年以及一至三年的学习周期；在授课时长上，市民们偏向于选择一个半小时的授课时间，但是选择一个小时授课时长所占的比例也比较高，为

24.84%，表明了市民们所青睐的学习时长主要为一个半小时以及一个小时，也说明民办非学历教育机构的授课时长不宜过长。在教材的选择方面上，多数市民选择了书本教材，比例高达 58.48%。另外，有 16.64% 的市民选择网络教材，其他的光盘、DVD、广播电视等所占的比例相对较小，表明书本教材仍旧是培训的主要教材。在学费方面，选择按成本收费的比例达 37.71%，选择不收费的比例达 24.15%。43.34% 的市民不清楚参与地区教育的途径。20.83% 的市民参与地区教育是为了丰富业余生活。

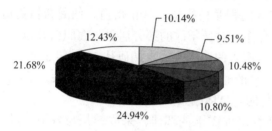

图 6-1 市民对教育培训的课程需求

关于对长宁区在职白领教育培训需求的调研，采取的也是发放调查问卷的形式。在此次调查中，主要是通过长宁社区学院推出的学习便利进楼宇项目，对嘉利大厦、申亚金融广场、慧谷白猫科技园、古北国际财富中心等 20 家企业发放了调查问卷，问卷共计发放 600 份，回收问卷 501 份。对于在职白领教育培训需求的调查，主要是想了解在职白领对终身教育的认识与了解、学习需求、感兴趣的课程以及学习的方式等方面的具体状况。

经过调查发现（见图 6-2、图 6-3）：在学习需求与偏好方面，多数在职白领选择的是计算机、外语等实用技能培训以及家政、理财、法律等生活教育和休闲娱乐以及职业生涯指导方面的内容。在课程方面，主要类型有不同层次的学历教育课程，各类的职业培训课程，文化及科技类讲座，计算机及外语等技能培训课程，保健养生教育课程，家政、理财及法律等生活教育课程，时事政治及社会民生政治教育课程以及其他。其中，在职白领在民非教育与学习中最喜欢、最常参与的课程主要有计算机、外语等技能培训和各类职业培训。在授课方式上，主要类型有课堂讲授、课堂讨论、讲座、现场辅导、学习活动、自学以及其他，其中讲座以及课堂讲授所占的比例较高，说明这两种授课方式比较受在职白领的欢迎；此外，学习活动和课堂讨论比例相当。在学习方式方面，主要类型有和其他学习者组成学习团队互相学习、请老师一对一的指导、通过实践活动学习、通过多媒体自主学习、传统的课堂学习、自主搜集材料学习、通过远程教育（广播电视网络）课程学习、参与民非教育与学习以及其他，其中通过实践活动学习、通过网络远程教育学习、和其他学习者组成学习团队所占的比重相对较高，说明在职白领期望和喜欢的学习方式主要是通过实践活动学习、通过网络远程教育学习以及与其他学习者组成学习团队学习。在学习时间上，在职白领希望在周一至周四的晚上或周末的白天。在学习地点的选择上，在职白领倾向于区相关学院和街道相关学校、文化中心。

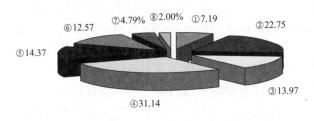

图 6-2　白领最喜欢、最常参与的课程

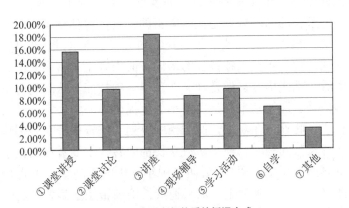

图 6-3　在职白领偏爱的授课方式

关于青少年校外教育培训需求调查，同样采取的是问卷调查的形式。但是，此次调查不同于市民的教育培训需求调查与在职白领教育培训需求调查，调查的对象——青少年，部分是缺乏独立理解与完成调查问卷能力的，为获取有效的调查结果，关于青少年校外教育培训需求的调查，主要是通过家长问卷来了解青少年对校外学习培训服务的需求。此外，为更好地了解青少年校外教育培训的需求，还对家长进行了深度访谈，即对于青少年校外教育培训需求的调研，采取的是调查问卷与访谈相结合的形式。在此次调查中，将调查内容的侧重点放在青少年的校外文化课补习需求和兴趣特长培训需求。在这里需说明的是，对于青少年校外教育培训需求的调查，主要采用的是抽样调查的形式，长宁区各街镇的抽样数平均为100人/街镇，共计发放问卷1 000份。

经过对青少年校外教育培训调查结果的整理与分析发现：在文化课补习方面，青少年的学习需求内容主要集中在学校教育教学的主要科目，具体包括语文、数学、英语和科学。在"希望在文化课补习中学到什么"问题上，主要有三个方面回答：提高课业成绩、找到合适的学习方法和扩大知识面。大部分学生家长表示最希望子女通过参加文化课补习来帮助他们找到合适的学习方法，为接受今后更高层次的学习打下基础。在满足这项需求的前提下，希望能够扩大子女的知识面，增长智慧。提高课业成绩反而不是他们最为注重的。除此之外，还有部分家长提出文化课补习班应该注重培养中小学生的理解能力和分析能力；应该注重培养学习兴趣，发挥自身特长；应该注重培养学生道德行为等方面。由此可以看出，学生家长对子女的教育模式已经逐渐走出学校教育模式，应试教育的模式在逐渐淡化，学生家长对子女的教育模式开始向着全面素质教育方向发展。在青少年兴趣特长培训方面，青少年及学生家长的需求内容是比较丰富的，具体包括舞蹈类、歌唱类、美术类、书法类、棋类、乐器类、体育类、科技类、手工类、信息类等方面。由此可以发现，青少年在兴趣特长的培训方面内容是丰富多彩的，涵盖面很广，贴近生活，既能培养兴趣爱好又能获得一项技能。从问卷分析上看，这些丰富多彩的兴趣课程基本都是由中小学生提出，而学生家长并没有提出太多自己的看法。此外，在对家长的访谈中提到"您希望子女培训哪些方面的兴趣爱好和特长"问题时，绝大多数家长都回答"主要看自己孩子的兴趣所在，会尽量尊重孩子的意见"。说明在中小学生的兴趣培养上青少年自己占有主要选择权。在"中小学生参加兴趣特长培训希望达到怎样的效果"这一问题上，青少年与学生家长们的态度保持了高度一致。有超过70%的人表示参加兴趣特长培训的主要目的就是希望能够增长才艺，而少部分的青少年及家长表示希望通过兴趣特长培训提高学生的竞争力。从这一结果可以看出，就兴趣特长培训而言，大部分中小学生的关注点都在自身，希望自己能够学到一技之长，能够实现个性化发展，而对于别人选择的关注点偏低，其学生家长也表现出这样的态度。

经过分析市民的教育培训需求、在职白领教育培训需求以及青少年校外培训需求调查结果，我们可以看到，当前市民参与学习的意愿是比较强烈的，无论是长宁区的普通市民、在职白领还是青少年，他们均有强烈的学习需求，尤其是对优质教育资源的渴求更是如此。但是当前的教育资源却不能满足市民的多样化的学习需求。目前，在学习型社会建设中，满足他们需求的主要是民非教育所提供的相关学习内容，但是这些内容无论是在量上还是质上抑或是方法和路径，都或多或少不能满足他们的需求。此外，"时间"和"适恰性"是影响市民参与学习的主要原因，我们从调查结果可以看到，影响社会群体参加学习的原因主要集中在"平时工作已经很忙，没精力没时间""适合的终身学习项目少"和"很想学习，但不知道学什么，到哪里学"这三个选项上。除了"没时间"这一自身因素外，社会群体认为终身学习的项目机会少，学习内容、方法和途径不适合等是影响终身学习的主要因素。政策层面应以这两个方向为着力点，引导社会机构提供"更好的学习内容"和"更方便的参与方式"，以破解市民参加终身学习的主要矛盾。另外，市民们对终身学习的成果更加关注自身综合素养与职业技能的提升，并且市民们对终身学习成果的认识也较为全面，他们的认识并不局限于职业和学历等功利性层面，还非常重视个人素养、兴趣爱好的提升，尤其是对"提升个人素养"和"提升生活品质"，无论是长宁区的普通市民还是在职白领，都非常看重。

二、民办非学历教育资源参与终身教育现状调研

关于民办非学历教育资源参与终身教育现状调研，我们主要做了两个方面的调研：一是对长宁区民非教育机构的总体情况的调研，二是对长宁区民非教育机构参与学习型社会建设的意愿调研。在调研过程中，我们与长宁区教育局终教科、长宁区成人教育协会、长宁区教育培训服务中心进行协作，采用问卷调查、实地访谈、资料搜集等方式，展开相关的调研工作。此次调查开始于2017年8月，结束于2017年10月，历时三个月的时间。具体结果如下。

关于对长宁区民非教育机构的总体情况的调研，主要是依据长宁区教育终教科的统计资料整理而来的，具体包括了区域内民非机构的数量、办学内容、品牌（特色）培训项目、招生对象、主要办公时间等方面。目前，长宁区共有95所民办非学历教育机构，其中以成人为主要招生对象的有23所，占总数的23.24%，而以在沪工作的外籍人士及其家属为主要招生对象的民办非学历教育机构有3所；以青少年和儿童为主要招生对象的有52所，占总数的52.55%；招生对象涉及成人至儿童的有20所，占总数的20.21%。在这些民办非学历教育机构中，办学内容方面主要集中在外语类、职技类、管理类、艺术类、计算机类、文化类、其他类。关于长宁区的品牌（特色）培训

项目，主要有上海长宁闻广进修学校的"阿拉最灵——沪语表演班"、上海长宁现代教育培训中心的"牵手同行——边远地区教师援助培训"、上海市长宁学乐英语培训中心的"Open A World Of Possible"、上海市长宁区美术专修学校的"格艺——艺术思维的养成"、上海长宁区乐在四季教育培训中心的"乐在'棋'中"、上海书协刚泰书法业余学校的"海派书法"、上海建安进修学校的"护航人——安全监理和绿·动——绿化系列培训"、上海晋才专业教育培训中心的"OSM现场管理系统"、上海文化人才进修学院的"媒介素养——新媒体环境下的传播创新"、上海市现代领导进修学院的"现代管理者——新时代领导干部创新能力培训"、上海长宁区秦汉胡同培训学校的"国学启蒙之《弟子规》和秦汉胡同·有戏"、上海美和语言进修学校的"国际公民 Project——跨文化交流课程"、上海长宁区耀华专修学校的"品格塑造——七彩乐学塑人生"。可见，特色项目十分丰富。在主要办公时间上，这些民办非学历教育机构的办公时间主要集中在双休日和周一至周五的白天，但是中间还是有些空档期，对于这些空档期的闲置资源，如场地、设备、师资等，怎么样有效利用起来，是整合民办非学历教育资源的关键。

通过分析对长宁区民非教育机构的总体情况的调研结果发现，目前长宁区民办非学历教育资源充足，提供的学习内容丰富多样，基本上涵盖了从儿童到成人所需的大部分热门课程，这些课程是对学习型社会建设的有益补充。随着学习型社会建设的不断推进，市民对学习的需求将进一步扩大，单纯靠政府机构提供学习内容不符合发展趋势，鼓励更多的社会力量参与到学习型社会建设中来，将是未来学习型社会建设的必然趋势。

关于对区域民非教育机构参与学习型社会建设的意愿调研，主要是通过问卷调查的方式进行的，调查内容主要包括了民办非学历教育机构对学习型社会的认知、相关文件的熟悉程度、参与的意愿、参与过程中的困难等方面。问卷调查数量为950份，有效问卷712份。通过分析调查结果发现，大部分民非教育机构实际上对学习型社会不太了解，只是听说过，对于具体的内涵不清楚。虽然政府有相关的文件出台，其中有关于民非教育机构与学习型社会的阐述，但还是有一部分企业没有认真仔细研读文件。这可能是导致他们没有参与到学习型社会建设中来的重要原因。对于了解学习型社会的民非教育机构，他们对本单位参与到学习型社会建设中来还是非常支持。对于不了解学习型社会的民非教育机构，在向他们做了相关的介绍后，他们也是表示支持态度。只有少数民非教育机构表示不太关注学习型社会建设。此外，支持单位参与学习型社会建设的原因主要集中在政府相关文件的规定，除此之外，企业的社会责任以及企业宣传等也是重要的动因（见图6-4）。而不支持的原因主要在于部分民非教育机构从盈利角度考虑，还有就是对学习型社会的不了解。另外，部分民非教育机构没有参与学习型社会建设的原因是对学习型社会不了解，再加上没有相关部门的引导，找不到合适的参与路径。对于自己的产品是否符合学习型社会建设的需要，部分民非教育机构表示担忧，这些因素叠加导致他们对参与学习型社会建设持观望态度（见图6-5）。

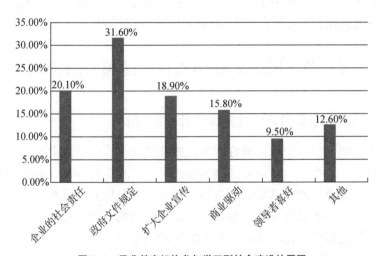

图6-4　民非教育机构参与学习型社会建设的原因

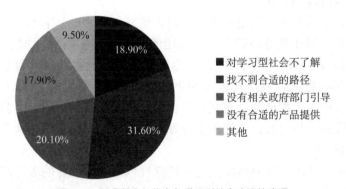

图6-5　民非教育机构参与学习型社会建设的障碍

经过对长宁区民非教育机构的总体情况调研结果以及长宁区民非教育机构参与学习型社会建设的意愿调研结果的分析，基本上掌握了区域内民非教育机构的总体概况，了解了区域内民非教育机构参与学习型社会建设的意愿。目前长宁区民非教育资源充足，提供的学习内容丰富多样，但是资源存在闲置现象。此外，虽然大部分民非教育机构有参与学习型社会建设的意愿，而且政府有相关的文件鼓励民非教育机构参与学习型社会建设，但是由于多种原因，目前辖区内参与到学习型社会建设中的民非教育机构少之又少。其中主要的原因在于它们找不到一个合适的路径参与进来，也不知道自己可以在学习型社会建设中扮演什么角色。此外，长宁区内的民非教育机构良莠不齐，参与学习型社会建设的动机多样，因此，为了激励他们参与到学习型社会中来，并且做到真正为学习型社会建设贡献力量，需要政府部门找到一个合适路径，一定要在实现双赢的基础上开展合作。

第三节　民办非学历教育资源整合的实践

一、民办非学历教育资源整合的若干案例

基于前期对民办非学历教育资源的现状调研，在整合民非教育资源的过程中进行了实证探索，并对实证探索效果进行了相应的评估。通过分析调查结果，发现无论是教育培训需求方还是民非教育机构，均反映经过区域成人高校对民办非学历教育资源的整合，获得了较大的收益。在整合民办非学历教育资源的过程中，比较成功和典型的案例主要有三个：残联艺术课程、白领休养生息课程以及老年人智能手机课程。

（一）残联艺术课程

残联艺术课程的主题是适应于残疾人居家创业——艺术木雕、竹雕技能学习及创作，属于创业技能学习及应用课程。课程总共48学时，理论课18学时，实践课30学时。而开发艺术木雕、竹雕技能实训的目的是运用社会资源，甄选一批适合残疾人居家创业项目，并通过专业开展DIY艺术雕刻创业培训，由浅入深地开展实践操作，为残疾人进行量身定制的艺术原创培训，使其获得一技之长，并能独立开发针对市场需求的手工艺术品，从而自主快乐创业。

在本次实践中，针对残障人士的特殊性以及居家创业的学习需求，学校为残障人士匹配了具有残联艺术课程的民非教育机构，实现了残障人士与具备残联艺术课程的民非教育机构一对一的对接，即残联艺术课程所采取的是单独匹配模式。单独匹配模式，简言之，即是教育培训需求方与民非教育机构实行一对一对接。随着终身教育的展开，市民的学习意愿逐渐增强，教育培训需求也逐渐走向多元化。而区域民非教育机构随着时代的发展，办学类型也从单一向多元转变。针对群体的特殊学习需求，区域成人高校充当教

培训需求方与民非教育机构对接的中介平台,为教育培训需求方与民非教育机构实行一对一对接,即为需求方对接具体的民非教育培训机构。其主要适用三个原则:一是教育培训需求方的需求是比较明确的;二是教育培训需求方的需求是单一的;三是教育培训需求方的需求是比较统一的。此种模式的优势在于需求方所接受的教育具有较强的针对性,教育培训需求得到了较大的满足,进而增强市民参与终身学习的积极性;而承担具体教育培训任务的民非教育机构,其责任更加明确,进而服务更加规范,促进民非教育机构的发展。但是,这种模式会使需求方的教育培训局限于民非教育机构的课程资源,同时也会限制民非教育机构课程资源的开发。

将残联艺术课程与残障人士的学习需求对接后,学校对相关残障人士与相应的民非教育机构进行了访问。多数受访残障人士反映,经过成人高校的推荐,他们不仅找到了合适的教育培训机构,也学到了更多专业的知识,并享受到了更加系统化的服务。相比之前盲目地寻找培训机构,不仅节省了时间和精力,也节省了经费。而相关的民非教育机构也反映,由于成人高校的帮助,机构的特色课程得到进一步推广与开发,教育培训也变得更加具有针对性。

由此可见,搭建需求方与民非教育机构的一对一的对接,不仅满足了需求方的学习需求,同时也有利于民非教育机构课程的发展与完善。这也说明,经过区域成人高校对民非教育资源的整合,教育培训需求方与民非教育机构的对接更加具有契合性,从而能更加充分地利用民非教育资源,促进终身教育大平台的完善。

(二)白领休养生息课程

民非教育机构的休养生息课程包括茶艺、插花、绘画以及手工制作等方面。在茶艺方面,主要包括茶艺介绍、茶叶分类、各类茶叶的冲泡、茶桌设置与茶桌礼仪。在插花方面,主要包括认识花材、插花基本知识介绍、插花的基本技巧、花语及送花常识。在绘画方面,主要包括绘画介绍、简单的绘画技巧介绍、实际操作。在手工制作方面,包括剪纸、折纸、刻纸以及其他的手工制作。白领平时工作繁忙,在休闲时刻可以借助各类休闲活动放松心情、锻炼心性。

基于在职白领的学习需求,学校将为在职白领推荐能够满足其学习需求的民非教育机构,实现了白领与民非教育机构一对多的对接,即白领休养生息课程采用的是多元匹配模式。多元匹配模式,指的是需求方与多个民非教育机构进行对接。当前,市民的学习需求多元,民非教育机构办学类型单一与多元并存,具有多样教育培训需求的需求方,其学习需求有时在一个民非教育机构中并不能得到满足。针对教育培训需求方的学习需求,学校选择为其匹配多个民非教育机构来满足其需求。此种模式主要适用三个原则:一是教育培训需求方的需求是比较明确的;二是教育培训需求方的需求比较多元;三是教育培训需求方的需求不统一。其优势在于教育培训需求方与民非教育机构实行一对多对接,需求方的多元需求能同时得到满足,从而推动终身教育的发展;而民非教育机构在满足需求方多元需求的过程中,能进一步开发课程资源,从而使课程资源变得丰富,并且也能推动民非教育机构朝着多元化方向发展,进而为完善终身教育大平台提供资源条件。但是,多个民非教育机构承担单个需求方的教育培训,其责任会分散,其服务在一定程度上会存在不规范的问题;而需求方需要联系多个民非教育机构,在时间与精力上会存在较大的消耗,这在一定程度上会影响需求方参与终身学习的积极性。

在搭建白领与民非教育机构的对接平台的过程中,学校同样也对在职白领以及相应的民非教育机构进行了探访。大多数白领反映,因为有成人高校的协调,他们能很快找到合适的休闲教育培训机构,多个需求能同时得到满足,并且接受的教育培训服务更加优质,相较之前个人盲目的寻找,节省了很多的精力。而民非教育机构也表示,因为成人高校的推动,其培训课程得到了大众的认可,知名度得到了提高,课程开发也变得更加系统化、多元化。

综上,搭建需求方与民非教育机构一对多的对接,不仅能使教育培训需求方多个学习需求同时得到满足,同时也使民非教育机构的培训课程获得大众更多的认可,课程开发也更加专业,更有针对性。由此说明,经过成人高校对民非教育资源的整合,能促进教育培训需求方与民非教育机构形成良好对接,从而能更加充分地利用民非教育资源,促进终身教育大平台的完善。

(三)老年人智能手机课程

基于民非教育机构开设的老年人智能手机使用指导课程,成人高校为其推荐具有学习需求的老年群体。其中,智能手机指导课程的开设,主要目的是帮助老年人掌握智能手机的基本操作方法,了解智能手机的日常安全、常用程序以及维护知识。课程名称为"智能手机入门",使用的教材为《移动学习与智慧生活》。全部课程以讲课的形式开展。

基于民非教育机构的发展需求,成人高校为之匹配教育培训需求方,搭建民非教育机构与需求方的对接平台。老年人智能手机课程采取的是反向匹配模式。反向匹配模式,指的是民非教育机构与教育培训需求方的对接,即民非教育机构开发了某些课程,需要对这些课程进行推广,或者民非教育机构需要一定的教育培训对象,经过区域成人高校平台的推荐,与具有培训需求的需求方进行对接。其适用原则有三点:一是民非教育机构开发了成熟的课程;二是民非教育机构需要专门的授课对象;三是需求方的需求与民非教育机构的课程相契合。其优势在于可以推广民非教育机构的课程,促进民非教育机构课程的进一步开发,从而为民非教育机构参与终身教育提供更有利的条件,同时还能促进民非教育机构的发展。但是,这需要民非教育机构具有较为成熟的课程,同时民非教育机构要有明确的授课对象。

在搭建机构与需求方的对接后,学校同样也进行了后续探访。相关民非教育机构表示,由于成人高校的协调,其找到了适合的需求群体,开设的课程得到了推广。相关老年学员表示,他们苦于不太会使用智能手机,希望有相应的指导,而由于成人高校的推荐,他们解决了这个难题。

综上,搭建机构与需求方的对接,也是一种整合民非教育资源的有效途径,不仅满足了需求方的学习需求,同时也有利于充分利用民非教育资源。经过资源的整合,需求方的学习需求能得到满足,民非教育资源能得到进一步利用。由此说明,整合民非教育资源要优于不整合教育资源,表明区域成人高校整合民非教育资源有利于充分利用资源,有利于完善终身教育大平台。

二、民办非学历教育资源整合的反馈与评估

为了解区域成人高校整合民非教育资源的实践效果,学校对民非教育机构以及学员进行了反馈调查。其中,采用问卷调查的方式了解学员对供需对接的看法,采用访谈的形式了解民非教育机构对供需对接的看法。通过分析调查结果,发现区域成人高校整合民非教育资源的实践效果良好。于学员而言,供需对接扩宽了学员获取民非教育机构信息的来源,也使得学员的教育培训需求得到了更大的满足。于民非教育机构而言,供需对接激活了民非教育机构的闲置资源,丰富了民非教育机构的课程。

(一)学员反馈调查结果

关于对学员的反馈调查,主要是想了解经过成人高校对民办非学历教育资源的整合,学员对当前所接受教育的满意程度。基于前期的调研结果,结合学员的教育培训需求情况,学校编制了《民非教育资源整合之学员反馈调查问卷》,调查内容主要包括现有课程质量的提升、教师教学质量状况、课程安排合理程度、课程内容与实际贴合度、课程内容与市场的贴合度、所接受教育的专业程度等方面。在此次反馈调查中,发放调查问卷共计150份,回收有效问卷147份。相比资源整合之前,有86.58%的学员对当前所接受

的教育是比较满意的，并且大多数学员认为供需对接让他们能及时找到合适的民非教育机构，有87%的学员表示其教育需求得到了更大的满足。此外，绝大多数人表示肯定区域成人高校进行供需对接的做法。在所开设课程内容贴合实际情况方面，有87.1%的学员选择了"比较符合"，选择"非常不符合"以及"比较不符合"的人非常少（见图6-6），表明当前民非机构开设的课程内容比较贴合实际，说明成人高校整合民非教育资源的实践途径是可行的。另外，多数学员表示当前的课程质量较之前有较大程度的提高，课程安排紧凑合理，并且课程内容更加贴合实际，与市场契合度较高。由此可见，区域成人高校整合民非教育资源的实践效果是良好的。

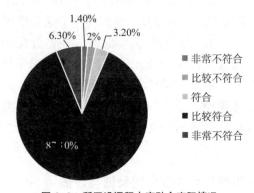

图6-6 所开设课程内容贴合实际情况

通过学员的实际反馈，发现大多数学员对当前所接受的教育是比较满意的，并且学员们终身学习的意愿也越来越强烈，表明通过整合区域内民非教育资源，学员的教育培训需求得到了较大程度的满足，不仅有利于学习型社会的发展，也间接说明了整合民非教育资源是完善终身教育大平台的需要。值得注意的是，成人高校整合民非教育资源的目的是搭建需求方与民非教育机构的良好对接，使之达到较高的契合度，促进民非教育资源的充分利用，从而推动终身教育大平台的完善。经过实践探讨，结合学员的反馈情况，发现整合民办非学历教育资源是优于资源未整合的，也表明整合域内民办非学历教育资源是可行的，而且学校所做的工作都是有价值和意义的。

（二）民非教育机构反馈结果

关于对民非教育机构的访谈，主要是想了解供需对接对民非教育机构的发展及影响。在这里需要指明的是，此次参与资源整合的民非教育机构可分为两个类型：一是作为供课方；二是作为委托方。关于对作为供课方的民办非学历教育机构的访谈，访谈问题主要有成人高校整合民非教育资源后培训机构所发生的变化、民办非学历教育资源的整合对民非教育机构课程的影响、民办非学历教育资源的整合对机构参与终身学习意愿的影响以及民办非学历教育机构如何看待成人高校搭建供需对接平台。关于对作为委托方的民办非学历教育机构的访谈，访谈问题主要有成人高校整合民非教育资源给民非教育机构带来的影响、民办非学历教育资源整合后民非教育机构服务质量的变化以及民非教育机构如何看待成人高校搭建供需平台。在此次访谈中，学校采取的是与民非教育机构面对面访谈的形式，所获材料为第一手材料，具有真实性和可靠性。

通过分析访谈结果，发现大多数民非教育机构很认同这种供需对接方式。这表明通过区域成人高校对民非教育资源的整合，不仅民非教育机构的闲置资源被激活了，民非教育机构的课程也变得更加丰富了。另外，民非教育机构的服务变得更加专业，服务质量得到了很大的提升。简言之，经过区域成人高校对民非教育资源的整合，无论是作为供课方还是作为委托方，民非教育机构在此过程中均获益良多。于作为供课方的民非教育机构而言，经过区域成人高校的供需对接，其闲置资源得到了充分的利用，课程资源也得到了丰富。更为重要的是，其参与终身教育的意愿变得更加强烈了。于作为委托方的民非教育机构而言，经过区域成人高校的供需对接，其后顾之忧得到了很大程度上的解决，如师资、场地等资源能及时获取，进而其服务变得更加专业化，从而其参与终身学习的意愿也变得更加强烈了。具体分析如下：

1. 盘活了民非教育机构闲置资源

长宁区有着丰富的民非教育资源，这些资源不仅是课程资源，还包括了场地、设备、师资等，而且在一定的时间段内，这些资源被闲置了。民非教育资源作为完善终身教育大平台的有利条件，其资源的闲置势必会影响到市民的终身学习以及终身教育的发展，因而激活民非教育机构闲置资源就显得十分必要，它有利于规范民非教育机构课程。通过区域成人高校对民非教育资源的整合，民非教育机构的场地、设备、师资被充分地利用起来，基本上很少存在闲置的状况。最为重要的是，伴随着民非教育机构闲置的教育资源被充分利用，机构的人气和影响力也因此而得到提高，从而其参与终身学习的意愿逐渐增强，这对完善终身教育大平台是十分有利的。

2. 丰富了民非教育机构课程

基于前期的调查结果发现：在课程学习需求上，普通市民偏向于绘画、音乐、舞蹈等休闲教育和养生保健方面的教育，在职白领偏向于家政、理财、法律等生活教育、休闲娱乐以及职业指导方面的教育，而青少年的学习需求主要集中于学校教育教学的主要科目。而所调查区域的民非教育培训机构的办学内容主要集中在外语类、职技类、管理类、艺术类、计算机类、文化类、其他类。结合市民的培训需求状况，民非教育培训机构开发了相应的课程。经过成人高校对民非教育资源的整合，民非教育机构在其中获取了较大的便利，闲置资源得到充分利用，进一步推动课程资源的开发，使民非教育培训机构的课程得到丰富，从而促使民非教育培训机构有更强烈的意愿去参与终身教育，终身教育大平台得以完善。

3. 民非教育机构服务更加专业化

作为委托方的民非教育培训机构，在资源整合之前，为开展教育培训，需要单独寻找师资以及场地等，会耗费很多的人力以及物力。经过区域成人高校的供需对接，这些民非教育培训机构不再需要寻找师资以及场地等，这些条件均可以在区域成人高校的协调下得到满足，进而完善了民非教育培训机构的服务。因而，后顾之忧得到解决的民非教育培训机构，会积极参与学习型社会的建设，从而推动终身学习的发展以及终身教育大平台的完善。

（三）小结

经过后期的调查以及访谈，可以发现，作为具有教育培训需求方的学员，他们对当前所接受的教育是比较满意的，具体表现在相比民非教育资源整合之前，民非教育培训机构的课程质量得到提高，教师的教学质量也得到了提高，课程安排更加合理，课程安排更贴近实际，也更贴合市场。也就是说，于学员而言，其参与的课程质量得到了提高，接受的教育更加实用并与市场贴合，教育培训需求得到了更大的满足，参与终身学习的意愿变得更加强烈。于作为供课方的民非教育机构而言，其闲置资源得到较为充分的利用，课程资源得到丰富；于作为委托方的民非教育机构而言，其所提供的服务变得更加专业。简言之，无论是作为需求方的市民还是作为供给方的民非教育培训机构，在资源整合过程中都得到了很大的便利。最为重要的是，无论是学员还是民非教育机构，其参与终身学习的意愿都变得更加强烈，这有利于终身教育大平台的完善，也有利于学习型社会的建设。这些说明了整合民非教育资源是推动终身教育大平台完善的需要。

三、民办非学历教育资源整合的成效

经过前期调研以及后期的反馈调查，发现整合域内民非教育资源对民非教育的课程、区域成人高校的服务、教育培训需求方与民非教育培训机构的交流、民非教育培训机构参与学习型社会的路径均有较大的影响，表现在丰富了民非教育的课程资源、完善了区域成人高校的服务体系、搭建了需求方与民非教育机构的交流平台、提出了民非教育机构参与学习型社会建设的路径。具体成效如下：

（一）丰富了民非教育的课程资源

在区域内，大部分民非教育机构有着丰富的学习资源，这些资源是对学习型社会建设很好的补充，但是多数民非教育机构并没有意识到这些资源能促进学习型社会建设以及完善终身教育大平台。它们对资源的认识主要停留在课程资源上，课程内容也不够全面。在整合了整个长宁区的教育资源后，原先未纳入到民非教育课程内容的学习资源被重新利用起来，丰富了课程内容。

此外，在整合民非教育资源的过程中，学校依托长宁区教育局终教科、长宁区成人教育协会、长宁区教育培训服务中心，通过问卷、访谈、资料搜集等方式对区域内民非机构的数量、办学内容、品牌（特色）培训项目、招生对象、主要办公时间等进行收集与整理，基本上借助相关平台寻找了整个长宁区的民非教育资源，把之前闲置的民非教育机构中场地、设备以及师资等教育资源也纳入到整个民非教育资源体系中，丰富了民非教育资源。

（二）完善了区域成人高校的服务体系

1. 扩宽了服务的范畴

在当前，一些民非教育机构只提供课程等服务，一些场地、设备以及师资在某些时段会被闲置。基于民非教育机构的特点以及当前的民非教育机构服务，学校在整合民非教育资源的过程中，将服务体系进行完善，不止向需求方提供课程，还包括师资、场地等一系列服务，将提供课程、师资、场地等服务系列化。需求方可以根据成人高校网站上发布的民非教育机构的课程、师资条件以及场地介绍等情况，寻找适合自己学习的民非教育机构。通过整合民非教育资源，区域成人高校能更好地发挥服务功能，也能更进一步促进教育需求方与民非教育机构的对接，从而完善终身教育大平台。

2. 针对不同群体发布专门的教育信息

民非教育机构的服务群体按大类分为成人与青少年，细分为社区居民、在职白领、残障人士、老年人以及青少年等，每个群体在教育培训需求内容、学习时间、学习方式等方面存在较大差异。为此，针对不同群体的教育培训需求，学校对民非教育机构进行分类，有针对性地发布信息，让不同群体能较为直接地找到合适的民非教育机构，也能让不同类型的民非教育机构找到合适的受众群体。

（三）搭建了需求方与民非教育机构的交流平台

在整合民非教育资源的过程中，学校采取了三种实践模式：需求方找机构，形式上采取一对一或一对多，即一种需求对接一个民非教育机构或一种需求对接多种民非教育机构；机构找需求或学生群体，即基于民非教育机构的办学特点以及招生对象对接相应的需求方或学生群体。无论采取哪种实践模式，都是在搭建需求方与民非教育机构的交流平台，进而形成对接，促进市民终身学习，从而完善终身教育大平台。

（四）提出了民非教育机构参与学习型社会建设的路径

目前辖区内参与到学习型社会建设中的民非教育机构较少。究其原因，主要是由于民非教育机构找不到一个合适的路径参与学习型社会建设，也不清楚自己可以在学习型社会建设中扮演什么角色。另外，辖区内的民非教育机构良莠不齐，其参与学习型社会建设的动机多样。要让民非教育机构参与学习型社会建设，除了依托政府政策的引导与支持外，还需帮助民非教育机构认清其在学习型社会建设中所扮演的角色，同时促使民非教育机构积极搭建与需求方的交流平台。

第七章　终身教育教学质量评价方法的探究

教学质量是终身教育大平台生存与发展的基石。终身教育大平台主要由学历教育、社区教育和教育培训与服务三大板块组成，而教学活动贯穿于三大板块之中，换言之，教学活动贯穿于整个终身教育大平台，因而教学质量是终身教育大平台正常运行的基本保障。在终身教育背景下，尽管区域成人高校作为终身教育大平台是学历教育、社区教育、培训教育等多种教育形式汇聚的大枢纽，但由于学历教育、社区教育、培训教育的对象不同，培养目标不同，三大板块教学质量评价方法也不尽相同。本书以长宁区业余大学为个案，通过分析终身教育背景下终身教育大平台三大板块——学历教育、社区教育、培训教育——的教学质量评价方法，探索学历教育、社区教育、培训教育的教学质量评价方法框架，从而提高区域成人高校学历教育、社区教育、培训教育三大板块的教学质量，夯实终身教育大平台生存与发展的基础。

第一节　教学质量评价方法概述

一、教学质量评价方法的相关概念

（一）教学质量

在知网上输入主题"教学质量"，从检索结果来看，有学者认为教学质量（teaching quality）是指在教师指导下，学生在一定学习期限所达到的思想觉悟、品德修养、知识储备、智能开发和身体素质的程度，一般通过考查、考试、实习、实践锻炼等方式进行检验。有学者将其界定为《教学质量报告》中的各部分内容，如办学理念、办学目标、培养模式、专业建设、课程建设、师资队伍、实践教学、国际交流、质量保障和办学特色等。有学者从教学过程来看教学质量，分为教学投入、教学过程和教学产出。也有人把教学质量与教育质量混淆，其实，教育是个大概念，教学是教育的一个组成部分，是教育的一个手段、方式或者基本途径，通过教学来实现教育。以此推理，教育质量和教学质量是包含与被包含的关系。本文结合《教育部职业教育与成人教育司司长葛道凯：携手发展 共同办好开放大学》这一文件，从属性上对教学质量进行界定。

1. 教学质量是目的性质量

文件中称，教育教学质量是为教育效果、教育目的服务的，是为人才培养目标服务的。所谓的"目的"和"效果"可以说是"目的性"质量，这种观点实际上是质量管理理论的深化。学校工作要以此提高质量的基础地位，正确把握教育教学质量目标定位，由此制定质量方针、确定质量评价体系、推进全面质量管理的开展。

2. 教学质量是零缺陷质量

文件提到了教育教学质量的严格性问题，在2016年发布的关于教育的一系列文件中，也把教育质量问题提到了新的高度，特别强调了质量的精益求精，强调"工匠精神"、质量的制度建设、保障机制建设，这就是"零缺陷"质量。要实现零缺陷，就要"一开始就做好每一件事，不发生任何差错"。在学校教育教学工作中要倡导这种精神，并使其成为所有员工的自觉行动。

3. 教学质量是评价性质量

文件提出了质量管理的有效性。其实，质量管理的有效性是对质量管理的评价和管理。为了提高教学质量，学校建立了管理制度，实施了管理措施等等。然而，管理制度和管理措施是否有效？效度又如何？这就需要对教学质量管理本身开展评价。因此，教学质量又是评价性质量。

(二) **教学质量评价**

1. 评价

评价这一概念有若干相近概念，如评定、考评、评估。评价是一种价值判断的活动，是客体对满足主体需要程度的判断。在汉语中，"评价"是评定价值的简称。在英语中，"evaluate"（评价）这个词在词源学上的含义也是引出和阐发价值，与之相近的词有"assessment"（评定）和"appraisal"（考评）。胡森等主编的《国际教育大百科全书》写道：应尽可能把"assessment"这个词用于对人的评定，包括评级（正式或非正式的）、考试和考核。希尔斯（Hills, P. J.）编写的《教育词典》(A Dictionary of Education）写道："assessment"这个词，源于拉丁语的"assidere"，它意味着照看，评定学生即是与学生一起为学生做些什么，而不是对学生做些什么。威金斯（Wiggins, G. P.）认为，评定是以判断为基础的，对学生活动全面的、多方位的分析。在管理学中，对管理人员的考核评价，英文中有专门的词与之对应，即"appraisal"，有人把它译作"考评"，这是很贴切的。在此基础上，国内学者陈玉琨在《教育评价学》中建议：把"评定"用于对学生个体的评价；"考评"用于对教育者（教师和教育管理人员）个体的评价；"评估"用于对教育机构和教育方案等的评价。由此看来，评价可以包括"评定""考评"和"评估"三个词的含义。按照评价主体和主体需要不同，评价可以分为个体评价和社会评价。个体评价又可以分为个体的自我评价和个体对他人他事的评价；社会评价可以分为社会现实评价和社会历史评价。按照评价目的不同，评价通常分为形成性评价和总结性评价。形成性评价和总结性评价这两个概念是由斯克里文在1967年所著的《评价方法论》中首先提出来的。形成性评价（formative evaluation）是通过诊断方案或计划、过程与活动中存在的问题，为正在进行的活动提供反馈信息，以提高实践中正在进行的活动质量的评价。总结性评价（summative evaluation）是在活动结束时对效果的判断。例如，学生的毕业考试、教师的考核、学校的鉴定都是总结性评价的例子。当然，由于评价对象所涉及的因素较多，复杂程度也较高，因此，按严格、精确的方法进行评价存在困难，主要还是依靠定性和定量结合、客观统计资料与主观描述资料并重的手段。

本书所指的评价包括对学生、教师和支持服务的评价；评价目的既有形成性评价，也有总结性评价；评价手段主要是定性和定量相结合。

2. 教学质量评价

教学质量评价是对学校在提高教学质量方面的努力的全面诊断与检查。教学质量评价是学校办学水平评价的一个重要组成部分，也是学校对自身教学工作的检查与诊断。它能够引导学校端正办学方向，促进全体教职员工关心教学，帮助学校发现问题、改进工作。其实，教学质量评价是对学校教学质量要素的评价，一般来讲，教学质量要素包括：生源质量、教学计划及实施过程质量、教学实施质量、学习成果质量、学习支持质量、教师队伍质量及考试考核质量等。

本书认为，教学质量评价是教学实施、学习成果、学习支持服务、对教师的支持与服务的评价。

（三）教学质量评价方法

教学质量评价方法是指教学质量评价主体通过何种途径、采用何种措施对教学质量各要素进行评价，以达成某种目的。学历教育教学质量评价主要有课堂观察、学生访谈、学生问卷调查、听课评价表等内部评价法，还有院校评价、行政评价、第三方评价等外部评价法。社区教育教学质量评价主要有座谈会、问卷调查、随堂听课等定性评价方法,还有课堂教学质量评价表等定量评价方法。培训教育教学质量评价主要有传统的课堂观察法、问卷调查法,还有电话访谈法、第三方评估法等新型方法。

区域成人高校在转型发展过程中初步形成了终身教育大平台,终身教育大平台主要由学历教育、培训教育和社区教育三大板块构成。由于教育对象不同,三大板块的教育目标不尽相同,它们的教学质量评价方法也应有所不同。本书中的教学质量评价方法是指对学历教育、培训教育和社区教育在教学实施、学习成果、学习支持服务、对教师的支持与服务等四个教学质量要素方面展开评价的方式和方法。

二、优化教学质量评价方法的意义

(一)满足教育改革和发展的需要

2010年7月29日,备受关注的《国家中长期教育改革和发展规划纲要(2010—2020年)》正式全文发布。这是中国进入21世纪之后的第一个教育规划,是今后一个时期指导全国教育改革和发展的纲领性文件。《规划纲要》指出,到2020年,我国教育改革和发展的战略目标是"两基本、一进入",即基本实现教育现代化,基本形成学习型社会,进入人力资源强国行列。要强国必须先强教育,而强教育不是一句空话,它需要有教学质量的保障。教学质量提高了,国民的综合素质提高了,我国进入人力资源强国行列就有了保障。而教学质量评价方法的研究有助于教学质量的提升,因为教学质量评价是教学活动不可缺少的一个基本环节,它在教学过程中发挥着多方面作用,从整体上调节、控制着教学活动的进行,保证着教学活动向预定目标前进并最终达到该目标。

(二)培养社会经济发展所需人才

成人高校需要服务区域社会经济发展。区域成人高校作为成人高等教育的重要组成部分,多年来,一方面直接对接社会经济发展进行相应服务,另一方面通过培养人才间接推动社会经济发展。而随着社会转型的不断深入,社会经济发展对人才提出了新要求,对此,区域成人高校不断转型发展,区域成人高校学历教育方面的改革也不断推进。教学质量是保障人才质量的重要方面,教学质量评价方法是保证人才高质量输出的重要手段。因此,在社会转型时期,更好地优化教学质量评价成为区域成人高校培养社会经济发展所需人才的重要措施。

（三）促进学校自身可持续发展

随着社会经济的发展，学校不断发展转型，目前已从以学历教育为主的办学模式转型为以学历教育、社区教育、教育培训与服务为主的多元化办学模式，并且取得了初步成效。2016年1月，为了进一步深化学校的转型发展，提升学校的办学水平，保证学校的可持续发展，长宁区业余大学正式成立了办学质量督导部门——督导室。督导室的定位是学校质量工作的智囊机构、监督机构、推进机构；督导室的任务是协助校长室制定学校质量方针、制定学校质量工作计划、实施学校质量监督工作、实施学校质量推进工作，其中，教学质量是学校质量督导非常重要的方面。由此可见，作为教育质量评价工具的教学质量评价方法是教育质量发展的重要方面，是促进学校可持续发展的不容忽视的方面。

第二节 学校教学质量评价方法的现状

一、学历教育教学质量评价方法的现状

区域成人高校的学历教育既不同于普通高校，也不同于网络学院，其教学质量如何进行评价？哪些方法是行之有效的？近两年来，学校从四个方面进行了研究。

（一）教学实施方面

1. 网上教学

网上教学作为网络学习方式的一种，打破了传统教育模式的时间和空间条件的限制，是传统学校教育功能的延伸，其最大的优点是使学习人性化，有效解决了成人学生的工学矛盾。学校一直以来积极推进网上教学工作，许多教师也积极参与此项工作。

网上教学质量从以下方面进行评价（见表7-1）：第一，出勤情况，将网上教学学生的在线人数和面授课的出勤率进行比较；第二，师生互动情况，包括教师主题发帖数、回复学生帖数、回复率、学生总发帖数、人均发帖数；第三，教学效果，通过对学生的访谈进行评价；第四，成果评价，主要通过考试成绩进行评价。

表 7-1　网上教学评价表

（等级标准：A　100分—90分；B　89分—80分；C　79分—60分；D　60分以下）

一级指标	二级指标	三级指标描述	等级
教师行为	教学过程	课前准备充分	
		教学组织过程严密，节奏把控能力强	
	教学内容	教学目标明确，符合学生实际	
		注意教学内容前后联系，使内容具有系统性	
		按教学进度计划授课，内容精炼、充实，理论联系实际	
		条理清晰，重点突出	
	教学方法	采用启发思维能力的讲解方法，因材施教，教学互动	
		采取多样的教学方法进行授课（图表解析、案例分析、自主讨论等）	
学生行为	兴趣状态	学生注意力集中，能够积极参与教学的各个环节	
		学生具有浓厚的学习兴趣，敢于提出问题，发表见解	
	思维状态	学生能够积极主动思考并踊跃发言	
		发现和提出问题，并合作探究	
	反馈状态	学生对所学知识能够理解并表述	
		能够结合案例，初步解决问题	
数据统计		1. 班级总人数：　　　　　在线人数：　　　　　出勤率： 2. 教师主题发帖数：　　　回复学生帖数：　　　回复率： 3. 学生总发帖数：　　　　人均发帖数： 4. 学生人均在线时间：	

2. 面授辅导课

这是教学过程中的一个非常重要的环节。整个教学过程质量如何，可以从以下六方面进行评价：第一，课堂教学质量评价（见表7-2），督导室根据教学部门的需求听课，并认真填写听课评价表；第二，召开学生座谈会或进行学生访谈，听取学生的反映；第三，定期和不定期听取班主任的意见；第四，问卷调查，在学期结束前向所有学生发放教师教书育人情况（教师全覆盖）问卷调查表，并将调查结果向全体教师反馈；第五，授课计划评价，检查授课计划落实情况；第六，成果评价，主要通过考试成绩进行评价。

表 7-2　课堂教学评价表

（等级标准：A　100 分—90 分；B　89 分—80 分；C　79 分—60 分；D　60 分以下）

一级指标	二级指标	三级指标描述	等级
教师行为	教学态度	仪表庄重，举止大方，精神饱满，按时上下课，严格要求学生	
		教态亲切自然，能够民主、公平地对待学生	
		备课认真（有教材、教案），讲课熟练	
	教学内容	教学目标明确，符合学生实际	
		激活学生以前学过的相关知识，注意教学内容前后联系，使内容具有系统性	
		按教学进度计划授课，内容精炼、充实，理论联系实际	
		条理清晰，重点突出，讲透难点	
	教学方法	采用有效的教学手段（例如信息技术等）	
		采用启发思维能力的讲解方法，因材施教，教学互动	
		语言表达清楚，结论明确，板书字迹清楚、字体规范、书写工整	
学生行为	兴趣状态	课堂秩序良好	
		学生注意力集中，能够积极参与教学的各个环节并保持较长时间的注意力	
		学生具有浓厚的学习兴趣，敢于提出问题，发表见解，保持适度的紧张与愉悦	
	思维状态	学生能够积极主动思考并踊跃发言	
		发现和提出问题，并合作探究	
	反馈状态	学生对所学知识能够理解并表述	
		能够结合案例，初步解决问题	

总人数：＿＿＿＿＿　出席人数：＿＿＿＿＿　出勤率：＿＿＿＿＿

3. 实践教学

实践教学主要是指社会调查和毕业论文（毕业作业）的写作以及相关实践课程，这也是学校教学工作的重头戏之一。对实践教学质量的评价，着重于以下方面：第一，检查师生网上交流互动情况；第二，学生问卷调查，主要了解实践教学过程和质量；第三，实践成果，主要通过实践教学的完成度进行评价。

（二）学习者学习成果评价

1. 网上学习

主要从四个方面对学生网上学习的质量进行评价：第一，学生网上学习行为评价，主要是对学生网上学习行为进行数据的统计，如学习网选课率、生师比、上线学生比例、学生总在线行为次数、学生总在线天数、学生人均在线次数、学生人均上线天数等；第二，数据比对，开大学生网上学习的数据与总校的平均数据进行比对，业大学生的网上学习数据则根据学校的要求进行考评；第三，考试成绩评价，开大根据总校排名进行评价；第四，满意度调查，主要通过召开学生座谈会、发放学生问卷调查表的形式进行。

2. 面授学习

主要从五个方面进行评价：第一，出勤情况，通过面授课出勤率评价面授学习效果；第二，教师评价，教师对学生面授学习的课堂参与度、学习态度等进行考核，期末对学生面授学习的情况进行评分；第三，课堂观察，通过推门听课观察学生对课堂讲授的知识是否理解，能否运用所学知识初步解决问题；第四，学生评价，通过学生座谈会、发放学生问卷调查表、学生访谈的形式进行；第五，检查与反馈，主要通过开大总校检查反馈、业大自查、考试成绩反馈等形式，评价学生面授学习的效果和质量。

3. 作业

学生的作业主要由网上记分作业和书面作业构成。第一，教师评价：对学生形成性考核完成的数量、质量、是否按时完成等进行评价；第二，专业负责人评价：主要对教师的形成性考核批改质量和网上作业的批改情况进行评定；第三，检查反馈评价：对开大而言，总校检查反馈也是评定作业质量的途径之一。

（三）学习支持服务

1. 管理支持

主要从以下几个方面进行评价：第一，教务部门支持，教务处开学前提前两周做好学生选课、缴费等开学准备工作，平时做好相关管理工作；第二，班主任支持，班主任借助友校友校信平台、QQ群、微信群等及时发布与学生有关的信息；第三，总务部门支持，总务处做好各项后勤保障工作；第四，信息中心支持，机房和阅览室全天候开放，学生能够随时上网，随时浏览课件，查询管理信息；网络教学平台24小时畅通；负责学校网上课堂的维护和保证校内各种服务器的正常运行，定期对重要资料进行备份；

第五，环境支持，美化校园环境，加强校园文化建设，为学生的学习创造一个良好的人文环境。

对学生的管理支持服务，主要通过学生满意度调查、学生座谈会、学生访谈的形式进行评价。

2. 学习支持

第一，教师支持：每位任课教师（包括社会实践课程老师）都加入学生的QQ群或微信群，对学生的学习问题有问必答；第二，教学管理部门：平时对教师是否按要求执行的情况进行检查和反馈；第三，教学手段支持：教师利用云视课堂进行教学，努力解决学生的工学矛盾；第四，班主任支持：班级建立学习小组，学生互帮互助。

学习支持质量的评价，主要通过学生满意度调查、学生座谈会、学生访谈的形式进行。

3. 技术支持

第一，教师值班：只要有学生上课，信息中心都有老师值班；第二，教学设施：学校每个教室都装有现代化的教学设备，各类教学设施比较齐全，教师上课时，一旦碰到问题都能及时得到解决；第三，服务支持：现在上机操作的课程以及机考课程比较多，需要技术上的支持较多，信息中心的老师全力以赴做好服务工作，平时设备的保养、定期维修等工作做在前，保证教学和考试的顺利进行。

技术支持质量的评价，主要通过学生问卷调查、学生座谈会、学生访谈的形式进行。

4. 学习监控

第一，教学巡视：学校实行教学巡视制度，校级领导、学校中层干部、教务三个层面，每天都有人值班，进行教学巡视，发现问题能及时得到解决；第二，班主任协助：班主任抓学生的出勤率，督促学生来校上课，配合任课老师督促学生及时完成网上记分作业等；第三，督导监控：通过听课、学生访谈、开座谈会等渠道对学生的学习情况进行监控；第四，教务处通过每周例会（包括教务员和班主任），掌握学生的学习动态。

对学生的学习支持服务，学校的各个层面都做了很多的工作，通过开展对学生满意度的问卷调查、学生访谈、学生座谈会的方式进行学习监控质量的评价。

（四）对教师的支持与服务

1. 教学培训与支持

第一，各类培训：学校注重教师的职业发展规划，鼓励教师参加各类培训，在资金和时间上都给予保证；第二，开设讲座：在每周的教师业务学习会上，开设一系列知识讲座课，拓展教师的知识面；第三，论文写作指导：多次聘请专家对全体教师进行科研论文的写作指导；第四，提升职业素养：学校开展"以德为先，塑造新时代教师新形象""塑造得体、优雅的教师教态礼仪"等讲座，提高教师的素养。

2. 技术与资源支持

第一，技术支撑：现在学校所有的教室都配备了现代化的教学设备，学校信息中心利用教师业务学习的机会，给全体教师普及使用知识，教会大家使用方法；第二，业务培训：信息中心每学期都对全体教师进行多媒体技术的培训，并且向大家传授最新技术，现在部分教师尝试云课堂教学，信息中心专门为教师开设了云课堂设备使用方法的讲座和微信课堂与直播课堂培训；第三，提供资源：学校通过多种渠道为教师的教学和科研提供资源，如教师可以通过数字长宁网站上的图书馆免费在中国知网、万方网等知名网站查询核心期刊和资料等。

3. 教学研究与创新

第一，撰写论文：鼓励教师撰写教学论文，积极参与课题研究，学校有相应的激励措施；第二，创新教学手段：鼓励教师根据学科特点打造慕课和微课，用云课堂进行教学，学校提供技术和资金上的保障；第三，组织教学公开课，提供教师互相学习交流的机会；第四，鼓励教师转型发展，并搭建平台让年轻教师较快成长；第五，科研成果：每年学校教师在各类期刊上发表的科研论文有几十篇之多，学校也多次被评为上海开放大学系统科研先进集体、长宁区教育科研先进单位。

4. 教学能力评价

教师教学能力的强弱，直接关系到教学质量。教师的教学能力究竟如何？学校每学期通过学生对教师的测评、召开学生座谈会、听取班主任意见、督导听课等形式，同时结合教师的教学成绩、参加教学比赛、发表教学论文等多方面对教师的教学能力进行综合评价。

由于学校注重教师教学能力的培养和提升，支持服务工作做得比较到位，因此学校在教学方面取得了较好成绩，体现在考试成绩上，无论是在开放大学系统还是在区办高校系统都能名列前茅；教师在区办高校举办的青年教师慕课比赛和教学比赛中，获得了一等奖和二等奖，取得了可喜的成绩；在开放大学举办的各类教学比赛中，学校教师也获得了不少奖项，取得了不俗的成绩。

学校对教师的支持与服务工作做得如何？主要通过教师满意度调查、师生访谈、教师取得的科研成果、参加教学比赛获奖情况、考试成绩等方面进行综合评价。

二、社区教育教学质量评价方法的现状

长宁区业余大学的社区教育在过去二十年中突飞猛进，在全市甚至全国产生了不小影响。那么，社区教育的教学质量如何进行评价？哪些方法是行之有效的？近两年来，从四个方面进行了研究。

（一）教学实施

1. 面授辅导

教师是社区教育教学的主要组织者和引导者，教师的面授辅导则是社区教育教学过程中的一个非常重要的环节。目前，社区学校教师的来源主要由社区学院派遣的学院专职教师和社区学校各自聘请的退休人员与志愿者教师组成。社区教育指导中心主要通过课堂观察法、学生访谈法、学生问卷调查法、教师研讨法等对社区教育教学面授辅导课的质量进行评价。具体做法：学期初，社区教育指导中心连同学院督导室对下社区教师进行抽查听课，抽查比例为30%，并对新开课程、异动课程采取重点听课。同时，社区学校的常务副校长和教务管理人员对所在社区授课教师进行听课，并与教师、学员探讨课程发展途径和方法。学期中，通过教师业务学习等平台，组织教师进行面授课交流研讨，进行期中教学检查。学期末，通过座谈会、班长会议，对班级学员发放满意度调查表来了解社区授课教师的教学能力及社区学员对社区课堂的满意度（见表7-3）。

2. 网上教学

社区教育教学的网上教学主要是在"学在数字长宁网"和云课堂这两个学习平台上实施。"学在数字长宁网"上的网上课堂更主要是体现学习者的学，网上课堂课程的质量主要是通过学员访谈法、问卷调查法、专家咨询评定法来进行评价。课程上线之前，会通过与学员的访谈、问卷调查了解学员希望获得的课程内容，再由社区学校组织教师团队进行课程建设，并请专家对课程资源建设进行评估，通过评估审核的课程才能上线，供市民学习。

社区教育云视课堂，是通过云视频会议系统和移动互联网，将辖区内的社区学校、教学点和在线学员互联起来，通过视频在线会议进行互动公开教学，从而将线上和线下的教育学习活动结合起来。"云视课堂"利用云计算技术将社区教育授课现场呈现在云端，学员可以通过在线加入的形式进入云端课堂，视频会议技术使师生虽然在不同的空间，但仍可以即时互动。社区

学员通过云视课堂,在家就可以学习不同社区学校开设的优质社区课程,并实现在线互动功能,解决了面授课堂和在线学习的短板问题,真正拓展了长宁区社区学员终身教育学习的空间,扩大了社区终身学习的参与面。

表 7-3 社区学校课程学员满意度调查表

长宁区_____街道(镇)社区(老年)学校

_____学年_____季_____课程 学员满意度调查表

课程名称:_____ 授课教师:_____

授课地点:_____ 填表日期:_____

		评 价 项 目	A	B	C
教师授课情况	教学态度	仪表庄重、举止大方、精神饱满			
		备课认真(有教学计划、教案)			
		讲课连贯、熟练			
	课程内容	课程内容具有一定的系统性,能有一定的创新之处或特色			
		课程内容充实、主次分明、难度适当、能考虑学习者的实际接受能力			
		条理清晰、重点突出、讲透难点			
		课程趣味性、知识性及实用性相结合			
	教学方法	采用适宜的教学手段和方法			
		采用启发思维能力的讲解方法、因材施教、教学互动			
		语言表达清楚,有一定的板书或示范			
		采用课堂讲授以外的其他各类生动活泼的授课形式			
	教学效果	讲课有特色、能吸引学习者注意力			
		学习者基本能理解和掌握所授内容			
听课后总体评价(分为很好、较好、合格三等)					

关于该课程的其他建议:

3. 实践教学

实践教学也是社区教育教学的重头戏之一，主要还是通过学生满意度评价法等对实践教学的质量进行评价。比如，社区学校的中西式点心制作、篆刻等课程，如果学员对该课程教学的满意度较高，则表明教师的教学能力和实践操作能力较高，学生的学习热情和兴趣也会较高；反之，如果学员对该课程教学的满意度较低，则表明教师的教学能力和实践操作能力不高，学生的学习热情和兴趣也会大打折扣。

（二）学习者学习成果评价

1. 面授学习

主要从五个方面进行评价：第一，出勤情况，每个社区学校会要求每个班级的班长认真做好学员每堂课的考勤记录，通过面授课出勤率评价面授学习效果；第二，学习成果展示，社区任课教师虽然无需对老年学员面授学习的情况进行考核、评分，但是为了让社区学校的老年学员能有更好的学习体验和学习成就感，任课教师会根据自己所教的学科内容组织学员进行期末学习成果展示，例如"我的住宅我做主"摄影作品展示、英语课本剧表演分享展示等；第三，参赛评比，每年一次的上海老年教育艺术节活动，各个社区学校积极参加，选送优质的社区艺术类课程参赛，既展示了社区教育教学的成果、获奖课程，同时又激发了社区学员和教师的学习、教学积极性和成就感、幸福感；第四，课堂观察，通过听课观察学员对课堂讲授的内容是否理解和感兴趣，课程能否激发老年人的学习热情，帮助老年人跟上时代发展、增进身心健康，使晚年生活充实有意义，进一步提升老年人生活品质和幸福指数；第五，学员评价，通过学员座谈会、发放学员问卷调查表、学员访谈等形式进行。

2. 网上学习

社区学员的网上学习目前主要是在"学在数字长宁网"学习平台和云课堂的学习。"学在数字长宁网"主要通过学分银行评估学员在网上学习的情况。学分银行的功能有三项：一是学分认定和转换，二是学分积累，三是学分兑换。学分认定及转换，就是基于一定标准对学习者通过不同途径获得的学习成果进行鉴定并判断其"含金量"有多少的过程；学分积累，指经过认定而确认有效的学分应予以记录与积累；最后则按规定予以兑换，兑换的内容也是各不相同，有学历，也有资格证书乃至一般的精神或物质奖励。

3. 作业

对于社区教育教学的课程作业评价，主要有教师评价法、学生自评法和学生互评法。社区教育的主要目的是让老年人通过参加社区学校的学习、教育活动而使晚年生活充实有意义。社区的众多课程没有作业考试的负担，但是为了让学习更有效，有些课程教师还是会布置一些作业来帮助学员对所学知识进行巩固和提高。对于一些要求学员完成的作品，如撕纸、素描等，教师会让学员对他们的作品开展自评和互评，评出大家公认的优秀作品，或在班级课堂上或在期末学校汇展中展出，以此激发学员的学习热情和学习成就感。

（三）学习支持服务

学习支持服务是正常开展社区教育教学的重要保障，社区教育指导中心主要通过教师问卷调查法和学生问卷调查法来评价学习支持服务质量，具体内容分为四个方面。

1. 管理支持

社区教育指导中心制定了一系列规章制度，如《学院教师进社区教学工作要求》《学院下社区授课教师管理方案》等。每学期开学初，所有有社区教育教学任务的教师都要按要求向学院社区教育指导中心提交所教课程的授课计划、课程教学大纲以及授课教案。社区教育指导中心连同各街镇社区学校常务副校长、学院督导室对教学计划及教案进行审核，给出书面反馈意见，与不符合要求的教师进行沟通交流，对修改的教案进行跟踪审核。开学后，社区教育指导中心连同督导室对下社区教师进行抽查听课。每学期要求社区学校的常务副校长和教务管理人员对所在社区授课教师进行听课，并与教师、学员探讨课程发展途径和方法。期末要求社区学校通过座谈会、班长会议、对班级学员发放满意度调查表，要求各社区学校校长了解社区学校学员对社区授课教师教学质量的评价并向社区教育指导中心进行反馈，中心对社区授课教师再进行反馈，并开展改进提升教育教学质量的教研活动。

2. 学习支持

当前社区学校由于自身条件的限制，老年教育课程资源不够丰富，无法满足老年学员广泛、多样的学习需求。为了更好地满足老年学员的学习需求，更好地提升我区社区教育课程的建设水平，区社区学院每年在全区范围组织开展社区教育校本教材及教学点课程讲义编写工作，帮助、鼓励社区学校对已有课程和资源进行升级，制作部分微课课件（每门课12个微课程视频），为广大社区居民提供了更多的特色课程和优质资源，深化了社区教育发展的内涵。

3. 技术支持

在社区教育教学工作推动的过程中，优质的社区教育教学资源相对有限与社区居民日益增长的学习需求之间存在着矛盾。从2015年开始，区学习办为辖区内最先试点的五个街道社区学校赠送了"云视课堂"设备，并由学校信息中心老师为街镇责任部门相关工作人员、社区学校常务副校长和具体负责云视设备操作的人员进行了培训。同时，为社区学校准备了精心制作的云视课堂操作手册，到2017年实现"云视课堂"社区学校全覆盖。除了社区学校，目前还为长宁区的7个社区教学点、9个党建中心和5个楼宇赠送了"云视课堂"设备，创新了社区教育数字化学习方式，更好地满足了社区居民、市民不断增长的终身学习需求。

4. 学习监控

对于社区教育教学课程，主要从三个方面开展学习监控：通过课堂观察、学员座谈、访谈，了解社区学员的学习需求；通过每周例会，掌握各社区学校的运作情况和学员的学习动态；通过学员问卷调查、成果展示对社区学校学员的学习情况进行监控。

（四）对教师的支持与服务

对教师的支持与服务是保障教学质量的重要举措，学院主要通过教师访谈法了解现有的对教师支持与服务是否有效；或者通过课堂观察法，观察教师是否运用了学院提供的支持与服务。

1. 教学培训与支持

为了不断提高社区教师的业务水平和为中老年学员的服务水平，每年市里、区里都会定期举办针对社区教师的各类培训和研修班。学校鼓励各个社区学校积极选送社区上课教师和志愿者老师参加，不断促进教师队伍的建设。

各个社区学校还会根据各自的办学条件组织教师外出参观学习，以多种模式丰富教师教学内容，拓展教师的视野，增进教师间的交流，增强社区学校的凝聚力。在重大的节假日，有的社区学校还会对教师进行慰问，增进彼此的感情，让教师感受到社区学校的关心和温暖。

每年春、秋两个学期的期初，社区学校都会召开全体教师座谈会，总结上个学期的教学工作，共同商议新学期的重点教学工作。全年开设若干次教研座谈活动，共同讨论，互相切磋，不断提升教育教学水平。同时，也通过教师座谈了解教师对授课所在的社区学校和社区学院管理工作的满意度。

2. 技术与资源支持

学院鼓励社区课程的教师尝试使用云课堂技术。培训课程的教师可以通过数字长宁网站上的图书馆免费在中国知网、万方网等知名网站查询资料等，为教师开展科研工作提供支持服务。

3. 教学研究与创新

第一,撰写论文:鼓励教师撰写社区教育教学论文,积极参与课题研究,学校有相应的激励措施;第二,创新教学手段:鼓励教师根据学科特点打造慕课和微课,用云课堂进行教学,学校提供技术和资金上的保障;第三,组织社区教育教学评比公开课,提供社区教师互相学习交流的机会;第四,鼓励教师转型发展,并搭建平台让年轻教师较快成长。

三、培训教育教学质量评价方法的现状

区域成人高校的培训教育从外语培训和计算机培训等社会招生形式发展到跟民政局和残联等政府部门的合作,规模不断扩大。那么,培训教育的教学质量如何进行评价?哪些方法是行之有效的?近两年来,学校从四个方面进行了研究。

(一)教学实施

1. 面授辅导

面授辅导是培训课程教学的主要形式。学校培训部通过课堂观察法、学生访谈法、学生问卷调查法等对面授辅导的质量进行评价。具体做法:班主任跟班听课,班主任富有多年班级管理经验,能够通过比较,及时了解教师在学生中的受欢迎程度,并在每周的工作例会上向部门领导反映。培训部领导则是随堂听课,听课之后,个别访谈学生,深入了解学生的需求和教师的教学情况。一般来讲,如果教师上课学生反映大,培训部将在两周内调换教师。每期培训结束前,培训部通过班主任发放问卷,让学生对教师作测评,了解授课教师的教学能力和师德师风。督导室根据培训部门的需要开展现场听课,并填写听课记录表。

2. 网上教学

网上教学是培训课程教学的辅助形式。学校培训部通过学生满意度评价法等对网上教学辅导的质量进行评价。培训部要求对所有面授课录屏,再把录屏课件发到班级微信群,或为学生复习所用,或为缺勤学生提供学习机会。如果教师对某个知识点没有讲清楚,学生就会在微信群内直接质疑。学生评价也是提高教学质量的一个途径。

3. 实践教学

实践教学也是培训教育的重头戏之一,学校培训部通过学生电话访谈法等对实践教学的质量进行评价。比如,烹饪班学员反馈表(见表7-4),如果学生对课程教学的满意度较高,表明老师的实践操作能力较高,学生的出勤率也会非常高;反之,如果学生对课程教学的满意度较低,表明老师的实践

操作能力不高,学生的出勤率也会非常低。对于实践操作能力不高的教师,学校将不再聘任。

表 7-4　长宁区社区学院培训部学员反馈表(烹饪班电访)

姓名:＿＿＿＿＿　　　班级:＿＿＿＿＿＿　　　体验课时间:＿＿＿＿＿＿
1. 您是以什么方式知道此次培训的? 　(1)微信推送　　(2)他人推荐　　(3)其他
2. 您参加培训的主要目的是什么? 　(1)兴趣爱好　　(2)提高烹饪技能　　(3)打发时间　　(4)其他
3. 您一般通过何种途径了解到培训招生信息? 　(1)报纸杂志　　(2)网络/微信　　(3)招生简章　　(4)他人介绍
4. 关于招生报名咨询的满意度评价 　(1)非常满意　　(2)满意　　(3)一般　　(4)不满意
5. 关于教学环境的满意度评价 　(1)非常满意　　(2)满意　　(3)一般　　(4)不满意
6. 关于培训师资的满意度评价 　1)培训师的课堂组织能力:(1)非常满意　(2)满意　(3)一般　(4)不满意 　2)培训师的专业知识技能:(1)非常满意　(2)满意　(3)一般　(4)不满意 　3)培训师的仪表形象态度:(1)非常满意　(2)满意　(3)一般　(4)不满意
7. 关于培训课程的满意度评价 　(1)非常满意　　(2)满意　　(3)一般　　(4)不满意
8. 关于班主任工作的满意度评价 　(1)非常满意　　(2)满意　　(3)一般　　(4)不满意
9. 关于课程内容的调查,您希望开设哪些课程? 　(1)西式点心　　(2)中式点心　　(3)西餐　　(4)都可以
10. 关于收费情况,您认为一次多少费用能接受? 　(1)20—30 元　(2)31—50 元　(3)51—70 元　(4)其他
11. 关于开设短期培训班的次数和周期,您觉得哪种比较适合? 　(1)1 次/周,4 周　(2)2 次/周,4 周　(3)1 次/周,6 周　(4)1 次/周,8 周　(5)其他
12. 关于开班时间,希望是工作日还是双休日? 　(1)工作日　　(2)双休日　　(3)都可以
13. 关于班级学员人数,您觉得多少比较适合? 　(1)5—8 人　　(2)9—12 人　　(3)13—15 人　　(4)其他
您的基本资料 1. 您的性别:(1)男　　(2)女 2. 您的年龄: 　(1)20 岁以下　(2)21—30 岁　(3)31—40 岁　(4)41—50 岁　(5)51—60 岁　(6)61 岁以上 3. 您的职业: 　(1)在职　　(2)退休　　(3)全职太太　　(4)其他
电访者:＿＿＿＿＿＿　　　日期:＿＿＿＿＿＿

对于残疾人培训项目，培训部根据残疾人自身特点制定培训方案，利用各方资源实行个性化培训服务，先后开设了手机软件、黄页众筹、盲人按摩、无人机、体验咖啡等实践性较强的课程。培训部通过学生访谈法、课堂观察法等开展内部评价，另外，这些项目还要接受第三方机构（如长宁教育评估中心）的外部评估，即第三方评估。

（二）学习者学习成果评价

1. 面授学习

对培训课程的面授学习成果，学校主要通过平时测验法、行业统一考试法等开展评价，具体做法：培训课程的教师定期对学生的学习情况进行评估，有期初评估、期中评估、期末评估。考试评价是指学生参加统一考试，如会计初级职称考前培训班，学生参加一段时间学习后，将参加职称统一考试。

2. 网上学习

培训学生的网上学习目前只涉及录屏学习，学校培训部主要通过教师评价法来评估学生网上学习的质量。主要做法：教师或班主任定期公布学生录屏学习中的提问次数，引导学生利用好录屏教学资源。

3. 作业

对于培训课程作业的评价，主要有教师评价法、学生自评法和学生互评法。具体做法：教师每节课布置作业，大多是模拟试题，由学生在课下先做，教师在课堂上分析试题。对于实践课，教师要求学生完成作品，等作业出炉以后，学生将开展自评和互评，最终评出的优秀作品将被展示到学校橱窗，激发学生的学习热情。

（三）学习支持服务

学习支持服务是正常开展培训教育的重要保障，培训部主要通过教师问卷调查法和学生电话访谈法来评价学习支持服务质量，具体内容分为四个方面。

1. 管理支持

培训部对于培训课程教学有现成的管理机制：第一，培训部在开班前做好学生名册等准备工作；第二，班主任建立班级微信群，把全班拉进群，确保每位同学都收到开学信息；第三，班主任跟班听课，学生能随时找班主任反映问题；第四，培训部每周召开例会，及时解决各类问题；第五，培训部每学期召开教师座谈会，联络感情，对于行业内的资深教师，培训部都是择优录用。

2. 学习支持

培训部要求每位任课教师都要加入学生微信群，对学生的学习问题都必须有问必答。班主任在微信群内能够实时了解教师的学习支持情况，并向教师反馈。如果遇到困难，班主任及时向培训部领导汇报。

3. 技术支持

培训部的培训课程种类繁多，经常使用多媒体教室、专用教室、机房等设备设施。只要有培训课程的教学，总务处和信息中心都安排相关人员值班，一旦碰到问题都能及时得到解决。总体来讲，总务处和信息中心的老师能够做好平时设备的保养、定期维修等工作，以保证教学的顺利进行。

4. 学习监控

对于培训课程，主要从三个角度开展学习监控：班主任抓学生的出勤率，配合任课老师督促学生及时完成作业等；培训部通过每周例会，掌握学生的学习动态；督导室通过听课、学生访谈、开座谈会等渠道对学生的学习情况进行监控。

（四）对教师的支持与服务

对教师的支持与服务是保障教学质量的重要举措，学校主要通过教师访谈法了解现有对教师的支持与服务是否有效；或者通过课堂观察法，观察教师是否运用了学校提供的支持与服务。评价内容分为两个方面。

1. 教学培训与支持

学校鼓励培训课程的教师参加各类师资培训，例如学校每周的教研活动，从而拓展教师的知识面，更新教师的知识结构。

2. 技术与资源支持

学校鼓励培训课程的教师尝试使用录屏技术、云课堂技术。培训课程的教师可以在数字长宁网站上的图书馆免费在中国知网、万方网等知名网站查询资料等，为教师开展科研工作提供支持服务。

第三节　教学质量评价方法的框架

一、学历教育教学质量评价方法的框架

学校选择以教学实施、学习者学习成果评价、学习支持服务和对教师的支持与服务四个教学质量要素为一级指标。教学实施分为网上教学、面授辅导、实践教学三个子要素，为二级指标；学习者学习成果评价分为网上学习、面授学习、作业三个子要素，为二级指标；学习支持服务分为管

理支持、学习支持、技术支持、学习监控四个子要素，为二级指标；对教师的支持与服务分为教学培训与支持、技术与资源支持、教学研究与创新、教学能力评价四个子要素，为二级指标。对应教学质量子要素的评价方法参见表7-5。

表7-5　学历教育教学质量评价方法框架图

一级指标	二级指标	评价方法
教学实施	网上教学	1.学生访谈法；2.学生问卷调查法；3.听课评价表
	面授教学	1.课堂观察法；2.学生访谈法；3.学生问卷调查法；4.听课评价表
	实践教学	1.学生访谈法；2.专业负责人检查法；3.实践成果评价
学习者学习成果评价	网上学习	1.学生网上测评法；2.学生网上学习行为评价法；3.网上学习与面授学习出勤比对法；4.考试成绩评价
	面授学习	1.教师评价法；2.学生自评法；3.检查反馈法（开大总校检查反馈、业大自查、考试成绩反馈）
	作业	1.教师评价法；2.专业负责人检查法
学习支持服务	管理支持	1.学生问卷调查法；2.学生座谈会
	学习支持	1.学生满意度调查法；2.学生访谈法；3.教师访谈法
	技术支持	1.教师访谈法；2.学生问卷调查法；3.班主任访谈法
	学习监控	1.教师访谈法；2.学生问卷调查法；3.学生访谈法
对教师的支持与服务	教学培训与支持	1.教师访谈法；2.教师问卷调查法
	技术与资源支持	1.教师访谈法；2.教师问卷调查法
	教学研究与创新	1.教学成果展示法（科研成果）；2.教师访谈法
	教学能力评价	1.课堂观察法；2.教师访谈法；3.教学成果展示法（教学比赛获奖）；4.学生评价法

在上述众多的评价方法中，学历教育的目标要以学生掌握专业知识和技能，并能在工作中学以致用为重点，因此鉴于目前学生工学矛盾、家学矛盾比较突出的现状，学历教育要选择网上教学、面授辅导、实践教学、学习支持为重点要素开展教学质量评价。学生问卷调查、师生座谈会、师生访谈、课堂观察法、成果评价法（考试成绩排名、实践成果统计）等评价方法目前还是行之有效的，对保证学校的教学质量起到了积极的作用。

二、社区教育教学质量评价方法的框架

学校选择以教学实施、学习者学习成果评价、学习支持服务和对教师的支持与服务四个教学质量要素为一级指标。教学实施分为面授辅导、网上教学、实践教学三个子要素，为二级指标；学习者学习成果评价分为面授学习、网上学习、作业三个子要素，为二级指标；学习支持服务分为管理支持、学习支持、技术支持、学习监控四个子要素，为二级指标；对教师的支持与服务分为教学培训与支持、技术与资源支持、教学研究与创新三个子要素，为二级指标。对应教学质量子要素的评价方法参见表7-6。

表7-6 社区教育教学质量评价方法框架图

一级指标	二级指标	评价方法
教学实施	面授教学	1.学员访谈法；2.学员问卷调查法；3.课堂观察法；4.教师研讨法
	网上教学	1.学员访谈法；2.学员问卷调查法；3.专家咨询法
	实践教学	1.学生访谈法；2.学员问卷调查法
学习者学习成果评价	面授学习	1.课堂观察法；2.过程评价法（学习成果展示）；3.终结评价法（参赛评比）
	网上学习	1.过程评价法（学分银行）
	作业	1.教师评价法；2.学员自评法；3.学员互评法
学习支持服务	管理支持	1.学员问卷调查法；2.学员座谈会
	学习支持	1.学员满意度调查法；2.学员访谈法；3.教师访谈法
	技术支持	1.教师访谈法；2.学员问卷调查法
	学习监控	1.过程评价法（学习成果展示）；2.学员问卷调查法；3.学员访谈法
对教师的支持与服务	教学培训与支持	1.教师访谈法；2.教师问卷调查法
	技术与资源支持	1.教师访谈法；2.教师问卷调查法
	教学研究与创新	1.教学成果展示法（科研成果）；2.教师访谈法

在上述众多的评价方法中，社区教育教学质量判断不同于其他教育，对学员的学业一般不进行考核，更不会以统一的标准得分去衡量学员的学习水平。其主要目标是让老年人通过参加社区学校高质量的学习、教育活动，扩

大社交范围，排遣寂寞孤独，跟上时代发展，增进身心健康，使晚年生活充实有意义，获得社区归属感和社会认同感，变消极养老为积极养老，变物质养老为精神养老，进一步提升老年人的生活品质和幸福指数。鉴于此，社区教育教学要选择教学实施和学习者学习成果评价作为重点要素进行教学质量评价。学员满意度问卷调查、学员座谈、访谈、课堂观察法、过程评价法、终结评价法等评价方法目前还是行之有效的，对保障社区学校的教育教学质量起到了积极的作用。

三、培训教育教学质量评价方法的框架

学校选择以教学实施、学习者学习成果评价、学习支持服务和对教师的支持与服务四个教学质量要素为一级指标。教学实施分为面授辅导、网上教学、实践教学三个子要素，为二级指标；学习者学习成果评价分为面授学习、网上学习、作业三个子要素，为二级指标；学习支持服务分为管理支持、学习支持、技术支持、学习监控四个子要素，为二级指标；对教师的支持与服务分为教学培训与支持、技术与资源支持两个子要素，为二级指标。对应教学质量子要素的评价方法参见表7-7。

表7-7 培训教育教学质量评价方法框架图

一级指标	二级指标	评价方法
教学实施	面授辅导	1.课堂观察法；2.学生访谈法；3.学生问卷调查法
	网上教学	1.学生访谈法
	实践教学	1.学生访谈法；2.课堂观察法；3.第三方评估法（外部评价）
学习者学习成果评价	面授学习	1.平时测验法；2.行业统一考试法
	网上学习	1.教师评价法
	作业	1.教师评价法；2.学生自评法；3.学生互评法
学习支持服务	管理支持	1.教师问卷调查法；2.学生电话访谈法
	学习支持	1.教师问卷调查法；2.学生电话访谈法
	技术支持	1.教师问卷调查法；2.学生电话访谈法
	学习监控	1.教师问卷调查法；2.学生电话访谈法
对教师的支持与服务	教学培训与支持	1.教师访谈法；2.课堂观察法
	技术与资源支持	1.教师访谈法；2.课堂观察法

通过平时观察和咨询专家意见，我们认为培训教育的目标要以提高学生技能为主，即教学质量的高低要以学生技能是否提高为标准。培训教育的技能考核通常包括"应知"和"应会"两个部分。为了帮助学生掌握技能考核中"应知"内容，必须提高面授辅导课的质量；为了帮助学生掌握"应会"能力，必须提高教学实践课的质量。鉴于此，培训教育要选择面授辅导和实践教学为重点要素开展教学质量评价，这两个要素都属于教学实施维度。目前，面授辅导的评价方法有课堂观察法、学生访谈法、学生问卷调查法；实践教学的评价方法包括学生访谈法、课堂观察法、第三方评估法，其中第三方评估法以其独立性和公正性著称，值得进一步推广使用。

第四节 教学质量评价方法的问题及优化对策

一、教学质量评价方法存在的问题

在终身教育背景下，区域成人高校的教学质量评价在学历教育、社区教育、培训教育方面分别存在以下问题。

（一）学历教育教学质量评价方法的问题

1. 问卷调查的真实性有待商榷

目前，问卷调查大多采用书面形式，有些学生填写时随意性很强，往往在问卷上一勾了之；有的自己不写而让别人代写；有的平时不来上课，对问卷的内容无法正确填写，如教师教书育人评价表，通常在学期结束前发放，有的学生根本不了解教师上课情况就随意填写；还有的学生为了老师的情面都填"好"。诸如此类影响了问卷的真实性。

2. 评价手段比较传统

目前评价的手段还比较传统，主要采用问卷调查、座谈会、师生访谈、学习成果展示等形式，缺乏新的评价方法。

3. 云课堂教学质量评价方法缺失

随着信息技术的发展，云课堂在教学中开始运用，如何评价它的教学质量，目前还没有评价标准。

（二）社区教育教学质量评价方法的问题

1. 评价主体不够全面

社区教育教学质量评价主体不够全面，主要是通过对社区学校常务副校长、社区学校教务主管、社区上课教师的评价来体现。

2. 云课堂教学质量评价方法不完整

社区教育云视课堂虽已实现了本区所有社区学校全覆盖，还惠及了长宁区的7个社区教学点、9个党建中心和5个楼宇，但目前还没有对云视课堂这种创新的社区教育数字化学习方式的效果和质量的一个全面的评估和评价。

3. 评价方法有一定的局限性

社区教育教学质量目前的评价方法有一定的局限性。例如，社区学员评价时的主观性较强，存在感情因素等，或者对调查问卷的认知不够，评价者的专业水平、分析能力有限，难以客观公正地完成调研评估任务。

（三）培训教育教学质量评价方法的问题

1. 评价方法比较单一

培训教育教学质量评价方法比较单一，现有的评价方法主要是调查法、学生访谈法、课堂观察法和考试评价法。

2. 评价主体不够全面

培训教育教学质量评价主体不够全面。评价培训质量的高低还要以学生走向社会后成为人力资本的最终效率为标准。及时跟踪并反馈毕业生的社会就业率、工作效率是对培训教学质量评价指标体系合理与否的检验标准，因此培训教学质量评价指标体系应有社会参与，但是目前没有开展。虽然在残联的培训项目接受了第三方评估，但是第三方评估的覆盖面还不够广。

3. 评价结果的客观性有待提高

培训教育教学质量评价结果的客观性有待提高。对于网下的问卷调查，学生可能觉得不好意思，或者对调查问卷的认知不够，难以客观公正地完成调研评估任务。

二、教学质量评价方法的优化对策

针对以上问题，学校分别对学历教育、社区教育、培训教育提出以下优化对策。

（一）学历教育教学质量评价方法的优化对策

1. 利用现代信息技术，使评价手段多样化

信息技术高速发展，教学质量评价要利用信息技术优势，使评价方法多样化。例如，问卷调查全部采用网上进行的办法（包括手机上网），此种方式可以让学生不受时间、地点的限制，随时随地（学校可以设置调查问卷的开始和结束时间）在网上如实填写，这种方法既可以保证问卷调查的真实性，又可以扩大问卷调查的覆盖面，从而有效提高问卷调查的价值。

2. 适当采用定量研究方法，使定量评价和定性评价结合

在目前的评价方法中，定性评价居多，即使有定量评价也比较粗浅，学校必须开拓思路，适当采用定量研究方法，比如可以借鉴普通高校成人教育学院采用层次分析法、模糊综合评价法、定量综合评价法等方法，将定量评价和定性评价结合起来。

3. 逐步制定云课堂教学质量评价方法

现在云课堂学习越来越被广泛运用，教学质量的评价显得更为重要。制定云课堂教学质量评价方法既要客观体现教学的基本规律，又要体现云课堂的特点。鉴于现状，我们认为，可以从教师的教学情况、学生的学习现状、师生互动情况、设备的运转情况、教学效果等方面进行评价，评价的方法可以是问卷调查、师生访谈等传统的方法，还可以通过学生现场评价的方法对教学质量进行认定。

（二）社区教育教学质量评价方法的优化对策

1. 优化评价指标，使教育教学评价多元化

事实上，社区教育教学质量评价是多元化的，除了对管理和教学工作的评价外，还要融合社区教学环境的评价。把社区作为课堂，最主要的工作之一就是要对社区融合教学环境功能进行评价。分析与评估这些环境的利弊，有助于为社区居民提供最适宜的学习和社交的环境。社区融合教学环境评价可以包含环境功能评估与分析，即与教学所需环境相符合的程度、环境喧闹是否可接受、教师在本场所教学能够利用的社区资源情况、学员在本场所学习所需的社区资源情况等，以此更全面、多维度地对社区教育教学质量进行评价，切实提高社区教育教学质量，不断满足社区老年群体日益增长的终身学习需求和精神文化需要。

2. 结合云视课堂的学习模式，尽快制定相应的学习效果和教学质量的评价指标

"云视课堂"还在不断地推进和深入，造福了更多社区学习者。尽管云视课堂设备使用的效果、教师和学员对云视课堂使用体会的反馈、云视课堂的优势、云视课堂改进和完善之处都与教学质量有关，然而目前对云视课堂这种创新的社区教育数字化学习方式的效果和质量还没有一个全面的评估和评价，相应评价指标应尽快出台。

3. 加强对评价者教育，使评价更具客观性

促进评价者在教学理论、专业水平、分析能力方面的提高，让社区学员重视对社区教育教学质量的评价，让学员真正理解社区教育教学质量评价工作的意义，必要时，可通过有关人员帮助社区学员理解评价指标的各项内

容，提高评价的客观性、有效性和可信性。

（三）培训教育教学质量评价方法的优化对策

1. 优化评价指标，使评价更具科学性

对于教学评价来说，具体的评价指标是实施评价的重要因素之一。教学评价是一项专业性很强的工作。所以，在具体设定评价指标时，应该综合考虑各方面因素，加强评价指标的科学性与针对性，不但要向优质培训机构汲取宝贵经验，还要结合本校实际情况，使评价指标体系更趋于科学性和合理性。

2. 加强评价教育，使评价更具可信性

让学生重视评价，从客观上认真对待评价，是增加评教效果的首要条件之一。不仅要针对学生加大教师教学评价宣传力度，让学生真正理解教师教学评价工作的意义，还要通过专业人士讲座等形式帮助理解评价指标的各项内容，提高评价的有效性和可信性。

3. 拓宽第三方评估，使评价更具实效性

第三方评估主要是指由介于政府、社会和学校之间具有独立地位的法人实体开展的评估，具有独立性和公正性。第三方对职业教育的评估重点可以拓宽到受训学生的岗位胜任程度和技术积累程度等。另外，第三方评估机构通过不断探索评估的原则、特征、方法与模式，逐步形成培训教育评估的价值标尺，从而构筑培训教育"标准引领—效果评价—持续发展"螺旋式上升路径。

综上所述，学历教育、社区教育和培训教育都可以从教学实施、学习成果、学习支持服务、对教师的支持与服务四个维度开展教学质量评价。然而，由于三大板块的教育对象和教育目标不同，它们的教学质量评价方法不尽相同，既有区别又有联系。同时，学校认识到目前教学质量评价方法存在一些不足，需要进一步完善。只有不断完善三大教育板块教学质量评价方法，才能提升区域成人高校的教学质量，更好地优化终身教育大平台。

第八章　云视课堂应用的技术支持服务

"互联网+"时代给终身教育数字化学习带来了新的机遇和挑战。2015年，在学习型城区建设的背景下，学校以"云视课堂"建设为突破口进行了持续探索和实践，并最终突破终身教育资源的时空限制，探索出了新的移动学习模式，更好地实现了"时时、处处"可学，这为学校转型发展所需的新型教学环境、技术、模式和服务提供了必要支撑，推进了终身教育数字化学习的纵深发展。

云视课堂是一种依靠互联网开展教学的方式，是利用良好的网络条件和合适的设备进行的教学活动。教学活动通过网络传播，学生只需通过网络环境和相应设备，就能够实时加入学习活动。云视课堂作为一种新型的教学手段，其优势在于可以突破时空的限制，为学生提供更多的实时学习方式，这对于扩大实时教学规模、提高教学成效、共享优质课程有着重要作用，也受到了学习者的欢迎。

随着云视课堂的应用推广，如何更加合理搭建云视频互动教学的技术环境、设计系统架构、开发软件功能、组织教学活动、优化课程设计、提供专业的技术支持服务等一系列问题伴随实践而来。为此，学校进行了大量的实践研究，并形成了云视课堂应用的技术支持服务，具体表现：搭建课堂教学现场授课结合云视频会议软硬件技术所需的环境，制定相关的技术环境标准；探索云视频技术在开放远程课堂教学的应用模式，设计相关教学软件及平台功能；研究云视课堂技术在远程课堂教学中的支持服务模式，逐步积累云视互动教学环境建设、软件功能应用开发、课堂管理与教学设计等方面的经验，努力通过更大范围的应用与推广实践完善云视课堂。

终身教育大平台建设需要建立大网络。利用云视频会议技术开发的"云视课堂"，是搭建大网络的一个有效手段，是终身教育的新颖学习方式，是充实终身教育教学手段的新探索，是扩大终身教育数字化参与面的有效途径。

第一节　云视课堂应用的技术支持服务概述

国内"云视频"或者被称为"视频云"的相关研究主要在 2011 年之后逐渐出现，随着"互联网＋"、云计算等概念的普及，目前已走向与各行业应用融合的阶段。尤其在智慧教育领域，与传统课堂多媒体教学、网络教学相结合的云视频互动教学，在优化媒体呈现效果、增强教学互动、录播教学场景等方面均有相应功能设计，特别是它能将课堂教学实景延伸至云端，可开展多点实时的远程教学互动，一定程度上可以缓解优质课堂教学资源供需矛盾以及成人学生的工学矛盾。

2015 年，上海市长宁区业余大学（社区学院）（以下简称学校）在社区教育及成人高等学历教育等方面开展了云视互动课堂教学的初步实践，探索面向具备一定自主学习能力和条件的成人求学者，如何利用云视课堂教学技术扩大优质教学内容的影响、拓展教学空间、解决工学矛盾的可行方案。2015 年底，学校利用云视频会议系统技术开发的云视课堂系统原型上线，标志着"学在数字长宁"体系进入 3.0 时代。首批开通的 6 个试点分课堂，通过云视课堂系统展现了分课堂的授课场景并与主讲教师进行了"云视互动"，这次教学活动集中体现了云视课堂的主要特点：教师可以在任何一个市民学习中心授课，多个不同地点的学员可以通过系统在线参与课堂学习，实时音视频远程教学互动。

一、概念界定

1. 数字化学习

在教育领域建立互联网平台，学习者通过网络进行学习的一种全新学习模式，又称为网络化学习或 E-learning。它包含三个要素：数字化的学习环境、学习资源、学习方式。

2. 云视课堂

用云技术创新学习方式，具备"一对多、无中心、可移动、云存储"特点的新型教学载体，是"学在数字长宁"体系与信息技术结合实现深化发展的新探索。它不同于直播课堂和在线学习，着重解决实体课堂教学受众有限，学习者单向点播收看课堂教学实录视频时缺乏参与感、缺乏教学互动的限制，实现实时可"视"的互动教学，强调该技术应用的便捷、适用、稳定与利于推广。

3. 支持服务

学习支持服务的概念源于远程教育，我国远程教育学专家丁兴富教授对学习支持服务系统的内涵作了系统性的分析，定义是：学生学习支持服务是远程教学院校及其代表教师等为远程学生提供的以师生或学生之间的人际面授和基于技术媒体的双向通信交流为主的各种信息的、资源的、人员的和设施的支助服务的总和，其目的在于指导、帮助和促进学生的自主学习，提高远程学习的质量和效果（丁兴富，2001）。

本书中的"支持服务"主要指"技术支持服务"，具体而言包括技术服务指导、网络体系、信息技术、队伍建设、资源整合等。

二、开展云视课堂技术支持服务的动因

（一）终身教育学习方式的新需求

党的十九大明确提出"加快学习型社会建设，大力提高国民素质"，全国教育大会提出"加快构建终身学习制度体系"，把学习者放在更加突出的位置，赋予了新时代终身教育新的使命担当。上海教育大会提出了"终身教育泛在可选"的核心要求和"让每一位学习者都能得到全面而有个性的发展"的目标，上海终身教育站上了新的历史起点。面向上海这座国际大都市的每一位市民，满足他们多样化、个性化的终身学习需求，支撑卓越的全球城市发展，成为上海终身教育发展的新定位。终身学习方式的泛在需求，需要依靠更灵活和方便的技术手段把优质教育资源提供给每位终身学习者，让原本相对分散、有一定时空阻隔的学习资源丰富、可及、易用，实现"人人皆学、时时能学、处处可学"，适应信息化社会尤其是移动互联网时代社会经济发展的新需求。

随着4G移动通信技术的普及、5G高速移动通信技术时代的快速到来，越来越快捷的移动网络应用技术不断涌现，在教育信息化领域如何运用人工智能、大数据技术等成为了热点话题，传统课堂教学的信息化之路在新的技术支撑下不断开放，如在教育的不同领域出现了慕课、翻转课堂、电子书包、录播教学、互动白板、直播教学等新形式、新技术手段。然而，在这个大背景下，这些各有所长的信息化教育技术创新并未完全满足终身教育对象对学习资源和学习方式的渴求，还需要继续探索更多形式和功能的混合式教学模式和技术。

（二）数字化学习资源建设的新需要

通常，数字化学习资源建设的主要途径是国家精品课程建设计划，其主要目标是共享优质教学资源，提高教学质量，推进教育创新，深化教学改革，促进信息技术在教学与人才培养中的应用。我国精品课程建设主要划分为国家级、省级、校级三个层次。各高校先后启动了精品课程建设工作，形

成了数万门省级、校级精品课程。在终身教育领域，也有众多成人高等院校、社区学校及教育机构建设的大量优质教育资源，其主要应用平台为各省区市及学校的数字化学习资源中心。

目前的终身教育数字化学习，在网络在线学习 E-learning 这种主要模式下，用户接入学习点上，终端应用不够灵活。调研发现，目前上海市各区的学习平台主要是网站平台，以一般的网页学习为主，平台的终端离不开电脑，这就使得平台的服务人群及应用规模受限，数字化学习的途径和方法显得较单一，在很大程度上影响了平台作用的发挥。事实上，随着社区教育的发展，市民不只是依托网站平台开展网页学习，更希望依托网站平台开展多样化的学习活动，获得更加开放、便捷的学习服务。很显然，目前平台单一的学习终端无法发挥有效的支持服务。

随着信息技术的不断发展，移动学习成为数字化学习的新趋势。尤其是智能手机、PAD 等移动设备的不断普及，支持各种移动终端学习的平台不断涌现，成为学习服务方式的新潮流。移动学习平台是一种为移动终端设计的学习服务程序，它能提供随时随地学习的平台服务，应用上比传统的数字化学习平台更加便利，也是改变单一学习终端困境的有效尝试。为顺应这一趋势的要求，截至 2014 年底，上海已有黄浦、静安、青浦、杨浦和长宁 5 个区建设了数字化学习移动平台，将数字化学习资源整合到移动智能学习 APP 上，为市民提供了更加便利的学习支持服务，并得到了良好的反响。

因此，如何在各种接入数字化学习终端类型上，大力推进智能终端的广泛应用，支持智能手机、平板电脑、PDA 等接入学习，将成为当下社区数字化学习平台亟须解决的问题。

2004 年，Dale Doughert 提出了 WEB2.0 概念，以此为理论指导，各种数字化学习资源中心的建设成为数字化学习资源建设的重要任务，数字化学习资源中心作为一个面向全社会提供数字化学习资源公共服务的实体，其用户既包括资源的使用者，也包括资源的提供者；资源不仅包括狭义的教育教学资源，还包括资源库系统、各类应用系统及支撑其高效运行的关键技术，甚至还包括促进学习资源进入共享平台的相关政策。其最重要的特征是用户参与网络内容制造。与 WEB1.0 网站单项信息发布的模式不同，WEB2.0 网站的内容通常是用户发布的，使得用户既是网站内容的浏览者也是网站内容的创造者，这也就意味着 WEB2.0 网站为用户提供了更多参与的机会。

事实上在 2018 年之前，WEB2.0 内容形式集中体现在用户自建博客、微博、百科、游记等图文内容，多媒体形式尤其是视频内容的资源建设并不丰富。因为视频拍摄制作和编辑对用户有较高的技术要求，即使用户自建生成了较高质量的大容量视频教学资源，对资源平台的空间和网络上传、访问、分发也有较高的技术压力，因此其受制于网络技术大环境条件的约束而无法普及。随着2016年后云技术的兴起、移动互联网的普及和成熟，真正的用户创作视频形式的资源不断涌现，如个人视频直播平台虎牙、YY、西瓜直播等应用上线；2018年后自影像技术更加流行，10多秒长度的个人微视频制作分享平台如快手、抖音等借助个人移动软硬件终端成熟普及的大环境而风靡一时，但终身教育领域的有效自建视频教学资源并不多见。自建的云视频教学资源在内容、形式和技术上均需要有组织的规划、引导和规范才能有所成就，因此探索云视课堂这种分布式的、由各参与方自主自建的直播互动、录制并上传云端的、可点播回看的视频类、较规范的教育资源的技术十分必要。

目前，上海市各区绝大部分数字化学习资源分别存储在各个区建设的数字化终身学习平台中，而且通过访谈得知，在缺乏统一的指导思想与建设标准的情况下，各个数字化终身学习平台建设单位让外单位共享自己资源的理念还较薄弱，缺少开放性，导致各平台的学习资源只能为本区域所用，共享范围极为有限。数字化学习资源紧缺与浪费并存的问题突出，数字化学习资源的社会效益和经济效益低下。

事实上，大家已经意识到平台之间对接与资源共享的重要性，并在实践中进行了有益的探索。例如，长宁区通过区街一体化项目的建设，有效地实现了区与街道的数字化学习资源共享。但是这也仅是区域内的共享，开放性仍有限。究其原因，由于建立起来的数据库标准不一，实现平台之间的互通、互联的技术难度和成本代价较高，因此，如何突破技术与成本的壁垒，寻找一种资源共享更加开放的路径成为平台支持服务亟须解决的问题。令人欣喜的是，由于信息技术的不断发展成熟，利用云计算技术来解决资源共享问题已在相关领域得到运用，并取得了较好的效果。

因此，基于云计算技术，构建一个共同的信息共享空间，解决传统数字化学习平台对接与资源共享问题，值得尝试应用。

（三）终身教育技术保障新发展

在各类终身教育数字化学习（E-learning）平台和移动终端都逐步成熟普及的过程中，用户点播收看在线学习资源在用户持续保持学习兴趣和效果方面难以与课堂教学简单比较，其主要原因是缺乏有效的教学互动和服务。

在学习环境上，交互是影响学习者利用学习平台进行有效学习的重要因素之一,学习者通过利用学习平台中的协作交流模块,实现学习者与资源之间、学习者与教师之间的交流与沟通,提高学习效果。上海市大多数区的社区数字化学习网站平台中具备了互动交流功能,提供的交互方式有在线咨询、在线交流、资源上传分享、网上论坛等。

与此同时,学员并不是经常参与网络讨论活动,对于网络讨论的热情度不是很高。在与教师的访谈中发现,教师的课余时间有限,不能总是坐在电脑前组织讨论活动。由于交流互动的机会少,教师无法及时获得教学反馈,学生的问题不能及时得到解决,深交互则基本无法实现,无法形成一个有效的学习共同体。事实上,社区教育面授课堂具有很好的即时互动性,但是受众群体仅限制于现场学习者,无法惠及更多的学习者;而在线学习则可以克服时空、学员数量的限制,即时互动性则基本无法实现,造成社区学习者的学习体验无法充分满足。

因此,如何突破二者的局限,形成良好的学习交互环境,让学习者在互动交流的学习过程中,真正享受学习带来的乐趣,成为实践探索的重点。通过本研究,整合优化云视课堂软硬件技术环境,为多课并行、多点互动、多样场景的远程音视频教学提供简便易行、稳定可靠的系统建设和支持服务方案。

在数字化学习的技术支持服务上,组织社区学校开展终身教育数字化学习的主要发起人是社区学校的兼专职工作人员,但在社区各项纷繁的工作中,从区域层面上来看,专门用来进行社区教育的教学场地、人员和技术保障条件都相对分散和薄弱,支持服务体系不够健全,较难组织开展更多深入运用教育信息技术的终身教育学习活动。

2016年以来,学校下沉基层调研,与社区教育等部门通力合作,深入长宁区各街镇社区学校,指导建设和应用社区教育云课堂,协助社区学校建设好、管理好、主持好、参与好相关远程听课、授课的教学实践;建立社区教育数字化学习志愿者队伍,服务本区各街镇社区学校;在推进上海市16个区云视课堂全覆盖工作中,形成一支跨区、跨部门、跨专业的先行先试应用云视课堂的管理与技术团队;通过搭建云视互动课堂技术环境,引进社会化专业技术服务团队;组织专题培训和交流研讨,提升自身管理人员、技术人员以及教学师资队伍的信息化应用能力和素养。

长宁区业余大学立足课堂教学,以"云视课堂"应用与推广实践为抓手,为更好实现"时时、处处、人人"可学的终身教育理念,从技术到实践探索远程互动教学新模式,探索建立符合远程视频互动教学所需的技术标准和方案,借助网络技术手段,实现教学模式的创新,丰富线上、线下教学交流互动的形式和手段，提供专业有力的技术支持服务，为完善终身教育大平台添砖加瓦。

第二节　云视课堂应用技术的分析

一、云视课堂的技术环境发展

云计算将大量分布式的高性价比的计算、网络和存储资源集成管理，以支持各种应用软件，通过互联网向广大用户提供优质低价服务。与传统的大型机和服务器计算模式相比，云计算大大提高了应用软件的计算能力，降低了费用，并将应用软件简化为服务，从而降低人们使用这些软件服务的门槛，促进各行各业更多地采用计算应用，提高效益和支持创新，因此是一场信息技术的革命。

云计算是分布式处理、并行处理和网格计算的发展，或者说是这些云计算的计算机科学概念的商业实现，是一种基于互联网的超级计算模式。它利用高速互联网的传输能力，将数据的处理过程从个人计算机或服务器移到互联网上的计算机集群中，这个计算机集群是由成千上万台普通的工业标准服务器组成，由大型的数据处理中心管理。云计算是一个虚拟的计算资源池，它通过互联网将资源池内的计算资源提供给用户使用。完整的云计算是一个动态的计算体系，提供托管的应用程序环境，能够动态部署、动态分配计算资源，并实时监控资源的使用情况。云计算这种新兴的共享基础架构的方法，面对的是超大规模的分布式环境，核心是提供数据存储、数据处理和网络服务。

云计算的发展将使互联网的计算架构由"服务器+客户端"向"云服务平台+客户端"演变，使互联网成为每一个用户的数据中心和计算中心，使用户从以桌面为核心使用各项应用转移到以 Web 为核心进行各种活动，云计算使互联网的功能更为强大。

二、云视课堂技术的特征与功能

网络视频会议（又名软件视频会议、云视频会议）已经得到了各行业越来越多的企业用户、个人用户使用。随着 PC、移动设备、网络基础设施的发展，网络视频会议近年来取得了飞速发展。网络视频会议的品牌众多，国外有 Zoom Cloud Meeting（Zoom 云视频会议）、Webex、Skype 等，国内有好视通、全时、小鱼等。

云视频会议是视频会议与云计算的深度整合，它具备以下不同于传统视频会议系统的特性：

（1）公共云服务能降低用户架设专用MCU（会议控制单元）的高额采购成本和运维技术难度。

（2）云计算按需提供服务，可灵活改变规模，快速弹性扩充，满足不同数量用户需要。

（3）云服务能提供满足大量客户接入所需带宽和稳定性的专业IDC服务。

（4）云视频客户端提供支持各类常见终端设备的软件版本，满足各类互联网用户跨平台使用。

（5）云计算可对不同远程客户端视频流编码和带宽动态调整，按需提供，减少用户网络开销，可在较低带宽条件下获得较好的用户体验。

以上几点综合优势使其非常适合在社区教育终身学习领域开展远程线上与实时线下课堂的混合教学模式。

云视课堂能够将优质的教学资源实时提供给在线学习者，并实现即时互动功能，解决面授课堂和在线学习存在的短板问题，为终身教育数字化学习提供了一种新的学习方式，并且具有以下不可比拟的优势和特征：

（1）一对多。利用网络视频会议技术，云视课堂可以实现实时教学在空间上的多点及时分享，教师授课通过现场摄录进入云视系统，多个不同地点的学员可以通过账号认证实现在线终端的及时收看，并与教师实时互动，在一定程度上大大缓解了终身教育优质教学资源短缺与学员不断增长的终身学习需求之间的矛盾。

（2）无中心。云视课堂运用网络技术实现了多个终端的有效连接，每个终端都可以成为学习的中心，教师可以在任何一个中心授课，也可以支持多样化的团队研讨式在线学习。终身教育，能者为师，每个终端都可以成为学习活动的中心，这种去中心化的特征将终身教育学习模式的支持类型和范围大大拓宽。

（3）可移动。凭借日益优化的移动互联网技术，无论是在广场还是在公园，教师都可以实时授课；无论是在途中还是在异地，学习者均可按照课程安排随时参与，实现处处皆可学习。手机、iPad等移动终端也可以非常便捷地连入云视课堂参与实时学习和讨论。

（4）云服务。云视课堂的在线视频功能不仅支持即时互动的学习，还将现场教学录制的视频进行云端存储，无论是未能参与教学活动的学员，还是课后需要复习的学员，均可在线进行访问和学习。云视课堂可以将教学功能、数字化课程资源建设功能有机地结合起来。

三、云视课堂与其他数字化学习方式之间的关系

随着新技术的发展与成熟，终身教育的学习方式越来越丰富多彩，短短几年时间，数字化学习方式从最初的本地媒体播放发展到远程广播，再发展到在线网络学习、智慧课堂、慕课等。我们探索的云视课堂也是一种值得推广提倡的在线学习新方式。

1. 基于云计算

终身云视课堂平台依托先进的云计算架构，负载能力强，可以支持大规模的用户使用；伸缩性强，可灵活控制装备规模、按需扩展、按需定制服务，天然具备软硬件集中建设、统一管理、按需服务的优势，这与优质教育资源（包括人力资源和数字教学资源）共建共享的理念和目标非常吻合，既能保障信息化环境建设的可持续发展，又可以避免重复建设，还可以满足用户的个性化需要。因此，相较于传统的网络学习平台建设方案，终身云视课堂平台具有更高的性能，更方便单位管理和运维，也具有更高的成本效益。

2. 网络平台的升级换代

从区域社区教育信息化角度来看，可以把终身云视课堂看作是终身教育区域版的升级换代。这个升级不仅是在技术层面，还带来了"集中、共享、可持续、服务"等新理念，同时也有利于厘清各方关系、树立服务意识、促进信息化建设与服务的良性发展。在云视课堂框架下，信息化建设、运维和服务的重心在区域（城域网），而数字校园将变"轻"，让学校从信息化建设中解放出来，把重心放在教学应用上，这也符合教育管理体制和信息技术高速发展的实际。更重要的是，只有各方分工明确、各司其职，才有可能建立起建设、应用与服务的和谐关系，有效地推动区域优质教育资源的共建共享。

3. 覆盖面更广

随着移动互联的普及，云视课堂将覆盖区域的学校、管理机构、教研机构、家庭和公共空间，既支持基于传统课堂的多媒体教学和网络教学，也支持数字化教与学多样性的应用实践，比如移动学习、线上线下融合的混合式教学，开创出信息化支持下的O2O教学模式。云视课堂其实不神秘，因为从产品的角度看，云视课堂就是以往教学管理系统和网络教学系统在云计算架构下的实现，本质上还是OA、LMS、LCMS，在产品的应用功能上基本一脉相承。

四、云视课堂技术的 SWOT 分析

学校在认真分析成人远程教育技术应用现状和需求的基础上,对云视课堂的研究本身进行了 SWOT 分析,并提出对策和解决方案,发挥优势、补齐短板,抓住机遇、应对挑战(见表 8-1)。

表 8-1 云视课堂 SWOT 分析

优势 S	劣势 W
领导支持及众人协力配合	跨界挑战、基础薄弱
熟悉信息化教育教学环境	软硬件核心技术不足
教学改革对互动教学需求	应用平台建设难度高
机遇 O	威胁 T
AI+云技术催生智慧教育多样发展	应用推广、支持服务模式未解决
4G、5G 移动通信推动远程音视频	硬件复制、仿制成本低
在线互动教育蓬勃兴起	核心软件存在安全及政策风险

随着云视课堂建设运行的深入和调整,需要不断地调整和优化现有的学习平台功能,以适应实际工作的需要。新形势下云视课堂需要完善授课前的课程安排、课程管理、学习资源管理、用户管理、监管平台功能、统计功能以及常态化运行维护服务保障等。随着学习记录等基础数据逐渐积累,可以通过数据挖掘的技术支撑,对学员的在线学习行为进行多维度、全方位的评估,全面分析学习行为、课件质量、学习效果之间的内在联系和预估指标,实现对学习平台的不断优化和总结。

学校为此提出的对策技术方案概括如下:

(1)采用一流商业云视频会议服务技术,实现各种网络环境下和多种设备之间的有效访问和稳定服务。

(2)分析教学场景所需的技术环境,研发低成本、方便教师自主操作、稳定可靠、功能齐全、性能足够的一体集成教学讲台设备,以利于该技术应用和推广。

(3)建立综合管理服务平台,提供课程管理、用户管理、资源管理、质量保障等综合服务,系统架构参见图 8-1,系统配置参见图 8-2。

(4)提供有效的技术运行维护支持服务。

(5)对标国际先进技术、抓紧机遇开发自主知识产权的云视频互动教学服务平台。

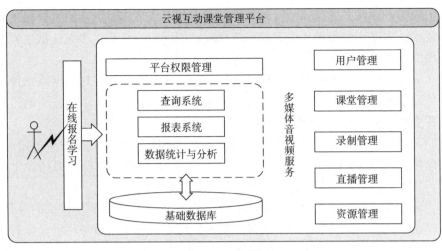

图 8-1　系统架构

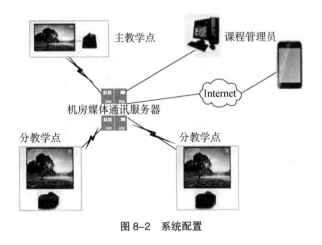

图 8-2　系统配置

五、云视课堂技术存在的问题

随着信息技术的发展，我国终身教育数字化学习平台建设取得了显著成绩，但也存在亟待解决的问题，究其原因有两点：一是对究竟应该构建什么样的终身教育数字化学习平台认识不够，缺少对终身教育数字化学习平台构建理念的认识；二是对终身教育数字化学习平台的构建缺乏系统考虑，更缺乏对云视互动课堂这种新型数字化学习方式及平台的整合研究。

随着云视频软硬件技术的不断成熟发展，现代远程教学中已有越来越多的云视频远程互动教学的应用探索。学校基于传统课堂教学，利用云视频技术组织多点分布式远程课堂互动教学，探索线上线下实时互动的混合课堂教学模式，在保证课堂现场出勤学员听课互动的同时，满足更多无法抵达教学现场的学员学习需要。

云视课堂是一种依靠互联网开展教学的方式，是利用良好的网络条件和合适设备进行的教学活动。教师的教学活动通过网络传播，学生只需通过网络环境和相应设备，就能够实时加入学习活动。

云视课堂作为一种新型的教学手段，优势在于它可以突破时空的限制，为学生提供更多的实时学习方式，这对于扩大实时教学规模、提高教学成效、共享优质课程有着很大的作用，受到学习者的欢迎。

云视课堂目前推广时更多关注扩大参与面，较少考虑使用效果的保障，难以兼顾更多教学环节设计的研究。例如，优化云视课堂教学环境设计的应用、课堂教学设计案例以及教学模式、评价标准的建设等。

云视课堂推广实践中，资料的积累、收集、整理不够完整，部分重要实践环节没有进行详细的记录，如部分培训现场照片和培训效果反馈分析、部分教学授课实录和课后总结反思等。

在环境建设实践研究中，该项目也缺乏充足的经费支持，大多利用各种现有多媒体教学器材开展优化组合和实验，缺少最新教育技术装备的支持和设计等。

以上这些是云视课堂应用建设实践中需要完善的地方。

第三节　云视课堂应用技术支持服务的实践

一、技术环境

为了更好推进云视课堂的应用，学校经过研究认为，设计提供具备较为完整的课堂现场和网络远程教学功能，方便教师使用云视课堂的技术环境非常重要，而技术环境的标准是推广其应用建设的核心指导。

总体任务：尽可能采用成熟通用设备，高度集成简约设计，满足常规课堂教学场景的音视频采集、课件播放的基本功能，提供低成本的解决方案，不关注单台设备的利润，以能进入普通多媒体教室常态化教学为目标，力争申报市区级教育信息化项目，在软件平台、监课中心、技术服务、运维支撑上推动教育信息化领域应用云视课堂技术。

重点目标：方便教师自主自控授课，能采集一般教学关键信息，如师生语音、课件播放、手写标注、人像视频，集中呈现在云视频客户端窗体中。

以视频互动课堂为突破点，突破专用录播教室的局限，减少教育硬件成本投入，尽量避免现场技术支持人员辅助，使该产品和技术可以进入普通教室、扎根常规课堂，让教师自主打开课堂进行远程开放教学。

云视演讲台因有视频录制和压缩编码的需求，CPU 要具备处理多线程多路高清音视频编解码的运算性能，同时为与今后成熟的云端语音识别或其他人工智能技术结合（如图像识别，人脸识别），其有一定的性能冗余（见表8-2）。

表 8-2　云视课堂主机功能及选型分析

	台式机/一体机	笔记本电脑	HTPC	平板电脑	智能手机
集成度	低	较高	高	高	最高
灵活性	低	较高	高	高	最高
公用性	高	较低	高	低	低
扩展性	高	较高	高	低	低

触屏是人机交互的重要环节，采用一体化设计，产品整体感强，视觉效果好，教态自然，书写方便，安全稳定。一般教师站姿讲课时，以视线高度平均 1 500 mm 计，讲台设计高度 1 000 mm，视角 75 度左右，屏幕可视角大于 170° IPS 硬屏，为满足书写笔迹精度要求，最好采用压感书写电磁屏，为满足手指灵活触屏控制需求宜采用电容屏。

视频会议啸叫抑制器，不同于普通的移频器，主要为主机提供清晰稳定的本地语音采集信号，同时通过处理后的语音信号的其他音频信号外送功放，避免同时进行的现场扩音和录音采集的自激冲突。

经过大量的实践和分析研究，学校初步制订了如下云视课堂环境技术标准。

（一）网络

1. 网络带宽基本要求

云视频互动课堂必须在网络条件具备的场地进行互动教学，甚至单机录制课程也需要能登录云服务器，启动课堂才能进行。所以，畅通的网络支持服务是基础条件。云视频终端达到 1 280×720 P 最佳摄录和收看效果要求的网络带宽不高，上下行对称 2 Mbps 的网络带宽即可满足需求。

2. 云服务端与客户端自适应网络带宽功能要求

云视频互动课堂服务具备根据网络质量变化自适应调整所需网络带宽的

能力，在网络上下行带宽不稳定时，会降低网络发送及接收的音视频码流，降低视频清晰度，保证最基本的声音连续和画面的流畅度。

云视课堂终端在配备了必要的音视频采集设备后具备双向音视频传输的能力，除了设备采集性能之外，发送及接收音视频的效果取决于网络上下行带宽及质量。

常见问题：云视课堂某终端的网络下行带宽充足且稳定，可以最高质量接收其他终端提供的音视频流；收听收看效果良好。但其网络上行带宽不足或质量不稳定，其他所有终端在接收该终端提供的音视频流时均出现分辨率低、卡顿的不良效果，所有终端均会反映收听收看该终端效果差，实际该终端自己没有任何异常表现，此时课堂主持人/主控端应管理或切换该终端，取消焦点视频源，关闭麦克风及摄像头，停止其网络视音频发送。

3. 根据网络质量保障效果的控制要求

云视课堂系统利用云技术将多点分布的教学场地互连，实现音视频实时互动教学，参与互动的任何一个终端的网络带宽质量都会影响到系统的整体收视效果。在教学中普通非互动终端应及时关闭不必要的音视频采集设备（硬件开关），减少网络开销，保障系统稳定可靠和较好的效果。

4. 常用网络对云视课堂系统的支持

（1）政企光纤专线。机关、学校、企事业单位申请的光纤专线是最适宜开展云视课堂的网络基础设施，优势在于独享的网络带宽、较高的上行网络速率以及稳定的网络质量。

（2）居民家用宽带。利用家庭 ADSL、FTTB、PPOE、有线电视宽带等居民宽带网络使用云视课堂系统参与教学互动时，其标称带宽基本能保证下行收视效果，但部分运营商在网络高峰时段难以保证网络质量。而且部分运营商的带宽上行速率一般有所限制，容易发生的问题是网络上行带宽不足，导致其收听收看其他终端教学信息的效果较好，但发送的音视频效果较差。主持音视频互动教学的教师端应注意避免该问题。

（3）移动数据网络。利用 3G 移动网络上网的移动终端在使用中也存在类似的带宽不足问题。国内三大 4G 网络运营商提供的网络服务已能满足云视课堂上下行质量要求，但移动网络更常见的问题是存在不同使用位置信号衰减、信号盲区等网络质量问题，在使用中应加以注意。

使用移动网络应用云视课堂的移动上网流量资费也是系统建设、运维使用者必须考虑的支持服务开销。各运营商均针对不同产品设计了众多资费套餐标准，在选择时须根据使用需求选择合理资费，同时在终端安装流量记录软件，采取流量监控技术手段，避免流量失控产生不必要的损失，影响正常使用（见表 8-3）。

表 8-3 主流移动上网方式参数表

技术	网络名称	国内运营商	理论最大值	实用值	支持云课堂
2.5G	CDMA1.x	电信	144 kbps	10 kbps	否
2.75G	EDGE	移动、联通	473.6 kbps	20 kbps	否
3G	TD-SCDMA	移动	2 800 kbps	200 kbps	否
3G	CDMA2000	电信	3 300 kpbs	600 kbps	单向收视
3G	WCDMA	联通	5 800 kpbs	2 000 kpbs	双向互动
4G	TD-LTE	移动	100 Mbps	15 MBPS	双向互动
4G	FDD-LTE	电信、联通	100 Mbps	15 MBPS	双向互动

为满足云视课堂对网络服务质量的要求，在条件允许的教学单位共享网络访问策略中设置 QoS（Quality of Service，服务质量），为云视频教学应用指定的网络通信提供更好的服务能力，有助于解决网络延迟和阻塞等问题。QoS 对保障云视课堂流媒体应用效果十分必要。当网络过载或拥塞时，QoS 优先策略能确保云课堂数据包不受延迟或丢弃，保证课堂的正常运行。

（4）Wi-Fi 无线热点。Wi-Fi 是网络接入云视主机设备的最后一段无线链路，网络拓扑中热点和主机无线网卡之间应有较强的信号，安装无线信号测试软件（wirelessmon pro），主机位置无线信号强度不低于－70 dBm。

为了保证最终网络接入能力，可访问 http://www.speedtest.net/ 进行网络上传下载测速，或使用其他测速软件进行测试，确保满足云视教学基本带宽要求。

（二）主机

云视主机为系统核心硬件，虽然普通 PC、笔记本、一体机等也能部分满足云视频课堂教学需要，但为了在常规课堂教学场景中更好推广应用，需要考虑设备及系统的易用性、安全性、稳定性及通用性，建立相对统一的技术和使用标准，方便教师在陌生环境也能快速上手使用。

1. 硬件及接口性能

为方便云视课堂操作使用，系统应具备较强的扩展接入能力，配置先进合理，满足性能所需并有一定冗余，降低使用成本，易于维护操作，利于普及推广，主机采用主流通用 PC 架构，在配置、性能和设置上均有一定要求

（见表 8-4）。

表 8-4　云视主机主要硬件参数

分类	性能指标
CPU	双核 1.6 GHz 及以上
硬盘空间	120 G 及以上①
内存	4 G 及以上
USB 控制及信号接口	USB 2.0 接口 *4 及以上②
音频输入输出接口	独立 3.5 mm 话筒输入及音频输出插孔
网络接口	10/100/1000 M 网线接口及 802.11 B/G/N 无线网卡
显示及接口	集成显卡带 VGA + HDMI 或 HDMI 双显示输出端口
键盘鼠标	有线键鼠及 USB 无线键盘飞鼠

注：① 为降低硬件故障率及保证性能，建议采用无风扇机箱散热及固态硬盘设计的迷你主机，采用 intel 低电压 / 超低电压 / 低功耗移动芯片及主板，保证主机长期开机不过热、无故障稳定运行。
② 因有较多外接音视频及其他设备，采用增加独立电源的 USB2.0 以上集线器增加接入能力。

在安装集成方面，为方便通用教室使用、标准化建设施工、快速灵活部署，方案将 PC 及相关设备，如音箱、键鼠、摄像头、麦克风及其他零配件集成在一体式移动教学操作台，操作台自带一定长度（5 米）的电源线和绕线理线零件如脚轮、刹车，安装调试后用紧固件将各部件保护固定，维修维护时亦可拆卸分解。

2. 软件设置及防护（见表 8-5）

表 8-5　云视主机软件设置要求

组件	要求
操作系统①	WIN7 32 位及以上操作系统
浏览器	IE9、Firefox、chrome
FLASH 插件	各浏览器 FLASH PLAYER 插件
视音频播放插件	解码支持格式多，无广告及推送消息的通用音视频解码器
办公自动化软件	Office 2010 或 WPS Office 2015 及以上稳定版本
输入法	常用拼音、五笔、鼠标手写输入法，设置关闭弹出广告及推送信息

（续表）

组件	要求
云视频客户端	安装设置云视频客户端软件，软件自启动、保存账号，设置固定课堂号，测试外接设备，测试调节好相关参数，录像存储位置为非系统盘
即时通信等工具	安装微信 PC 端及 QQ 等常用即时通信软件、压缩软件、PDF 阅读等工具软件，提供课前课后师生必要的沟通工具、辅助工具、流量监控[2]。
硬盘保护	安装设置纯软件版硬盘保护系统，保护系统盘[3]。

注：① 系统在安装最新升级包后设置关闭所有软件升级及提示，组策略关闭系统升级。
② 输入法及相关工具软件均应设置不弹出广告和推送信息，不升级，无云数据上传下载及附带绑定软件，避免干扰课堂教学；为配合保护 4G 网络移动上网安装流量监控软件。
③ 硬盘保护软件保护系统盘相关软件和设置不被误操作及被病毒破坏。

3. 复杂场景的导播

云视课堂主机设计控制主要面向授课教师，在大量预设参数后，通过键鼠操作软件界面自主应用。但在少数复杂场景，可通过增设主持人/导播，使用集成红外遥控功能的无线键盘飞鼠帮助临时主讲人操作。具体型号推荐乐帆 F21，该设备可定制学习设备红外控制码，控制相关设备，更主要的功能是通过飞鼠遥控操作主机键鼠实现辅助控制。

云视频软件支持通过飞鼠快捷健 ALT+N 进行多视频源的快速切换，简单实现多预设镜头机位切换的效果。

在需要 MCU（会议控制单元）控制切换各视频源和显示布局的复杂场合，可采用增加静默成员（无视音频采集播放功能笔记本/PC 终端）为 MCU 的方式，增设主持人或导播，控制现场投影视频和音源输出效果。

（三）音频

在分布式云服务环境中，各终端网络状态难以确保完全一致畅通，可能会在应用中发生各种网络不良状况，造成卡顿现象，相比视频，语音不连贯会对学习者接收信息效果产生更为直接的影响。

各分布教学环境中的音源如处理不当，音频采集效果差，有杂音干扰，含糊不清晰，会直接影响教学和互动效果，甚至使云视频课堂教学难以进行。因此，保证课堂音频效果的重要程度甚至高过对视频清晰流畅的要求，确保各技术环节音频处理达到清晰稳定的效果，是达成云视课堂现教学目标的基本保障。

1. 音频采集/输入

课堂教学场地环境噪声会干扰远程听课者对信息的接收，远端互动参与教学的用户也可能无意中将干扰音频引入系统。教师在授课活动中，会有走动、板书、操作、演示等肢体动作，需要语音稳定清晰，无碍正常教学动作。因此，采取师生分别使用无线指向性麦克风拾音方案。

教师佩戴无线指向性麦克风，不影响教态和操作，能保持稳定的拾音效果，头戴式效果优于领夹式。话筒选择单一发声源的声音拾取，心形指向或椭圆形指向的定向话筒，声源与话筒相距 10~20 cm。海绵防风帽能减少语音气流冲击。发射器采用低成本、易更换的 AA 电池，接收器使用交流供电，可串接扩展。

学员手持无线指向性麦克风，在教学现场有学员听课互动的场景下，为保证拾音质量，避免环境干扰声音，学员使用手持无线麦克风发言交流。除了无线频率与教师用头戴麦克风不同外，其他性能要求一致，可串接扩展。

无线麦克风接收器最终接入云视主机麦克风接口，或通过防啸叫反馈抑制器后接入会议音响系统。

上述麦克风的作用为系统采集音频，供远端师生收听，无现场扩音播放效果，安装调试时通过电脑录音波形判断，波形在正常语音录制时，电平应有足够幅度，不可过小或过高。

调试音频设备时通过调节主机录音设备音源属性，设置适宜的级别和增强参数，使录制电平波形饱满但不溢出最高阈值，禁用所有音频效果，不开启侦听，即可满足云视课堂教学音频采集需求。

2. 音频播放/输出

在常规课堂教学环境中（场地面积较小，无需教师扩音设备），音频输出功能是通过云视主机播放远端师生语音及多媒体教学音频。为方便布线，灵活部署，云视主机支架固定安装有源音箱。在配备大屏液晶电视学生显示设备的教学课堂，还可通过无线 HDMI 影音传输器材，将音频通过 HDMI 信号传输至电视机音响播放，能更好满足教学所需的音频输出播放需求。

为方便云视主机将音频输出集成进入已有音响设备的教学环境，可选配一对 3.5 mm 立体声接口的蓝牙音频传输收发器，就近将音频输出接入教学音响系统。

在云视软件使用中，主讲教师（主持人）操作界面设计关闭远程课堂终端的视频和音频的功能，但教师在实际教学活动中，难以兼顾教学内容、师生互动、本地资源及远程终端的操作，尤其在远程终端数量较多的情况下。因此，教师终端在开启云视课堂后默认对参会者设置全体静音，但为了互动环节远端能自主开启声音发言，允许参会者自我解除静音。为保障课堂不被后续加入的远程终端干扰，主持人利用教师终端对课堂设置其他远程终端加入时静音——既不发出提示音，也不开启其麦克风。

3. 会议音响/扩音系统的接入

在已有会议音响或扩音系统的大型会议/课堂场景下，音源的采集和播放要求更高，为避免啸叫、混响等移频采集自激的故障，利用现有会议麦克风和会议音响时，需要云视主机增配啸叫抑制器（数字会议演出反馈抑制器、防啸叫处理器），会议麦克风采集的信号接入啸叫抑制器，啸叫抑制器通过 USB 接口接入云视主机，云视频音源选用该设备。

在此场景中，一般位于音控室/导播室/控制室/设备间的麦克风接入设备距离云视主机有相当距离，解决方法是在云视主机附近增配无线会议麦克风接收器。利用无线麦克风取代部分需要发言的传统会议麦克风，其他麦克风在互动环节需要静音。

在音频输出环节，将啸叫抑制器输出的音频通过蓝牙音频传输设备接入调音台。

在遇到音频输出环节有电流噪声干扰时，可采用在输出末端增加音频隔离器，降低干扰。

（四）视频

1. 视频显示/输出

教师操作屏：23 英寸 1080P 及以上液晶显示器，背架固定安装在操作台上，可灵活调节位置方向，以便教师以站姿、坐姿等教态授课的同时，察看、操作和控制系统和远端视频。

投影屏（选配）：55 英寸液晶电视机或 80 英寸投影机 720P 及以上大屏显示投放设备（根据教室环境、设备情况选配集成），固定或机幕一体移动支架安装。为学生提供清晰观看效果，可适应不同场地需求灵活部署。

主机与教师操作屏传输方式：VGA/HDMI 视频线缆。

主机与学生投影屏传输设备：在 HDMI 无线高清影音收发器（对）。应注意收发器之间无障碍阻挡，在较小的教学空间中可以灵活部署。在固定使用的特殊场地整合原有显示投影设备时，可就近布线，在适当位置接入或采用无线影音收发器中继。

2. 视频采集/输入

视频采集设备规格型号很多，性能、控制、效果、价格有很大差异。综合考虑安装建设和管理成本、应用场景需求、操作维护等多种因素后认为，视频摄像装置在系统中的作用十分重要，应具备以下基本性能指标，并根据场景选配不同规格设置镜头。

基本性能指标：

- 720P 物理分辨率及以上

- 自动光圈
- 固定焦距
- 成像清晰
- 几何失真小
- 色彩还原度高

分场景摄像镜头配置：

- 教师授课全景摄像头：采集教师或学生全景定焦景别，采用简易三脚架，手动控制定镜摄录。推荐 1080P 广角 4 mm 近距镜头。一般不选择其采集录音。
- 教师视频展台：具备 USB 视频输出接口，可采集输出 720P 视频，分辨率 200 万像素及以上，20 倍以上变焦，自动光圈，辅助灯光照明，采集教师手写板书、书面材料，或手部操作，底座固定安装，全向折叠伸展支架镜头，全景至特写景别，可部分替代电子白板。
- 教师操作屏上架摄像头：采集教师近景授课头像/胸像/半身像，固定景别摄录。
- 教室固定安装 10 倍光学变焦/遥控云台摄像头：采集更多更远画面，推荐美源 MSThoo_1080P 高清 USB 视频会议摄像头/10 倍光学变焦。

以上摄像头均采用 USB2.0 数据传输接口，除教师全景摄像头和教师视频展台标配外，其他根据环境和教学需要增配，在方便布线的场合使用高品质线缆实现云视主机 20 米内的视频采集需求。

云视主机连接多个 USB 视频源后，软件设计快捷键 ALT＋N 实现多预设镜头/场景切换。

（五）环境

1. 场地规模

云视互动课堂场地一般应选择面积 50 平方米以内、人数 40 座以下、座位布局相对集中的教室。

要求一定教学场地面积是为了保证音视频采集摄录效果，减少专业设备投入，安装、调试、操作相对简便；较少学生和集中布局可提升教学互动效果。

教师为了更好与远端学生互动，互动分教学点的数量也应控制在一定范围，一般不宜超过 5 个，其他收视收听非互动教学端不受限制。

2. 光照环境

云视互动课堂教室应符合基本教学场地光照标准，在使用自然光进行教学时，应注意场地光照充分、均匀，避免出现画面曝光不足、曝光过度、对比强烈、眩光、闪光、逆光的镜头。

使用人工照明补光时，应注意光源色温保持一致，除非特殊教学设计不采用彩色光源，光线适中、布光均匀。

应注意 50 Hz 频闪的荧光灯与 15/30/60FPSs 帧率摄录采集的视频会造成画面出现干涉条纹抖动，尽可能使用三基色摄影灯、LED 灯、白炽灯等无频闪光源。

普通教室内采用窗帘和人工照明补光控制阳光强烈时的摄录画面效果。

3. 声场环境

为保证音频采集质量，设计了无线指向麦克风确保系统内音频采集效果，但在现场教学和音频播放环节还需要教室具备基本的教学声场条件，避免出现混响过度、噪声干扰等情况。特殊情况下，可采用装潢吸音板材、丝绒帘幕、地毯、隔音棉软包墙面等措施保证较好声场环境。

4. 电磁环境

为了适应各种环境场地推广使用，快速架设，减少布线安装等固定施工环节，提高设备利用效能，在系统中设计了无线网络、4G 网络、高清无线影音传输设备、蓝牙音频传输、无线麦克风等免布线设计，因此对环境电磁干扰有一定要求，系统供电应保证接地良好，尽量避免在电磁环境复杂、附近有大型通信设备、机房、变电站、天线塔台的场所设置云视互动课堂，以保障系统良好的音视频采集播放及网络传输效果。

二、应用场景

（一）规划设计

1. 项目论证

针对以上设想，学校制定了"社区教育云视课堂"项目方案，报审上级政府部门并获批、立项。在长宁区学习办的支持与领导下，学校组织相关技术公司、软件公司进行了充分的讨论，先后制定《高清"云视互动课堂"系统技术方案书》《学在数字长宁"云视互动课堂"项目实施方案》，对项目的技术方案进行了论证。经过讨论、修改、完善，最终制定了《构建"云视互动课堂"，拓展数字化学习方式的实验》的项目实施方案，明确了项目的目标——通过在长宁区构建"云视互动课堂"，打造具有长宁特色的"社区教育综合服务系统"，实现社区学习的数字化、信息化和移动化。

2. 摸底调研

在规划设计后，学校通过调研现状和需求，对社区学校的信息化软硬件条件、技术人员队伍和相关课程等进行摸底，分析系统应用中可能存在的问题和困难进行针对性的设计。调研结果如下（见表8-6）：

表8-6 摸底调研结果分析

项目	结果分析
教学对象	大多为中老年人群，其生理和心理特点如视听觉机能减退，记忆力和认知能力下降，有对新知识、技能、兴趣爱好才艺的渴求，有社会交往和人际沟通的需求。
教学主体	多为有一定特殊才艺技能的退休人员、志愿者、社会工作者。信息化教学工具使用能力差异较大。
教学环境	街镇文化中心共用教学场地，设备技术条件和维护力量较薄弱。
教学组织	街镇社区学校按正常工作时间，组织师生开展日常教学活动。较少的专职组织管理人员难以满足城市日益增加的老年教育需要。教学组织较为自由松散。
教学需求	缓解优质课程的师资、场地限制，班额紧张所带来的求学压力；提供方便易用的网络多媒体教学装备设施，满足中老年学员视听觉特点的教学需求。
扩展功能	以远程教育方式实现社区教育发展，建立以课堂面授教学为主、兼顾实时远程教学的实体/在线混合教学模式。

针对以上摸底调研的结果，学校认为设计云视互动课堂这种信息技术应用水平高、技术环境要求高、教学人员素质高的项目，需要从设备的灵活适应性、方便易用性、稳定可靠性综合考虑，尽量做到使用人员自维护—远程维护—上门维护的阶梯服务方式，降低维护强度和技术难度。技术和设备选型采用通用成熟的方案，在保证课堂教学效果的前提下减少因灵活性而带来的复杂性，是设计系统支持服务成功乃至系统成功的关键。2015年6月，学校在全区10所街道（镇）社区学校进行调研，筛选出5个适合开展"云视互动课堂"的街道（镇），分别是华阳路、周家桥、天山路、虹桥和程家桥街道。经过沟通探讨达成共建意向，随后学校和专业公司为首批5所街道（镇）社区学校完善了"云视互动课堂"软硬件设施。

2015年9月，在长宁区业余大学举行学在数字长宁网"云视互动课堂"项目评审工作会，学校信息中心负责人对项目的前期工作进行了汇报，参与项目建设的相关公司也对项目实施方案进行了介绍，受邀对项目进行评审的专家对方案进行了认真的分析评审，肯定云平台的方案具有高效便利的应用价值。

（二）系统建设

该阶段主要是总结建设过程中形成的各项技术标准，包括云视互动课堂系统软硬件安装、设置、调试等环节技术要求，固化相关技术指标。在完成了系统设计、组建、测试和模拟运行后,进入教学现场进行中试。需要对各环节的技术要求形成具有参考和指导作用的规范文本,总称为该项目的技术标准,并在实施过程中根据情况不断加以完善补充。

2015年10月,开始进行云视课堂系统建设,包括系统设计、设备安装调试、系统测试、试运行及验收5个阶段。2015年12月,长宁区社区学院利用云技术自主开发的"云视互动课堂"系统正式开通,开通现场在长宁区市民学习中心、两个试点单位(虹桥街道社区学校、新华路街道社区学校)和三个合作单位(东华大学纺织服饰博物馆、徐汇凌云街道社区学校、宁波江北区社区学校)开展了"云视课堂"的实践运作,标志着"学在数字长宁"体系进入3.0时代。

(三)应用推广

该阶段主要包括支持服务文档手册的编写,针对参与建设、维护和应用人员的不同侧重培训;建立系统软硬件维护,维修流程和支持服务体系;建立云视互动教学课程组织管理的支持服务体系

1. 开展业务培训,提高相关人员的设备操作水平

为了推进云视互动课程系统的建设,提高系统覆盖单位中相关人员的设备操作水平,首先对长宁区业余大学信息中心和社区教育指导中心的人员进行了培训,再由长宁区业余大学信息中心和社区教育指导中心对各个试点街道(镇)责任部门工作人员、社区学校常务副校长和云视设备操作人员开展了学在数字长宁"云视互动课堂"培训会。通过三次培训活动,增进了参会人员对云视课堂技术原理及其在社区教育中作用的理解,进一步推动了云视课堂在长宁区的深入实践。

2. 规范管理要求,建立系统软硬件维护、技术支持服务体系

为了提高云视互动课堂的规范化建设水平,保障实际运行效果,在项目具体实施的过程中根据需要制定了一系列的管理文件,制定了《学在数字长宁"云视互动课堂"操作手册》。长宁区业余大学与宁波江北区社区学校签订了《社区教育"云视互动课堂"共建合作协议》。通过制定相关文件,确保了项目的时间可控制、结果可监测。

一是进行技术上的维护。技术支持包括维护期和建设期两方面的任务。首先,接受项目管理、设备及软件应用知识等方面的培训。其次,专业应对相关系统(如云视互动课堂)服务的支持,支持人员应该不断在实践中积累经验并形成规范化、流程式的问题解决方案。再次,技术支持人员的业务能力和素养。合格的支持服务人员应具备的基本素养重点是要有解决问题的能力,除了具备基本的发现、分析、处理具体技术问题的业务知识和技能外,

还应具备较好的沟通协调能力、在面临复杂情况时的服务意识和团队合作意识，以及面对各种具体困难和问题时的坚持和努力。

二是进行服务上的沟通。支持服务人员应在系统建设之前与用户进行细致的沟通，主要了解项目建设所需的场地堪查、技术环境，为具体方案设计提供依据，同时对技术参数商洽交底，偏重技术方面的沟通，受过培训的专业人员能更好地为用户提供服务并提高满意度，促使项目建设维护方与用户更好地合作，同时还能够对用户进行技术指导和简单培训（见表8-7）。

表8-7 技术支持服务的具体形式、内容

日常支持	内容
电话支持	用户可以从技术支持方得到及时有效的电话支持。要求电话支持的用户可以指定一名主要联系人及两名替补联系人与服务中心进行电话联系。
网络支持	如果网络环境允许，可以利用远程协助工具进行远程支援。通过这项服务，支持服务中心的工程师可以远程检查用户的系统，以便加速解决问题。
专人支持	技术支持方组建专人用户支持小组，支持小组除包括两名现场服务工程师之外，还将指定一名用户经理作为特定用户的主要联系人。提供一定时期内的专人支持服务。
定期走访	根据系统的特点在系统运行周期内设计不同的频次（如半年内每月一次，半年后每三个月一次），与用户方维护人员共同组成系统维护小组对系统进行实时维护。
现场支持	对于重大或严重影响系统服务的故障，如果问题不能通过电话解决，技术支持方将现场支持，由经验丰富的现场工程师到现场为用户解决问题。
升级服务	为了保证系统能够满足用户不断增加的业务需求，紧跟技术发展，应用最新技术成果，在用户提出需求后按照用户的要求对系统进行升级，确保应用系统的先进水平。升级的原则应保证升级后的系统硬件、系统软件平台不影响原应用系统的正常运行。

3. 后期服务

在测试和验收通过后，系统进入实际运行阶段。在系统运行的初始阶段（如三个月），技术支持方应提供更多的现场服务。服务的主要内容：协助用户进行系统的运行和管理；协助用户解决系统相关环境、网络、配套设施的问题；对具体业务应用进行技术指导；系统投入运行后，会不断因为业务需求扩大、技术发展和具体功能拓展，需要系统扩展规模、升级和定制开发，支持服务方应能为用户提供所需的系统升级和扩展的技术支持。服务要求如下：

总体要求是迅速有效解决问题，根据不同情况选择最有效的服务方式，在保证响应时间的前提下，保证服务质量，综合考虑服务成本和用户开销，减少服务过程中不必要的环节和用户等待时间，使用户对服务有较高的满意度。从云视课堂的运行实践来看,以下几个维护非常重要。一是电话维护:即时响应,限定时间内反馈结果,如电话维护不能解决,则转由远程维护;二是远程维护:按需响应,限定时间内反馈结果,如远程维护不能解决,则转由现场维护;三是现场维护:确需进行现场维护的,从确定需要进行现场维护起,约定时间内到达用户现场、第一时间解决问题,签单反馈维护结果。

三、推广路径

老年教育、学历教育、职业培训、远程援教……我们在不同教育领域积极应用与推广云视课堂。在云视课堂的应用和推广过程中,长宁区业余大学发挥业务指导能力,积极组织云视课堂教学安排,对教学活动开展信息化管理,全校通力合作,明确各部门的职责,加强部门之间的沟通与协作,探索云视课堂的管理和技术支持服务运行机制,为云视课堂项目的顺利推进提供保障。

(一)带动分校的全体教师共同实践研究内容

为了让教师了解和掌握云视课堂,开展多次全员培训。2016—2017学年第一学期,学校对长宁分校全体教师做了题为《云视课堂在学历教育中的应用探索》的培训和交流,和各部门老师一起分享探讨了"云视课堂"技术和应用实践心得。第二学期又组织分校全体教师开展了远程互动模拟教学实践培训,教师两两分组,逐一利用该技术进行远程演示、提问及回答,积极模拟互动教学环节。2017年9月的分校全体教师业务学习的主题是"云视课堂中移动设备在现场和远程同步投屏的教学功能";2018年3月,学校又针对建筑安全专业全体任课教师开展了远程互动课堂的教学培训。

(二)在社区教育领域,积极应用与推广云视课堂

学校下沉基层调研,深入长宁区各街镇社区学校,指导建设和应用相关技术的社区教育云课堂,协助社区学校建设好、管理好、主持好、参与好相关远程听课授课的实践。在上海市终身教育数字化学习协作组的牵头下,学校成员2017年奔忙在长宁、嘉定、浦东、普陀、徐汇、静安等先行区,服务这几个区先行先试建设云视课堂。2018年初,上海市教委终身教育工作要点中提出了云视课堂全市覆盖的任务要求,学校在常规工作之余,在领导的带领下奔赴各个区社区教育主管部门,送上技术方案和相关服务,支持各区建设开通云视互动课堂,在解决了大量细致多样的技术问题后,2018年11月3日,上海市教委终身教育处与上海市学指办在崇明召开了上海市社区教育云视课堂全覆盖工作总结研讨会。

两年来在全国范围内,学校成员在各种社区教育交流、展示、援建活动中,带着云视课堂技术奔赴包头、广州、成都、宁波、红河等地探索建立试点云视互动课堂,送去技术和经验,协助大家一起有效开展了远程互动教学实践。

(三)在学历教育领域,部分课程试点云课堂

2017年第二学期,长宁分校开始在部分课程中试点云课堂远程教学。"企业员工管理与自我管理"这门课的5次教学都有相当多的远程听课学员,数次超过了该账号同时接入的容量上限。2018年第一学期,根据需要对相关课程账号进行了扩容升级,保证更多学生的接入学习。云视课堂技术应用在建筑安全专业所有课程教学中,系统容量增至100端,同时教学组织上完善考勤和支持服务管理,以期实现更好的教学效果。

(四)在培训教育领域,积极主导云课堂的建设与应用

学校积极利用云视课堂设备,提供专业周到的技术支持,协助职业培训部门开展摄影、鉴赏、手工制作等专题课程和讲座,通过云视课堂辐射到各个居民社区学习点和个别学习爱好者,实现优质课程共享,为职业培育教育提供了各种便利。2017—2018年,学校为长宁分校与建安培训学校的远程课堂建设提供专业技术指导和支持服务,利用该技术在崇明、金山、奉贤等远郊建筑施工企业开展云视课堂安全培训,除了解决参与远程听课学习的学员的工学矛盾,还提升了他们参加标准化机考的合格率,受到师生的一致好评。

(五)利用云视课堂开展远程支教的探索

2019年4月,长宁区党政代表团在时任区委副书记、区长顾洪辉的带领下,来到云南红河,对长宁对口帮扶的金平、绿春、红河三个县进行了考察调研。考察团为上海玉屏南路小学、云南金平一小、云南马鞍底乡中梁小学同步启动了支教云视课堂,三校校长做了远程交流发言,支教云南的老师上了第一堂云视课程。多点之间流畅清晰完整的网络音视频呈现良好的效果,有力地支持了这一创新教育扶贫工作。

这个智力支教项目的技术方案和支持服务由学校课题组成员设计并具体实施,学校多位成员分工协作做好这项工作的技术支持服务,让云视课堂在长宁教育的援教工作当中发挥了重要作用。

第四节 云视课堂技术支持服务案例

学校立足课堂教学,创新数字化学习方式,探索优质学习资源的共建共享模式,进一步满足学员的多元学习需求,以"云视课堂"应用与推广实践为抓手,为更好实现"时时、处处、人人"可学的终身教育理念,从技术到实践探索远程互动教学新模式,探索建立符合远程视频互动教学所需的技术标准和方案,借助网络技术手段,实现教学模式的创新,丰富线上、线下教学交流互动的形式和手段,为完善终身教育大平台添砖加瓦。2015年开始,学校信息中心积极参与研发云视课堂技术,技术支持深入现场,打头阵送设备下社区,不畏烦琐,不畏辛苦,往来奔忙,提供及时、过硬的技术支持和服务保障。目前,云视课堂经历了硬软件三代创新,在全市16个区实现了全覆盖。

第一代"云视课堂"设备研发搭建完成后,信息中心团队成员积极打头阵,在其他部门配合下将云视课堂整套设备送至各个街道社区学校进行调试、安装、使用,经常会为解决一些具体技术问题而多次在学院和各社区学校间来往来奔忙,提供及时的技术支持和服务保障。

信息中心团队成员积极进行云视课堂的教学设备研发和技术支持工作,研究并实践了云视课堂与教学平台的整合,配合多方人员开展云视课堂教学工作,提供全方位的技术支持。

团队成员在实践"云视课堂"工作推进中大胆创新,学习新的技术手段和教学方法,云视课堂的硬软件创新工程经历了 1.0 → 2.0 → 3.0,在学院领导的指导下和各部门的配合下,云课堂的工作进一步推进,目前已经覆盖全市各个区,甚至覆盖至外省市。

实践出真知,为了更好地提供技术支持服务,课题组走街串巷,深入刚开始推进的长宁区十个街镇社区学校,为社区教育云课堂进行专业的技术支持和辅导,协助社区学校主持好、参与好相关课程的实践。在上海市终身教育数字化学习协作组的牵头下,信息中心成员又奔忙在长宁、嘉定、浦东、普陀、徐汇、静安等先行区,乃至内蒙古和广东等省区市的试点课堂,为其送去技术和经验,协助大家一起更好地利用云视课堂开展相关教学实践。

案例1:远程支教,云视课堂助力上海玉屏南路小学与云南金平边疆两所结对小学

在长宁区教育局的协调下,长宁区业余大学积极参与了"长宁—金平对口帮扶共享云视课堂"项目,该项目以课题组开发的社区教育云视课堂为支撑,创新长宁对金平基础教育帮扶形式,拓展帮扶范围。本项目为长宁区玉屏南路小学、金平县第一小学和金平县马鞍底乡中梁小学(上海长宁第九希望小学)提供了云视课堂服务,支持两地三校开展远程云视互动教学和教研

活动,以"互联网+教育"的形式为长宁对口帮扶西部贫困地区教育事业开辟了新的途径。

长宁区业余大学对于参与本次对口帮扶项目进行了精心布置,在教育局的协调下多次与三所小学以及金平当地教育主管部门联系沟通,前期落实了云视课堂设备分装和长途运送的工作,及时将设备送往金平,还组建了专门的工作团队,分赴三校进行了现场设备组装与环境布置,并对三所小学的教师和技术人员进行了专门的培训。

2019年4月,带着与红河州脱贫攻坚一起奔小康的目标以及共谋未来合作发展的使命和责任,长宁区党政代表团在时任区委副书记、区长顾洪辉的带领下,来到云南红河,对长宁对口帮扶的金平、绿春、红河三个县进行了考察调研。

2019年4月23日,考察团为上海玉屏南路小学、云南金平一小、云南马鞍底乡中梁小学同步启动了支教云视课堂,三校校长做了远程交流发言,支教云南的老师上了第一堂云视课程。长宁区业余大学专业团队现场提供了技术支持,保证了云视课堂的顺利开展,多点之间流畅清晰完整的网络音视频使课堂教学呈现出良好效果。云视课堂支持了这一创新教育扶贫工作,为长宁对口帮扶西部贫困地区的事业贡献了一份力量。

【案例分析】

共享课程云视课堂的建立不仅可以有效解决边疆地区学校师资缺乏与不平衡的问题,实现对口帮扶学校间优质教学资源不受时空限制共建共享;还可以远程提供学校、社区有特色的文化、艺术、科技等丰富学习资源,供不同学校、不同学习者因地制宜选课学习;同时可以支持多地不同学校间教师远程开展教研活动,共研讨论。以"长宁-金平对口帮扶共享课程云视课堂"开通为起点,长宁教育还将推进云视课堂向红河州更多学校拓展,同时配套相关师资培训和技术服务,为援教工作插上互联网的翅膀。云视课堂,让长宁与红河援教工作不受时空限制;云视课堂,让优质教学资源共享没有围墙。

沪滇两地三校云视课堂的建立是由长宁区业余大学支持,课题组提供技术服务,在两天时间内建成开通,实现了良好的课堂互动教学效果,这一成果实现了研究预期提出的快速部署,低成本方案,有效解决技术薄弱地区远程视频互动教学需求的目标。

案例2:携手共建,云课堂助力建筑安全远程培训

2017—2018年,课题组积极参与上海建安培训学校的建筑管理大专专业远程课堂建设,利用该技术在崇明、金山、奉贤、松江等远郊建筑施工企业开展云视课堂安全培训,两年内开设了三门园林绿化相关云视课堂课程,受到师生的普遍欢迎。这种方式除了解决参与远程学员的工学矛盾,还提升了他们参加标准化机考的合格率。

上海建安培训学校的学生来自上海多个区,结合我们的云视课堂技术,主要是以多点多人的方式进行学习,以一个线下点作为授课中心,通过网络云将采集的视频和语音传输到各个教学点。其中,有些双证课程在上海市绿化和市容管理局、上海市绿化和市容(林业)工程管理站和上海市园林绿化行业协会等相关部门的协同统筹推动下,以及各区相关绿化企业的大力支持下,在上海崇明、奉贤、广中路等三地通过云视课堂同步开启。学员可以通过电脑、手机、iPad等电子设备远程听课,极大地方便了广大学员的个性化学习,同时也通过云视课堂提高了受教育者出勤率,学员也能够通过统一组织在附近的教学点开展学习,在学习过程中收到同现场一样的教学效果。

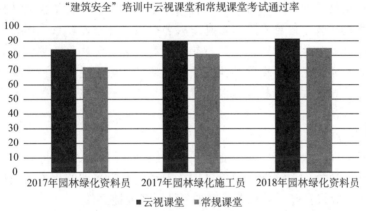

图8-3 2017—2018年云视课堂助力建筑安全远程培训开展的成效

【案例分析】

通过对这类企事业培训实践分析,我们发现云视课堂能够取得良好效果的原因有以下几点:

(1)教学管理方支持重视,计划组织周密,积极落实场地、课程、师资、设备等要素,预先安排上门测试准备各分课堂技术环境,为远程互动教学提供充分保障。

(2)教师主持云视课堂教学,更有针对性地备课,集中注意力进行重点难点讲解,提高课堂现场授课效率。

（3）主课堂摄像机位选择最佳位置、麦克风收声技术效果良好，分课堂给学习者还原呈现出完整清晰的教学音视频信息及课件内容，保障良好的听课效果。

（4）远程学习者减少了路途奔波劳累，学习目的明确，学习态度积极，学习效果良好。

案例3：技术支持特殊人群远程视频培训

2016年6月16日上午，长宁区业余大学（社区学院）522教室按计划进行盲人/低视力学员按摩远程互动授课。本次培训由上海开放大学闵行校区主持，使用第三方视频交互评估平台进行教学。

该课程原计划在9点整开始教学，克服障碍来到课堂的长宁区学员及其他区远程分课堂的学员都在安静等待，但这时由于闵行校区录播系统服务器突发技术故障，导致所有分校授课点无法开始远程授课学习。

学校信息中心和教服中心的支持服务人员发现问题后立刻联系远端的技术人员，但故障一时难以解决。所有人都在焦急等待，在学校成功探索社区云视课堂远程教学的启发下，信息中心郭敏杰老师当即联系了闵行校区的张老师，经过数分钟的电话交流和指导，顺利下载安装软件，学校作为临时组织者开启了云视课堂，提供其他分校音视频接入教学现场，云视课堂系统远程救场，清晰接收远端教师授课的视频与声音，顺利完成了这次盲人远程互动教学活动。

【案例分析】

突发事件反映出系统适应能力强，未经过专门测试的场地和设备也能方便接入开展教学；系统设计简单易用，未经过专门培训的相关人员也能方便使用；教学效果良好，云视课堂维护支持服务便捷高效。

专业的技术环境才能实现专业的教学互动效果；专业的课程设计和组织教学才能带来专业的学习体验。发挥数字化课堂教学优势、力求在技术应用上进行创新，以"云视课堂"建设突破教育资源的时空限制、交流互动形式的局限，从技术研究到课堂应用，形成新型线上线下相结合的学习方式是本课题研究的主要目标。云视课堂作为一种富有特色的新型终身教育数字化学习形式，为终身教育大平台资源集聚和发散提供了新的路径，增加了新的渠道。在云视课堂的应用和推广实践中，课题组利用专项培训项目、扶贫结对、各级交流会等各种手段，积极进行推广支持服务的手段拓展，让更多的人了解到这一新型教学模式的优势所在。

通过上述大量的云视课堂建设的应用和推广实践，本课题组认为未来云视课堂的应用与推广除了重点进行支持服务的研究，还将以需求为导向，以完善架构为重点，以专业服务为标杆，以鼓励应用为引导，以专项投入为支持，提高选课率，提升课程品质，吸引更多学习者参与。

第八章　云视课堂应用的技术支持服务

第九章 新时期区域成人高校校园文化建设

区域成人高校在转型发展过程中，普遍将特色发展作为内涵式发展的应有之义，积极探索适合自身校情的特色发展之路。但在打造特色的过程中，对校园文化建设的重视程度不高，缺乏理性思考，大多没有作出缜密的行动规划，或是忽视特色文化建设，或是在文化建设内容、形式和创意方面呈现同质化，在前瞻性、系统性、互动性、文化涵养、校史发掘、创新手段等方面存在不足。党的十九大报告指出，文化自信是一个国家、一个民族发展中更基本、更深沉、更持久的力量。校园文化是社会的一种亚文化，是学校在自身发展过程中形成的一种独特的文化形态。现代管理理论认为，一个组织发展到一定阶段后，文化建设已经上升到一个组织能否持续发展的战略高度，成为一个组织持续发展的不竭动力。

校园文化建设与学校发展的关系十分紧密，是局部和整体的关系。局部建设有利于整体发展，而整体水平的提升有利于局部建设工作的开展。终身教育大平台的提出明确了我校今后的发展方向，是新形势下学校转型发展的重要战略。学校的发展取决于其战略发展，战略要靠文化支撑，文化是大学的灵魂。当前大学的竞争不仅仅是硬实力的较量，从长远来看，软实力的竞争更带有根本性的特点。加强具有鲜明特色的区域成人高校校园文化建设，必将有助于提升区域成人高校在发展中的软实力和竞争力。这既是区域成人高校竞争制胜的重要力量之源，也是对自己办学特色与实力的彰显，更是学校完善区域终身教育大平台的题中之义。一方面，在完善终身教育大平台的过程中，通过校园文化引导，将学校的广大师生员工团结、凝聚在一起，形成良好的氛围和强大的精神力量，内化为广大师生员工共同的价值观，然后再外化为他们的行动，成为推动学校完善终身教育大平台建设的动力。另一方面，终身教育大平台的完善，会对其校园物质文化、制度文化、精神文化和行为文化提出新的要求。这种新的要求会使全校教职工在校园文化建设方面做出努力，推动校园文化建设工作的开展，使校园文化建设迈上新的台阶。

因此，在完善终身教育大平台的背景下，加强校园文化建设，是新形势下学校转型发展的必然要求，反过来，校园文化建设又使学校在面对新环境、新时代时能够不断传承、创新和发展，在多元竞争环境中具有自主能力、取得自主地位，从而实现与时俱进、持续发展，形成新形势下学校改革立场、态度和行为方式，使学校自觉承载起终身教育大平台的使命，体现出在终身教育领域的担当。正如习近平总书记提出的："只有坚持从历史走向未来，从延续民族文化血脉中开拓前进，我们才能做好今天的事业"。

第一节　区域成人高校校园文化

毛泽东同志曾指出，一定的文化（当作观念形态的文化）是一定社会的政治和经济的反映，又给予伟大影响和作用于一定社会的政治和经济。在当代中国，大学文化作为中国特色社会主义先进文化的重要组成部分，它具有文化的一般属性，遵循文化发展的一般规律，具有社会主义文化的本质特征，是以社会主义核心价值体系为取向、具有鲜明特征和显著时代特点的特殊组织文化。区域成人高校校园文化属于高校文化的一部分，一方面，必须做到坚定正确的文化发展方向、树立正确的文化价值取向，以传承弘扬中华优秀文化为己任；另一方面，在遵循高等学校校园文化建设一般规律的基础上，结合学校的实际，也应突出自己的特色，形成自己的校园文化建设品牌，为新时代中国特色社会主义文化建设做出自己的贡献。

一、区域成人高校校园文化

（一）高校校园文化

关于"校园文化"的概念，一般认为是美国学者沃勒1932年提出的，他认为："学校中形成特别的文化。这种文化有不同年龄的儿童将成人文化变为简单形态，或儿童游戏团体所保留的旧成人文化而形成，另一方面则系经由教师设计，以遇到某些年龄成人学员活动的文化所形成。学校中的各种仪式，是校内文化的一部分。成人学员所认为学校生活中最重要的'活动'，则属文化模式。年青一代的特殊文化的存在，可能是结合各种个体形成学校的最有效因素。"国内学者对高校校园文化概念进行了广义与狭义上的界定。广义的高校校园文化概念认为，高校校园文化是高校师生所创造的物质财富和精神财富的总和及其创造过程，涵盖高校校园文化的主体、过程、环境等诸多要素；狭义的校园文化概念则认为高校校园文化特指"以师生广泛认同的人文精神、价值规范、道德体系、行为准则、思维方式、心理预期、校园作风、校园形象等为主要内容的精神文化系统"。无论对校园文化做何种表述,其实质是不变的,即校园文化在存在方式上,既是精神的又是物质的;既是师生共同遵循的价值理念、精神追求和制度安排,又物化为校园科技、文化活动和校园景观环境。

(二)区域成人高校校园文化

1. 成人高校校园文化

成人高校是以成人为教育对象的高等学校,是成人学历提升和培训的场所。成人高校校园文化建设一直以来受到国内学者及高校教师的关注。乐传永提出建立校园景观、校园精神、校园规则及第二课堂等措施改善校园文化建设;杨天勇提出成人高校校园文化建设要做到"三结合"即校园文化与优秀传统文化、思想政治工作及成人高校改革相结合,把握"三导"即加强党的领导、做好正确引导和组织教师指导,抓好"三环节"即塑造校园品格、获取社会认同和营造文化氛围;李淑云提出成人高校文化建设的有效途径是加强校风建设、开展课外文体活动、强化社会实践及搞好校园环境建设;胡银茂等提出针对成人高校学术特点,从物质、精神、制度文化角度开展校园文化建设;倪美华提出从网络角度思考校园文化,并进行了实证案例分析;王怀启从人才培养、社会责任、信念引导和以身作则四方面对成人高校校园文化建设提出改革意见;同期还有张朱博从新媒体对校园文化影响角度提出了运用网络技术传播校园文化、改革课程设计和建立数字校园等措施;沈建红提出从文化建设功能入手,通过抓领导示范、设施平台和管理成效等途径建设校园文化;陈益飞从职业教育角度讨论核心竞争力对校园文化建设的影响;黄美初提出从正确分析成人高校校园文化的内涵和特点入手,结合区域经济发展定位、校园文化发展方向等来促进文化建设。概括来说,成人高校校园文化,是指成人高校全体校园人在长期的办学过程中共同创造形成的一切物质财富和精神财富的总和。物质财富一般包括校园的土地、建筑物、办学设施、仪器设备、图书资料及校园里的树木、花草等。这是校园文化的基础和载体。精神财富一般包括办学观念、办学目标、校风、学风、领导作风、历史传统、学校精神、师德师风等。

2. 区域成人高校校园文化

在上述高校校园文化、成人高校校园文化概念基础上,结合区域成人高校实际,区域成人高校校园文化是指在成人高校这一特殊的教育环境中,以教育目标的实现为目的,以校园精神为核心,以师生及服务对象为主体,在长期的教育实践过程中共同创建而形成的学校物质文明和精神文明的总和。

就具体内容而言，校园文化主要包括以下四个方面：物质文化、制度文化、精神文化、行为文化。物质文化建设是非物质文化赖以生存和发展的基础和载体，是校园文化建设的前提和保障，是学校在发展过程中所积累的所有外在物化形式的总和。物质文化建设主要是指校园环境建设，包括校园建筑、活动场所、教学科研设备等。精神文化建设是校园文化建设的核心内容，是在高校长期发展中所积累并形成的一种特定的精神风貌和文化氛围，是学校历史文化传统的传承，是学校价值体系的精华，是推动师生共同进步的精神力量，主要包括校风建设、教风建设以及学风建设。成人高校校园制度是根据学校的办学宗旨、理念，学生的培养目标和发展方向，针对在校师生所制定的规范和约束师生的道德、行为准则和规范。校园制度文化主要包括学校的各种传统、仪式、规章制度等，是校园文化的内在机制，是维护学校正常秩序的保障机制。行为文化是成人高校中的师生在物质文化的规范与制约下，在意识观念的影响下，在其教学及科研活动中所形成的具有一定共性的行为习惯、生活方式等。校园行为文化是精神文化的外在表现，是校园文化的动态体现，是校园整体文化的重要组成部分。物质文化是基础，精神文化是内核，制度文化是保障，行为文化是展示，四位一体共同构成了区域成人高校的校园文化。

二、区域成人高校校园文化的特性

成人高校是我国高等教育的重要组成部分，它是随着我国的改革开放和经济社会发展应运而生的。自20世纪80年代中期以来，成人高校如雨后春笋般成长起来。办学专业几乎涵盖了各行各业，办学层次主要有干部培训、成人高等教育（含成人本科、成人专科、高等职业技术教育等）。由于办学特色明显，培养的人才都是应用型、技术型的，受到各行各业的欢迎。成人高校办学的特殊性，决定了校园生活的特殊性。其校园文化具有自己的特征：

一是多样性与主导性相结合。由于当前经济成分、经济利益和就业方式的多样化，同时还由于成人高校校园文化主体的价值取向、知识结构、文化素养、兴趣爱好、理想信念的不同，成人高校校园文化往往呈现出多样性。但我国成人高校的性质和根本任务是必须坚持社会主义办学方向，贯彻党的教育方针，努力培养和造就德智体美全面发展的社会主义建设者和接班人。这就决定了校园文化必须具有主导性，即围绕培养目标，大力倡导社会主义、集体主义和爱国主义，并以此指导、引领校园文化。

二是独立性与开放性相结合。成人高校校园文化产生和成长的环境是成人高校的校园，创造的主体是成人高校的校园人，其创造的校园文化活动，无论是课内的还是课外的，无论是教职工的还是学生的，无论是有组织的还是自发的，都属于校园文化的范畴，形成了区别于社会文化和其他亚文化的独立的系统。但成人高校校园文化不是"孤岛文化"，它不可能脱离社会大文化而孤立地生存与发展，它与社会大文化总是有着千丝万缕的联系。学员一般都是各行各业的当班人，他们都是主流文化的代表，他们的思想观念、兴趣追求往往直接或间接地影响着成人高校校园文化。这就使得成人高校校园文化表现出与社会大文化同步。

　　三是思想性与兴趣性相结合。兴趣性是校园文化的重要特征，也是校园文化赖以存在和发展的重要条件。校园人之所以愿意参加校园文化活动，是因为活动本身能使参加者得到身心的愉悦、兴趣的满足、价值的实现。同时，成人高校校园文化的主体是高知识群体，思想境界高、思维敏锐，组织的校园文化活动一般思想性较强，能达到寓教于乐的目的。

　　四是历史性与实践性相结合。校园文化作为校园精神、校风学风、办学传统的整体体现，必然带有这所学校的特定背景、历史条件下的传统积淀，这就是校园文化的历史性。同时，校园文化还会因培养目标、培养对象和办学结构的调整及国家教育体制改革大环境的影响而相应地发生变化。这就需要在校园文化建设实践中根据形势的发展及时调整校园文化建设规划。

　　区域成人高校校园文化兼具成人高校校园文化的一般特点，同时又表现出特殊的一面，其在校园文化的形成过程中具有浓厚的区域成人高校特色。

　　一是区域性。区域成人高校作为一种特殊教育机构，具有明显的区位特征，与区域经济社会发展息息相关，立足并服务于所在区域是其重要的社会责任和价值取向。一方面，区域经济社会发展在很大程度上依靠广大劳动者素质和技能水平的提高。以培养生产、建设、服务、管理第一线的高素质人才为目标的区域成人高校，在区域经济社会发展中的作用日趋显著。另一方面，区域经济社会发展会不断释放出不同的社会问题，作为与经济社会发展联系最密切、服务最贴近并且是区域重要成员之一的区域成人高校，有责任利用其人力、智力等优势去解决这些问题，为区域发展提供全方位的服务。此外，区域经济社会的发展造就并养育了区域成人高校，为其提供了良好的生存空间，为了回报区域社会，区域成人高校只有通过主动而有效的社会服务才能不辜负其应有的社会责任，体现其存在的价值。

　　二是服务性。目前，区域成人高校都在开展学校转型发展的探索和研究，使学校在新形势下获得了新的发展，形成了许多好的发展模式和先进理念。一种观点认为，区域成人高校从学历教育向教育培训和终身教育服务拓展，应实现"多元发展"或"三教融通"。这既表示三者之间相互协调——学历教育的稳固、教育培训的扩大、终身教育服务的加强，同时也表示三者之间的相互支持、相互促进的依存关系。一种观点认为，随着区域成人高校的转型，学校应该由教学型向管理型和服务型转换，即教学是基础、管理是手段、服务才是根本，这是区域成人高校新的价值取向。一种观点认为，学校应从封闭型向社会型和开放型转变，既有利于把经济社会发展的需求引入学校，也有利于把学校的人力和智力推向社会，体现出区域成人高校社会责任，彰显出学校面向社区、服务社区的核心理念。由此可见，"从学历教育向终身教育转型是成人高等教育未来发展的重要生存空间"，而区域成人高校转型的根本出路是服务社会，关键是提升社会服务能力。与此同时，成人高等教育的对象的特殊性决定了其校园文化建设应以服务性为根本。长期以来，成人高等教育夜大、函授的校园文化建设并未受到重视，成人高校缺乏学生服务部门。而且，与普高团学组织的"学习型、知识性、服务性"三位一体的组织作用不同，也与普高学生工作的教育与管理并重的职能不同，成人高校学生更需要和重视的是一种服务性的校园文化活动，硬件上提供充满人文关怀的设施如完善的校园设施和服务场所等，软件上开展克服工学矛盾、导学、在一些实际的问题上提供专业的帮助等主题的活动，这样才能真正吸引学生，加强他们对学校的归属感和认同感，使成人高校学生不再是游离于高校校园文化活动之外的"成人"。

三、区域成人高校校园文化建设的路径选择

2018年9月10日，习近平总书记在全国教育大会上发表重要讲话，站在新时代坚持和发展中国特色社会主义的战略高度，系统总结了推进我国教育改革发展的"九个坚持"，对当前和今后一个时期教育工作作出了重大部署，这区域成人高校校园文化建设指明了方向。区域成人高校校园文化建设要坚持将德育放在首位，以文化育人，从学校自身特色出发，打造特有的"文化品牌"，形成具有自身特色的校园文化。

（一）明确校园文化建设方向，发挥基层党组织的主导作用

立德树人是高校的根本任务，人才培养是高校的根本职能。面对社会转型期人们价值观多元多样多变的复杂局面，坚持和巩固马克思主义指导地位，就必须解决好"为谁培养人、培养什么人、怎么培养人"的问题。成人高校校园文化建设必须坚持以人为本，解决好培养人、怎样培养人的重大问题，其文化的本质属性是社会主义先进文化。党对教育行政的领导是社会主义国家教育最基本的特征。成人高校基层党组织主导校园文化建

设，必须加强政治引导，确保社会主义办法方向。具体而言，要始终不渝地以马列主义、毛泽东思想、邓小平理论、"三个代表"重要思想、科学发展观、习近平新时代中国特色社会主义思想作为校园文化建设的指导思想。坚持把社会主义核心价值体系、社会主义核心价值观融入校园文化建设全过程。在此基础上，使校园文化建设与办学理念保持一致，为学校整体发展服务。如果"学术自由"是普通高校的理想，那么成人高校则更强调"以市场为导向、以能力为本位"，旨在通过传授知识、培训技能，服务于区域经济与文化发展，培养出具有"较高道德素养和实用专业技能"的应用型人才，促进人才的可持续发展。有了这一基本前提与方向，才能确保人才培养方向的准确性。

（二）提高认识，将校园文化建设纳入学校发展的总体规划

正如前文所述，区域成人高校普遍存在不重视校园文化建设或者重视程度不高的问题，在实际建设过程中往往缺乏清晰的发展思路和鲜明的学校特色，导致校园文化建设出现条理不清、文化趋同的局面。习近平总书记指出："要加强文化领域制度建设，举旗帜、聚民心、育新人、兴文化、展形象，积极培育和践行社会主义核心价值观，推动中华优秀传统文化创造性转化、创新性发展，传承革命文化、发展先进文化，努力创造光耀时代、光耀世界的中华文化。"区域成人高校校园文化建设要形成制度体系，制定清晰的发展战略，理清发展思路，积极宣传马克思主义理论政策，营造精神文化氛围，倡导积极阳光的生活方式，提高师生的凝聚力，展现区域成人高校的精神面貌。要将校园文化建设纳入学校发展的整体规划中，用长远的眼光，让校园文化建设形成长效机制。特别是在区域成人高校改革转型的关键时期，校园文化建设要与学校发展定位相匹配，要形成具有区域成人高校特色的校园文化建设举措。

（三）创新形式与内容，打造区域成人高校校园文化品牌

区域成人高校由于现实原因，在办学条件、师资力量、生源质量等诸多方面无法与普通高校进行比较，这就需要区域成人高校另辟蹊径，扬长避短。校园文化活动品牌是校园文化组织活动的良好形象、全员服务、优秀组织文化和广泛社会影响的突出表现。品牌化建设是校园文化建设重要途径，可以增强学校的凝聚力和生命力。

一方面，成人高校校园文化建设，既要具有文化品味、独立品格和价值追求，也应注重适应社会、融入社会。传统的课堂教育是人才培养的主要形式，但成人高校的课堂教育很大程度上受到时空的限制。学生在校学习时间较短，组织校园文化生活活动的机会相对较少。要充分利用校园文化的多样性、新颖性,吸引学生注意,补充课堂教学的不足,就能让学生在宽松和谐的氛围中,自觉不自觉地丰富其专业知识,调动其创新思维,激发其学习热情。如从物质文化上,有学校特色的雕塑、公告栏、画册、学报等烘托出和谐积极的校园氛围;从精神文化上,学校的校训、标语、班级的良好氛围增加认同感;从行为文化上,定期的课外实践活动等提升学员自信,获得社会认可。这些方式交错开展,共同弥补课堂教学的局限性,起到"润物细无声"的积极作用。此外,随着信息技术的发展,微博、微信等都为成人高校的校园文化建设提供了更丰富的资源和更加便利的平台。

另一方面,一个品牌的力量和围绕一个核心文化形成的文化品牌群相比,其力量要弱小得多。成人高校要努力在凝炼出一个核心的文化品牌的基础上,围绕这一特色品牌的成长,形成彼此关联、相互促进的品牌链、品牌群,并利用相关有利政策和资源优势实现校园文化活动品牌化。通过品牌活动来优化工作理念、组织机制和参与方式,通过品牌建设彰显成人高校校园文化,改善学校校园组织活动的内在机制和外在形象,实现以品牌活动塑造品牌组织的目标。

第二节 区域成人高校校园建设的现状

区域成人高校的校园文化是与区域成人高校的产生与发展相伴而生的。长宁区业余大学作为上海最早开办的区域成人高校之一,在建校之初便以"服务学习者为办学宗旨,服务区域社会经济发展为己任",在经历了初创建立、稳步发展、转型发展、深化改革等过程后,逐步积淀和形成了一定的教育理念和行为规范,凝聚和沉淀为区域成人高校独具特色的学校文化。学校以"成人高等教育的重要载体、大众技能提高的培训基地、市民终身学习的指导中心、现代教育服务的拓展平台"为功能定位,遵循"做精学历教育、深化社区教育、强化教育培训、拓展文化教育"的发展途径,逐步构建成为开放办学的实体和区域终身教育发展的大平台。当下,学校在完善终身教育大平台的过程中,如何在不断的传承与创新中,进一步发挥校园文化的保障作用,是新时期学校转型发展过程中需要思考的课题。

一、区域成人高校校园文化建设的历史梳理

(一)区域成人高校校园文化建设的现状

1. 物质文化方面

物质文化是校园文化中不可或缺的组成部分,良好的物质文化能促进

制度文化和精神文化的养成。物质文化不仅指校舍建筑规模，也包括校园布局、校园环境和校园文化载体，如校内绿化造景、标志性建筑、主题雕塑、校牌校徽、历史古迹以及体育场、图书馆、实训室等硬件设施。

学校物质文化建设主要表现在校区规划营造校园文化环境。学校自1957年创办以来，办学之初只有定西路一个校区，随着办学规模的不断变化，校区几经扩容，特别是1997年，与职工中专、第一业余中学、成人教育培训中心等几所学校合并建立长宁区社区学院，新开辟了水城路校区。近年来，随着学校转型发展的不断深入，两个校区的功能配套改造日趋完善。一方面，最大限度地利用校园空间进行绿化，同时充分考虑树木花草的品种、差异，进行合理搭配，形成疏密相宜、错落有致、深浅有度、色彩纷呈的校园绿色景观。因地制宜地建设一些文化长廊、亭台楼榭、雕塑景观等，既注重景物的美观大方，又注重育人寓意的挖掘和创新。如在楼层设置安全警示语、文明礼貌语，提示学生上下楼梯轻声缓步、注意安全等，在过道墙面张贴名人图片、名人语录、书画作品。同时，注重校园环境的布置，主要是学校的标志、墙壁上的文字、图画等显示学生特性的专用平台与载体。校园内环境的布置因地制宜，既考虑信息容量，又考虑美观优雅，让环境育人的效果发挥到最佳状态。另一方面，学校还对两个校区进行功能配套改造，致力于各项硬件设施的改善与建设，对两个校区校园整体翻修，考虑到学生上课时的停车难问题，在水城路校区新建了停车场，并逐步改建了会议厅、语音室和信息中心。这些硬件设施的改善，为教师的教育教学与学生的学习提供了重要的支撑。当下，整洁优雅的校园环境通常能在校园人中起到"润物细无声"的作用，易于陶冶情操，唤起学生及教职员工对学校的依恋之情，寓意深刻、历史悠久的校园建筑则能起到彰显学校信念和价值追求，凝聚起校园人的向心力的作用。学校连续六次获得上海市文明单位荣誉。

2. 精神文化方面

精神文化是指高校长期培育形成的一种特定的精神风貌和文化氛围，是一所学校个性和风貌的集中反映，是校园价值体系的精华，是推动师生积极进取、开拓创新的强大精神力量，它包括学校的办学方向、培养目标、学校精神、校风、学风、师生的思想道德、观念意识、行为方式等。它是校园文化的核心和灵魂，对整个校园文化具有决定性的影响，是形成物质文化和制度文化的前提和源泉。

2006年，学校以三年发展规划为抓手，开展了"区域成人高校'一训三风'建设的实践与探索"的课题研究，重点提炼了学校精神文化的内涵。"一训三风"是院训、院风、教风和学风的简称，它是学校文化的灵魂。院训——笃学明志，自强不息，要求全校师生无论修德还是进学都应树立高尚的志向、高洁的志趣，锲而不舍求真知，在追求、实现理想的过程中，不断探索进取、勇往直前，从而夯实自身的科学文化底蕴，真正走出"大众化、社区化、国际化、信息化"的道路。"笃学明志，自强不息"是学院精神文化内核的灵魂，不仅时刻激励和劝勉全院的师生，而且很好地体现了学院"坚持立足社区、服务社区、适应市场、多元办学"的办学理念与良好的精神风貌。院风——求真务实，兼容并蓄，要求学院的教师和学生，无论是教还是学，都要以真才实学为目标，真抓实干，服务社会，务实前行，把学院建设成为大众高等教育的重要载体、职工技能提高的培训平台、市民终身学习的指导中心、国际合作办学的理想伙伴。在办学功能上体现学历教育、非学历教育、社区教育等兼而有之、互为生源；在办学层次上体现中高级成人教育、初中高各级职业技能培训兼而有之、互相促进；在学术思想上体现各种教学流派、各种教学风格兼而有之、互相学习；在办学理念上体现现代的与传统的、国内的与国外的兼而有之、互为补充；在办学作风上体现各种意见、建议只要是有利于学校发展的均能采纳。教风——身正学高，爱生善教，作为学生的良师益友，学院要求每个教师都应当具备良好的职业操守，持之以恒地潜心研修学问，以渊博的学识、高超的技艺、高尚的人格去教书育人，授人以渔；要求教师持之以恒地立身为范，以生为本，晓之以理，动之以情，导之以行，施爱于生，根据我们学院各类学生的特点因材施教，向他们传授知识、技能与做人的道理；作为集学历教育、非学历教育与社区教育于一体的市民终身学习综合教育培训机构，同时要求教师根据各类学生的特点，向他们传授知识、技能，乃至做人的道理。学风——乐学致远，学以致用，表达了学院的为学之道，提出了为生之本。作为成人高校，学院的学生绝大多数是成人，且有一定的职业。学习对他们来说应当是出于工作需要的一种自觉要求，所以要愿意学，乐意学，把学习作为生活的一种方式、一种乐趣，只有这样才会学得认真、刻苦，才会获得成功。而为学的最高目的便是"致用"，学生的学习最终还是要落实到工作中去，将学与用有机地结合在一起，用理论指导实践，解决实际问题。这样的学风要靠教师的启发和培养，更要靠良好的教风去影响。

当下，"一训三风"作为学院精神的表述、学院文化的灵魂、学院建设的方略、实施三年（五年）规划的抓手，在实践过程中不断发挥其作用并逐步完善，并通过学校文化建设、师资队伍建设、社区教育服务等多方面的探索，共同促进学院内涵建设和发展。近年来，学校通过"一训三风"的建设逐步塑造学校精神，提炼和完善学校文化，形成精神文化的强大推动力，对内提高教职工素养水平，强化教育教学质量，和谐师生关系，促进教学综合改革，不断完善和改进校园文化与硬件设施等，对外积极发挥服务社区的精神，推动社区教育和社区教育发展，提升人才培训规模和质量，努力打造学院品牌。只有通过内外兼修，学院才能不断增强软实力，以内涵建设为基础走上可持续发展的道路。

3. 制度文化方面

制度文化是指校园管理者和被管理者在交往过程中缔结的社会关系以及用于调控这些关系的规范体系。主要表现为学校对组织和校园人产生规范性、约束性的行为要求，包括国家的法律法规、学校的管理体制、组织机构、规章制度、行为规范等。比如，学生管理体制、教学管理制度、德育工作制度、教师教学规范、教职工道德建设实施意见等等。

校园文化在培育和维持时都存在着一定的规章制度，学校的正常化运行都需要依据制度来发展，制度在建构中暗含一定的价值观，有一定的价值偏向，因此作为学校管理的重要组成部分，在理解校园文化时需要考虑校园的一系列规章制度。近年来，学校在组织管理制度建设上，开展了一系列的实践，逐步完善学校制度文化。一是通过"公推直选"，凸显党内民主。学校主动向区教育党工委申请在区教育系统首先采取"公推直选"的方法进行新一届党委的换届选举工作，将党建工作民主化推向一个新的深度。二是加强交流沟通，完善监督制度。学校充分发挥工会和教代会的作用，通过各种渠道加强与民主党派、教师的沟通，完善了监督制度，健全了监督机制，并通过多方面的校务公开和民主管理工作，确保了教职员工参政议政的权利，调动了教职员工对学校事务的热情，在全校上下形成合力。三是坚持民主测评，落实民主监督制度。学校每年都在区教育局的组织下，由全体教职员工对学校校级领导进行民主测评，通过测评活动进一步调动了全体教职工参政议政的积极性，收到良好的效果。四是干部竞聘引入竞争机制，保证公开公正。学校通过中层干部竞聘上岗，严格了干部竞聘上岗的竞争机制，进一步调动了广大教职员工的积极性，真正让想干事、能干事、干好事的教职员工通过竞聘到合适的岗位上来，确保了学校各项工作的顺利进行。五是收入分配制度的改革与创新。学校通过人事制度改革与分配制度改革，激发了广大教职工的工作积极性，营造了团结奋进的和谐氛围；进一步加强了对离退休、生病、困难教职工的看望慰问，把关心教职工生活落到了实处；在学校发展的同时，改善了教职工的福利待遇，逐年提高了教职工的收入水平。这些都增加了教职工对学校的认同感，增强了学校的凝聚力。

同时，在教学管理制度方面，为适应新形势下教育教学改革的需要，更好地服务学生和教师，提高教学管理水平，规范教学过程，学校对教学管理制度进行了细化与修订，整理自身的相关文件，索取最新文件规范，充实教务教学的规章制度。将学校的教学管理制度分为教学管理（教师教学管理条例、教学事故认定标准与处理方法、外聘教师管理条例、实践教学执行条例、优秀教学奖评选办法、关于课堂教学巡视的规定）、班主任管理（班主任工作条例、优秀班主任评选办法）、学生管理（学生管理规定、脱产班学生日常行为规范、关于退学退费管理办法）、教务管理（教务管理手册、考务工作管理细则）。

制度文化的另外一个要素就是服务。在教学支持服务方面，为了给学生提供优质的服务，学校聘任了专职班主任，为学生提供各种学习咨询服务。包括对学生学习方法的指导和学习技能的培养；向学生提供丰富、优质的教学资源及教学设施；指导学生制定符合自身实际的学习目标、自主学习计划及合理安排学习进程，并指导他们合理地分配各教学环节的学习时间，掌握自学的一般方法；指导学生掌握课程的知识体系、把握重点、突破难点。要充分发挥教师在学习支持服务中的指导作用，学习点的管理人员、技术人员等分工合作，与教师密切配合，为学生学习支持服务提供重要的支持。在后勤管理服务中，学校一直推崇细节服务，彰显"人本校园"理念特色。教室宿舍的小修小补、校园各处的供水供电都离不开总务处老师们辛勤的劳作。

4. 行为文化方面

行为文化涵盖的内容较多，大多在学校的日常教学活动中体现。行为文化是学校办学风格、精神面貌以及人际关系的动态体现，也是学校精神、学校价值的体现。行为文化主要指学校的教师与学生，在教学管理与学习锻炼中用实际行动来体现和实践校园文化。行为文化强调"人"在校园文化中的地位，教师和学生是行为文化的主体。

近年来，学校行为文化方面重点进行如下建设：一是狠抓学风建设，形成良好的校风、教风、学风、考风。二是承办各种力所能及的竞赛，建立和谐的校际关系。三是加强学生社团建设，扩大了学生社团活动的规模。四是不断开拓科学、科研和社会服务的范围。如学校学生会组织先后举办了多次校园活动，包括校园篮球赛、摄影比赛、达人秀比赛、迎新晚会、钢笔字比赛、羽毛球比赛、勤工俭学活动等。每次活动都要调动各个部门的力量，涉及海报宣传、活动设计、动员与实施、过程记录、后期总结报道等一系列流程，学生会成员在此过程中锻炼了能力，增长了才干。

二、区域成人高校校园文化建设的现实困境

（一）当前师生关于校园文化建设的问卷调查

校园文化建设的主体是校园人，是生活、工作在大学校园中的个人和人群。他们都具有不同的文化诉求和文化自觉，只有他们的文化自觉得以充分发挥，校园文化才能持续、深入地开展。因此，学校围绕校园文化建设的物质文化、精神文化、制度文化、行为文化四个方面，开展了网络问卷调查，了解校园师生对于校园文化建设的想法。情况如下：

在对校园文化认识方面，虽然师生们对校园文化认识不一，但是大家都一致同意校园文化建设的重要性（见图9-1），而且也肯定了当前学校校园文化的多样性（见图9-2）。

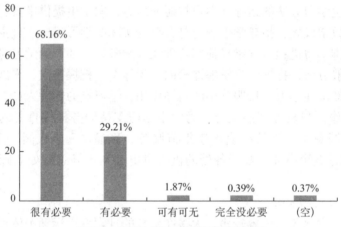

图9-1　您认为校园文化建设是否有必要

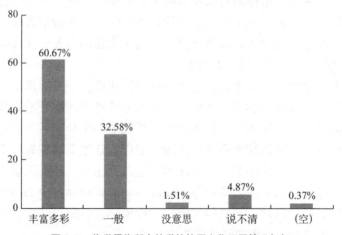

图9-2　您觉得您所在的学校校园文化开展情况如何

在物质文化方面，师生们基本上对当前学校的自然环境、教室环境、生活服务设施等硬件方面较满意（见图9-3、图9-4、图9-5）。在软件方面，学生们对学校师资队伍也是比较满意的，能够与老师保持较密切的交流与沟通（见图9-6、图9-7）。

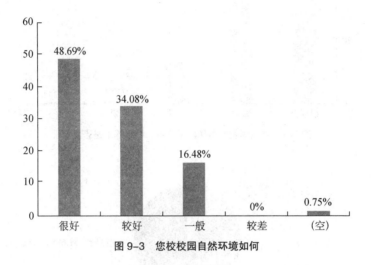

图9-3　您校校园自然环境如何

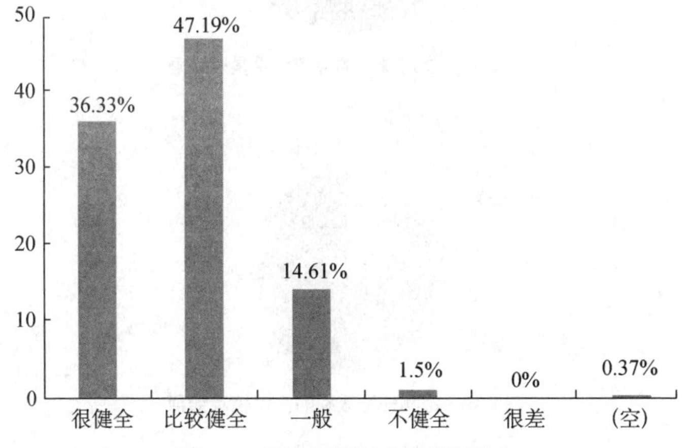

图9-4　您校生活服务设施是否健全

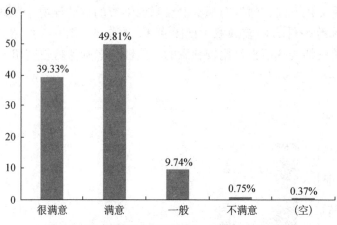

图 9-5　您对学校室内环境（卫生、网络等）是否满意

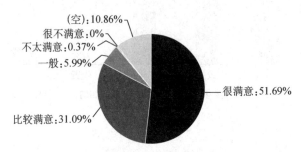

图 9-6　您对学校的师资水平是否满意

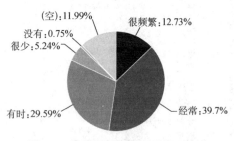

图 9-7　您和任课教师的交流情况如何

在精神文化方面，学校于 2006—2008 年开展了内涵建设的研究，提炼出了以"一训三风"为核心的学校精神。通过调查显示，虽然师生们对于校园了解程度不一，但是绝大多数人都肯定了校训对自己的正面影响（见图 9-8、图 9-9）。而且师生们对于学校的学风持肯定态度。除此之外，学校加强意识形态教育，将社会主义核心价值观教育融入到学校教育教学中去（见图 9-10、图 9-11）。

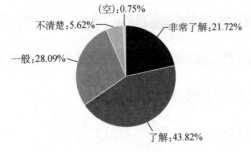

图 9-8　您对学校的校训是否了解

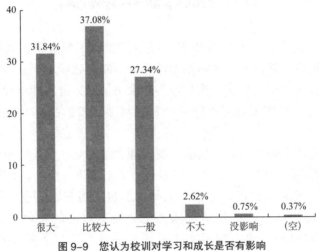

图 9-9　您认为校训对学习和成长是否有影响

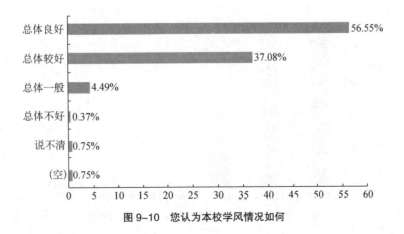

图 9-10　您认为本校学风情况如何

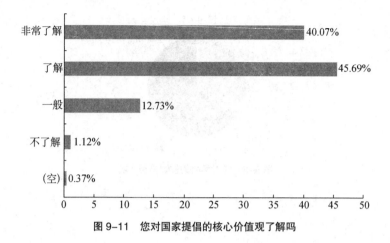

图 9-11　您对国家提倡的核心价值观了解吗

在制度文化方面，学校近年来通过修订教职工职业道德规范、党政管理人员行为规范，建立和完善师德考评制度，制定教职工职业道德规范评价方法和学生行为规范，形成道德与行为约束机制，完善教师培训制度、领导谈话制度等等，形成了较完善的学校管理制度与教学制度（见图 9-12、图 9-13）。

在行为文化方面，随着学校多元发展理念的确立、学校规模的扩大以及学生人群面的拓展，学校开展了丰富多彩的文化活动，受到了师生的欢迎。

最后，在校园文化建设上，广大师生们也纷纷建言：有的认为应多搞一些师生互动活动；有的希望校园文化建设有自己的特色；有的认为学校要有长效的机制，建设校园文化；还有的认为应完善网络校园文化建设等等。

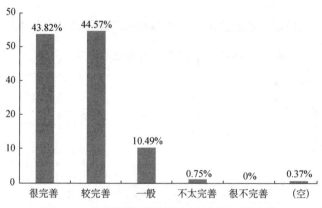

图 9-12　您觉得学校学生管理和规章制度是否完善

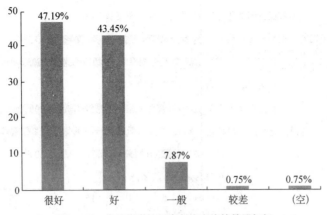

图 9-13 您认为学校规章制度实施的效果如何

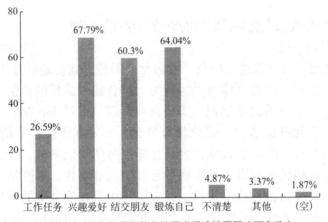

图 9-14 您参加学校举办社团或活动的原因（可多选）

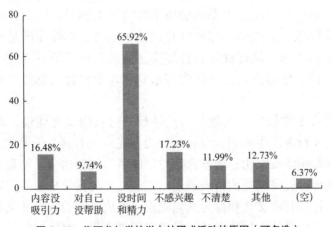

图 9-15 您不参加学校举办社团或活动的原因（可多选）

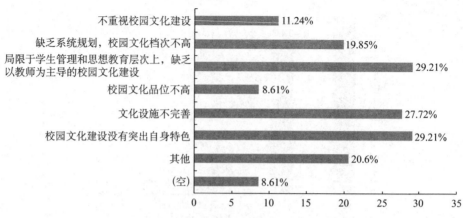

图 9-16 您认为校园文化建设的薄弱环节有哪些（可多选）

（二）学校校园文化建设取得的成效与存在的问题

1. 取得的成效

一是突出了办学理念与特色。校园文化的理念建设是培育核心价值观，整合师生的意识，改善全体师生的行为，符合成人高校的价值观和行为准则，进而提高全员的自觉意识，实现自我管理。近年来，学校遵循"做精学历教育、深化社区教育、强化教育培训、拓展文化教育"的工作方略，以"成人高等教育的重要载体，大众技能提高的培训基地，市民终身学习的指导中心，现代教育服务的拓展平台"为功能定位，不断加强学校的内涵发展，不断提高教育教学质量，逐步构建成为开放办学的实体和区域终身教育发展的大平台。学校获得了上海市文明单位（连续六届）、上海市推进学习型社会建设先进单位、上海市学习型社会建设与终身教育工作先进集体、上海市平安单位、上海市健康单位等光荣称号。同时，作为构建区域终身教育体系、推进学习型城区建设的主心骨，学校在满足人民群众追求美好生活的需求、培育社区教育多姿多彩的新格局等方面颇有建树，睦邻学习点、社会学习点、白领课堂等得到区域市民普遍称赞，被誉为"家门口大学"。

二是提升了学校实力与竞争力。学校通过校园文化建设，对教职员工和学生思想及行为产生影响，改善其行为，提升人力资本的效率，注重激励文化，深刻影响学校文化，激发教师教学改革与创新热情，增强教师员工对于学校的认可，提高教师的科研造诣，创造更多的科研成果等。通过物质文化、精神文化、制度文化和行为文化建设，形成良好的校园文化氛围，对于进一步提升学校品位，树立形象和品牌有促进作用。当下，学校利用"数字长宁"的先发效应和区域优势,开始了对数字化学习的探索,着力推进社区教育数字化学习,打造社区教育数字化学习品牌。学校的"社区教育数字化学习"品牌在上海乃至全国都有一定的影响力。学校先后承担了国家级课题1项、市级课题5项,出版了10余本专著,在中文核心期刊上发表数十篇论文,其中10余篇论文被人大复印资料转载和收录。

三是增强了学生综合素养。近年来,学校通过校园文化活动建设,坚持"以人为本"的观念理念,通过教室、雕塑、人文景观等体现办学思想,校园各处的宣传语、标语、宣传栏体现出学校的校风、学风建设要求,通过有形的物质文化折射学校的办学理念与特色,引导全体学生的价值观,不断丰富学生的情感,进而增进学生对学校办学理念和办学精神的认可程度,激励他们认真学习,提升学生的思想境界,促进知识和能力目标相统一,实现对学生潜移默化的教育作用。不仅学生的学习成绩一直名列前茅(开放大学系统中心城区板块),而且也深受用人单位欢迎。学生不仅在知识技能上得到了提升,而且人生观、价值观也得到了升华。如2015级城市公共安全管理本科专业毕业生赵文斌、赵恺等几位同学所在的学习小组将获得"上海开放大学优秀学习小组"荣誉的奖学金无私捐献给了上海市慈善基金会,捐赠数额虽不多,但意义重大,在开大系统引起了不小的反响。

2. 存在的问题

一是对校园文化建设的认识有偏差。学校领导虽然认识到校园文化建设的重要性,但是由于成人高校学科建设的政府支持力度比普通高校小,竞争又激烈,迫于在招生、评估、经费等方面的压力,往往将主要精力放在效果立竿见影的教育教学上,而忽视了起潜移默化作用的文化建设工作,对校园文化建设在战略上没有进行规划。另外,学校的很多日常工作,如基于网络进行的教育、招生、考试等工作,都可作为校园文化活动的载体。但由于对校园文化建设工作的忽视,这些工作的文化建设载体作用往往不被重视,而是简单关注工作的直接目标。

二是校园文化建设主体发挥还不到位。校园文化建设的主体是校园人,是生活、工作在校园中的个人和人群。他们都具有不同的文化诉求和文化自觉,只有他们的文化自觉得以充分发挥,校园文化才能持续、深入地开展。从学生来看,首先是成人业余学习的特点是面授时间少,集中到校的时间也比普通高校学生少。因此,组织校园文化活动的难度也相对较大。其次是凝聚力相对较弱。成人学生多数属于在职学习,与单位、家庭的联系紧密,而与学校的关系相对松散,对学校课程以外的活动关注也少。从教师来看,对校园文化建设的认识局限于校园环境的建设、规模的建设、绿化的建设、景点的建设等方面,再加上成人高校教师的身份意识认同感较低,从而影响了教师、成人学生积极参与学校校园文化建设。

第三节 区域成人高校校园文化建设的实践

校园文化是学校的名片,代表着学校的形象和办学实力。培育校园文化品牌,不仅能促进成人高校校园文化的创新、形成独具特色的成人校园文化,是在众多成人高校中脱颖而出的利器,更是推进和完善成人高校校园文化建设的有效途径。自2006年起,学校开展了一系列的校园文化的实践,通过优秀的校园文化品牌的培育,学校的优良传统和办学特色得到有效凝炼和广泛认可,为学校完善终身教育大平台提供了重要支撑。

一、以党建工作为抓手,引领校园文化建设

高校是党建的重要阵地,高校党建工作开展情况决定着高校是否能够全面健康发展。有中国特色的校园文化建设离不开党建的引领,党建的重要内容也是高校校园文化建设的核心内容,党建的成效决定着构建校园文化的进程和结果。习近平总书记在全国高校思想政治工作会议上指出:"办好我国高等教育,必须坚持党的领导,牢牢掌握党对高校工作的领导权,使高校成为坚持党的领导的坚强阵地。"成人高校是中国高等教育队伍中不可或缺的组成部分,同样要成为党领导的坚强阵地。党的十八大报告对高校文化建设提出了新要求,加强自身校园文化建设,促进学校自身发展,已经成为每个高校的重点工作。高校党建是校园文化建设的思想指导者,为校园文化建设提供组织保证。党的十九大从党和国家事业发展全局出发,提出了新时期党的建设总要求。党建工作为新时期校园文化建设指明了方向,必须把落实立德树人作为根本任务,不断推进高校党建工作与校园文化建设的有效融合,确保校园文化建设的社会主义方向。

近年来,学校致力于结合成人高校的特点加强党的建设,以党建工作来促进和推动学校的发展。通过各级党组织的努力,走出来一条党建工作的新路。在领导班子建设上,学校党委坚持以各级班子的良好形象团结吸引师生,以党员的先锋模范作用引导带动师生,以灵活多样的宣传教育武装塑造师生。一是以党建研究提升党建工作质量。2017年,在"三服务"理念指引下,学校开展了增强群团工作活力的实践探索,积极申报了上海市教卫党委系统党建研究会课题"'三服务'理念下区域成人高校增强群团工作活力研究",该课题的研究成果被评为优秀成果三等奖。在中国期刊网上发表

了《区域成人高校增强群团工作活力之探析——基于上海市长宁区社区学院"三服务"的实践》。在党建课题中提出的"三服务"工作法不断得到强化，被确定为区党建示范项目，形成学校党建的一张名片。2018年，学校以共产党员示范岗建设为抓手，形成学校党建示范点建设的长效机制，开展了"区域成人高校基层党建示范点建设的实践研究"，并再次申报了上海市教卫党委系统党建研究会2018年度课题，成功立项。与此同时，也积极申报了上海开放大学党建研究会课题"转型背景下成人高校基层党建工作模式研究"，着力研究基层党组织的建设问题。这些课题研究改变了以往学校党建工作理论与实践脱离的状况，使得学校党建工作更加有效，更加具有实用性。二是加强课程思政建设工作。将专业课程作为课程思政的重要组成部分，深入挖掘专业课程的德育内涵和元素，把立德树人作为中心环节，把思想政治工作贯穿教育教学全过程，实现全程育人、全方位育人。激励教师弘扬师德风范、爱岗敬业、忠于职守，在课程思政建设的同时，推进师德师风建设。统筹规划思想政治理论课教师的引进和培养，贯彻落实习近平总书记在思想政治理论课教师座谈会上的重要讲话精神，树立"六个要"的标准，提升思政课教师育人能力和工作水平，要求思政课教师更好地担当引路人，引领青年学生坚定"四个自信"，将爱国之情、强国之志、报国之行融入中国特色社会主义事业、建设社会主义现代化强国、实现中华民族伟大复兴的奋斗之中，并结合学校实际，全面提升学生思想政治教育工作水平。把思想政治理论课摆放在更加突出的位置，根据成人教育实际，修订培养方案，开设"习近平新时代中国特色社会主义思想"作为必修课程。围绕社会主义核心价值观"三个倡导"的基本内容，充分发挥好思想政治理论课的主渠道作用，系统地传授知识，重点地阐释和剖析一些重要理论、分析社会热点。开展感恩、敬老、诚信、敬业等主题系列活动，与大学生社会实践、实习实训等相结合，寓教于乐，加强理想信念教育，启发学生思考，坚定理想信念。三是建立共产党员示范岗，发挥党员先锋模范作用。以加强基层组织建设，提升基层党组织组织力为重点，突出政治功能，发挥党建引领和基层党组织的战斗堡垒作用，学校党委2018年开展了共产党员示范岗建设的实践。通过学校基层党支部的申报、评选、挂牌、交流等一系列环节，学校成立了七个共产党员示范岗，经过一年多的实践，各党员示范岗能结合自身工作特色，全力服务群众、服务学生、服务家长、服务社会。示范岗的党员们牢记党的根本宗旨，立足岗位，忘我工作，无私奉献，在示范岗的推动下更好地发挥党员的先锋模范作用。其中，"学习便利进楼宇"党员示范岗获得长宁区优秀党员示范岗称号。

党建工作为校园文化建设提供了强有力的保障，以校园文化建设为载体，有助于提升党建工作成效，更好地发挥党的建设在校园文化建设中的重要作用。学校坚持以党建创新引领文化育人，围绕立德树人的根本任务，树立校园文化建设的正确方向，为新时期学校的转型发展事业注入了不竭动力。

二、以志愿服务为载体，打造校园文化品牌

志愿者文化建设是新时期成人高校校园文化建设的精髓体现，将高校校园文化与志愿者服务精神相结合，丰富了校园文化的内容，形式上更加多样，使校园文化的内涵及影响更加深远。

作为区域成人高校，需要主动与区域发展目标相对接，增强区域服务意识，提升服务质量，打造服务品牌，有效地服务区域经济和社会发展。自2015年起，学校以"三服务"理念为指引，以学校青年教工为主体，探索并建设与区域和学校发展需求相适应的志愿者组织，进一步推动校园文化的持续发展。

以服务社会、以人为本、可持续发展、奉献与激励相结合为原则，从服务主体和服务对象的需求出发，兼顾服务内容、服务形式以及服务层次，在崇尚奉献的同时充分考虑激励的积极作用，着力建设稳定、专业、有特色的群团组织，并同步开发、培育志愿服务特色项目。在调研的基础上，学校对已有的各类志愿者服务工作进行梳理、分类，将零散的、一次性的活动进行整合。随后面向全体青年教工发起倡议，提出设立三支青年志愿服务队伍，得到热烈响应，最终正式成立长宁区业余大学（社区学院）青年志愿服务专项队伍，即"服务社区教育、服务弱势群体、爱校护校"三支志愿者服务团队。具体举措包括：一是通过"学习便利进楼宇""市民修身"、进博会志愿者培训、残疾人关爱系列培训、外来务工人员与失业群体职业技能培训等举措，青年志愿者参与区域社会民生工作，服务区域经济社会发展。二是在服务市民终身学习中，青年志愿者主动进社区，承担社区学校常务副校长、影子校长、教务主任、专职教师、数字化学习推进员等，与街道（镇）一起，为社区居民学习提供支持和服务。同时推出"菜单式"课程项目，让居民在多样化学习菜单中挑选自己感兴趣的课程，然后经过统计分析，匹配相关资源表，最后达成对接，提供送教上门服务。三是青年志愿者围绕上海虹桥航空服务业创新试验区和航空服务企业在职人员培训要求，参与航空服务业专业品牌的打造和课程的建设，推动上海开放大学航空运输学院的建设，支撑区域航空服务人才培养工作。

经过这几年青年志愿者建设工作实践，学校形成了青年志愿者服务的团队自我管理机制。通过培育团队凝聚力，团队内部文化的自我管理模式初步形成。青年志愿者服务队从被动的任务承担变成了主动的项目孕育乃至自主活动。青年志愿者服务队从无稳定团队、无身份认同到专项团队各司其职，团队成员挂牌亮相。志愿服务工作按照内容梳理划分，避免分配工作时过度集中在某几个人。活动开展时，队员挂牌持证，实施服务管理时有理有据有身份，同时培育组织认同感。从"干与不干一个样，多干与少干一个样"变成了崇尚奉献精神，激励志愿服务，彰显和弘扬了志愿精神，在校内形成浓厚的志愿服务氛围。如今，三支专项志愿服务队在实际运作中已经形成了"残疾人校内关爱系列工作""独居退休教工上门关爱项目""志愿禁烟员工作"等新的特色品牌项目。每年的"春运平安返乡""中考体育测试引导员"等工作均借助三支服务队的微信群在短时间内完成招募工作，在青年中形成了相当积极的志愿服务氛围。志愿服务是校园文化建设的重要载体。通过志愿服务活动，提升了社会责任感和主人翁意识，有助于树立正确的义利观，营造积极和谐的校园文化氛围。志愿服务实践育人的功能特点，通过倡导志愿服务活动，实现校园文化建设的思想引领作用和服务辐射效果。

党的十九大报告中指出："青年兴则国家兴，青年强则国家强。青年一代有理想、有本领、有担当，国家就有前途，民族就有希望。"学校青年志愿服务的实践表明，志愿服务与校园文化建设既互为内容、相互促进，又相得益彰。校园文化建设是志愿服务发展的重要推动力。优秀的校园文化，具备传播正能量的先天优势，挖掘其中的志愿要素，可以为志愿服务的深入开展持续注入资源和能量。通过传播志愿精神、打造独具特色的校园志愿服务品牌，以校园文化认同带动志愿精神认同，推动志愿服务的深化发展。

三、以文化活动为平台，创建多彩校园

丰富多彩的文体实践活动、寓教于乐的教育方式是校园文化建设的重要载体。习近平总书记在全国高校思想政治工作会议上强调指出，"要更加注重以文化育人，广泛开展文明校园创建，开展形式多样、健康向上、格调高雅的校园文化活动，广泛开展各类社会实践"。中共中央、国务院《关于进一步加强和改进大学生思想政治教育的意见》明确指出大力加强大学生文化素质教育，开展丰富多彩、积极向上的学术、科技、体育、艺术和娱乐活动，把德育与智育、体育、美育有机结合起来，寓教育于文化活动之中。可见，校园文化活动的作用是不可低估的。

近年来，学校以文化活动为平台，打造多彩校园。坚持校园文化活动与时俱进和形式创新，在活动目标切实可行的前提下，不断丰富校园文化活动的形式和内容，关注发掘成人学生喜闻乐见的热点内容，开展有吸引力的活动形式，加强对学生关注的热点问题的引导教育，扩大校园文化活动的关注度和影响力。一是通过表彰活动树立教与学先进典型。为了弘扬正气，学校开展各种层面的表彰活动。在教职工中进行骨干教师评选、优秀班主任评选，在校园中挖掘"身边的闪光点"。学校每年会在上海开大系统、区级教育系统、学校层面开展诸如"我心目中的好老师""四有好老师""优秀教学奖""优秀班主任"等评选活动，通过活动来塑造教师的完美形象，提升师德师风，鼓励学生积极进取，从而为全校师生员工树立良好的学习榜样。同时，学校在学生中进行优秀学生评选、互助学习典型的表彰，每年会在期末时评选出优秀学生干部、优秀奖学金获得者等等，从而激励学生奋发向上，积极进取。二是通过举办各类活动打造校园活动平台。学生文化活动建设是校园文化建设的主力军，丰富多彩的文化活动能使学校充满生机和活力，也能使学生的综合素质得到全面的提高，并增强学生对学校的认同感。以校园各类社团组织为主体开展活动，让学生在活动参与过程中提高创造能力，使其精神世界得到熏陶，道德境界得到升华，从而全面提升学生的综合素质，应该是校园文化建设工作的一项重要内容。针对学生的校园文化建设重点在于激发其主动性、自觉性与创造性，形成良好的学风和价值观。为此，学校每年都会开展一系列形式多样的学生活动。每年学校组织学生会慰问虹古社区独居老人家庭，为他们送去温暖和问候；组织开展"爱的传递"、爱心义卖等活动，筹得善款全部用于上海市长宁区初级职业技术学校酒店管理专业的同学，为其缓解求学压力，送上学校和社会的关怀；每年开展电影沙龙、专题讲座、征文竞赛活动等等。需要提及的是，爱心义卖、学生会活动、主题班会等都成为了每年校园文化的重要活动。

通过把校园文化活动的组织管理列入学校工作的议事日程，制定发展的总规划，加强校园文化活动组织管理的骨干队伍建设，积极引导校园文化活动由自发走向自觉，使得全校师生实现从自发开展活动到自觉开展活动，从被参与到主动参与的转变，实现了由当前单一的以娱乐活动为主向更深更广的文化活动倾斜，继续充实、拓展校园文化内容，使它朝着多样化、多元化、立体化的方向发展，从娱乐活动向社会实践活动、经济文化型活动等综合方向迈进，形成学校教育和社会实践相结合、与大型文体活动相互补充的多方面、多渠道的活动结构形式，对于提升校园文化活动的实效性具有重要的意义。

第四节 区域成人高校校园文化建设的展望

区域成人高校的校园文化建设体现了学校自身的办学理念、办学特色，以促进学生各项工作全面发展为目标，注重师生的德行素质的培养。对于教职工而言，可激发教书育人、管理育人的责任感和动机，形成积极向上的工作氛围。对于学生而言，有利于提高文化素养、协作学习能力，加强人际交往，开阔视野，培养高尚的道德情操。区域成人高校应该对校园文化的建设给予高度重视，加强规划，通过全面的校园文化建设创造和谐的教书育人环境，提高学生的综合素质，为社会培养更多的优秀人才。

一、区域成人高校校园文化建设的启示

加强校园文化建设是贯彻落实党的教育方针、拓宽办学领域、提高办学质量的重要途径。从长宁区业余大学校园文化建设的实践看，成人高等学校必须重视校园文化建设，通过校园文化建设创设人才培养环境，提升成人高校的社会责任。

（一）人才培养：区域成人高校校园文化建设的终极目标

从近几年的发展历程看，长宁区业余大学的人才培养规格、人才培养质量和数量总体上得到了社会的认可，在终身教育领域享有较高的知名度，其校园文化建设功不可没。校园文化建设紧密结合学校发展实际，以人才培养为核心，制定校园文化建设发展规划，进一步明确校园文化建设的目标、举措、实施方案，形成独特的文化气氛，校园文化的个性、氛围、素质、发展战略体现出与众不同的特色和品味，为学校转型发展奠定坚实的文化基础。

（二）社会责任：区域成人高校校园文化建设的时代要求

教育的主要职能是延伸和传递文化，成人高校亦不例外。作为上海终身教育领域有较高知名度的成人高校，学校承担起自己的责任，为文化的传递和延伸做出自己的贡献。对于成人教育学员，校园文化建设最重要的是要坚持培养他们的责任感。具体来说就是对自己负责，对家庭负责，对他人负责，对国家、对社会负责。责任感是做人的基础，作为一种良好的个性品质，有无责任心，决定一个人生活、家庭、工作、学习的成功和失败。通过健康向上的校园文化活动，培养学员乐观的生活态度、良好的道德品质、诚实的人格，使之成为一个合格公民。

（三）信念引导：区域成人高校校园文化建设的历史使命

大学是传播社会主义精神文化的有力阵地。当下，一些不良的社会风气给学校的健康发展带来不利影响，如学风不良、教学质量下降、人才培养

的规格和质量降低等，这些对特色不突出、办学优势不明显的成人高校来说是致命的，特别是面对思想复杂的成人学生，要想发挥信念引导可以说难上加难。但是作为一所大学，不管是普通高校，还是成人高校，都不能丧失大学精神。近年来，学校通过丰富多彩的校园文化活动，帮助成年学生自觉抵制不良社会风气。针对学生不同的社会背景，不同的人生观、世界观、价值观，加强引导，在教学中渗入价值观教育，促使学生和谐健康发展。

（四）以身作则：区域成人高校校园文化建设的立足点

通过专业化队伍能力建设，切实增强做好成人高校校园文化建设能力，找到适合成人学生的行之有效的教育教学方法，提高校园文化建设质量。同时，要大力提倡"为了一切学习者，一切为了学习者"的理念，使人文精神落到校园文化建设的每一个角落，落到每一位教职工的身上，通过每一位教职工自身的努力，不断践行校园文化精神，形成相同的价值取向、思维方式、行为模式等，只有这样，独具特色的成人高校校园文化才会形成，学校的人才培养模式、教育教学模式才会在文化氛围中凝聚成学校的核心竞争力，这也是学校一直努力追求，并为此一直奋斗着的。总之，在整洁优美、和谐温馨、积极向上的校园文化环境中学习，会给人留下积极影响。因此，成人高校要高度重视校园文化建设，科学规划，周密部署，充分发挥校园文化育人功能，建立导向机制，培育良好的校风、教风、学风，使学校优美的校园处处闪烁出文化的魅力。

二、新时期区域成人高校校园文化建设的对策

党的十九大报告指出，"没有高度的文化自信，没有文化的繁荣兴盛，就没有中华民族伟大复兴"，将文化的地位和作用提升到了一个崭新的高度。中华民族从站起来、富起来到强起来，文化要承担起更大责任。对于一所学校来说，校园文化是学校赖以生存发展的根基，是彰显学校个性品格和整体精神风貌的重要标志，它以潜在的、独具特色的方式熏陶、感染、影响着广大师生员工的思想观念和行为方式，是学校核心竞争力的重要组成部分。近年来，学校在完善终身教育大平台的过程中，大力加强校园文化建设，不断充实完善校园文化的新内涵，充分发挥校园文化辐射作用，为学校新一轮的发展提供了强大的精神支撑。

（一）校园文化建设中应处理好的几个关系

1. 校园文化与思想政治工作

当前，要加强成人高校思想政治工作，必须充分认识我国社会主义改革实践过程对人们思想的影响。改革开放和现代化建设，带来了经济的快速发

展和社会的巨大进步，为我们做好思想政治工作创造了更好的物质条件和精神条件。同时，由于社会经济成分、组织形式、物质利益、就业方式日益多样化，人们的思想禁锢早已被彻底打破，生硬刻板的思想政治工作已经失去效能，文化的熏陶与精神的砥砺作用日益显现出来。加强校园文化建设正好为思想政治工作的创新开辟了新领域：一是校园文化为思想政治工作提供了良好的氛围。成人高校的学员除了正常的教学、工作之外，有相当一部分时间是在办公室、课堂之外，即在校园这个大环境中度过的。具有浓郁文化氛围的高校校园，形式多样、趣味无穷的各种文化娱乐活动，时时处处都能够折射大学的办学目标和办学理念以及学校的历史和传统，使人们自然而然地接受各种感染和熏陶，思想升华，觉悟提高。二是校园文化为思想政治工作提供了载体。思想政治工作最忌简单生硬，校园文化正好为思想政治工找到了一条新路子，提供了新载体。

2. 校园文化与社会文化

成人高校与社会的关系决定了校园文化与社会文化的关系。一方面，校园文化从属于社会文化，是社会文化的一个组成部分，其本质受社会文化的制约；另一方面，又时时显示其独立性，即校园文化能够及时反映和创造当代社会最新文化成果，而且以其独立性对社会文化起着补充作用。由此，校园文化形成了对整个社会文化的示范作用。区域成人高校要成为先进文化的代表，就必须使校园文化充分显示出自己的特色。目前，至少要体现出以下几个特点：一是本校独特的历史文化传统；二是本校鲜明的学科特点；三是为社会不断孕育出新的思想观点、理论学说和精神食粮，并为社会提供新的文化规范与模式；四是学校"名师""名人"的个人色彩。

3. 继承与创新

校园文化与社会大文化一样，是在继承前人优秀文化成果的基础上不断发展的，这是一个不断适应、不断选择的过程。一方面，校园中生存着一群文化底蕴深厚、思维活跃、具有开拓创新精神的师生。另一方面，学校培养的人才是属于未来的，是未来中国现代化建设的主力军。这就要求学校在形成自己特定文化氛围的同时，必须具有超前性。要做到这一点，成人高校在校园文化建设中必须正确处理好继承与创新的关系，在继承本校校园文化优良传统的基础上，有选择地吸收并不断创新，从而形成自己特有的校园文化。

（二）新时期区域成人高校校园文化建设举措

1. 充分发挥党建工作在校园文化建设中的统领作用

成人高校的党建工作作为校园文化建设的保障，直接影响着成人高校的校风建设,也直接影响着成人高校校园文化建设。我国成人高校是在中国共产党领导下的社会主义性质的学校,它不仅担负着为社会主义现代化事业培养建设者和接班人的任务,同时也担负着传承中华文明的历史使命,因此,校园文化建设要与党建工作紧密结合,以党建为中心统筹高校校园文化建设,以充分发挥党建在校园文化建设中的主导作用,从而保证校园文化建设的顺利开展,满足成人高校时代发展要求。校园文化建设必须根据时代发展,依据学生特点,结合学校实际,不断加强成人高校党建工作和思想政治工作的主导方向,明确校园文化建设的宗旨和内容形式以及实践途径。

2. 用"服务区域发展"办学理念引领校园文化建设

随着经济社会的发展,区域成人高校办学理念更应有所创新,有所突破。近年来,学校紧密结合区域经济社会发展的需求,牢牢把握"服务区域发展"办学理念是校园文化的灵魂,深入地回答了学校"为什么、做什么、怎么做"的问题。校园文化理念要让全校师生深刻理解其内涵,使其根植于师生心中,体现于实际行动中。从学生入学到毕业,将德育内容渗透在教育教学的各个环节,通过实实在在的活动,推进价值层面的工作,让学生通过教学过程、学习过程中的各种活动培养高尚的情操,形成一种向上的合力,使其养成一种积极向上的精神状态,为开展其他方面的学生思想文化建设打下坚实的基础。

3. 不断完善制度,夯实校园文化建设的基础

制度建设是校园文化建设的基础,是促进学校稳步发展的根本保证。学校在培育和完善校园制度文化方面,坚持"依法治校"的教育理念,为"以德育人"创造良好的外部环境。学校从制度制定到制度执行都努力体现人文精神。如每学期开展新生调查、面授教师调查及期末满意度调查,针对学生意见,有针对性地改进工作。学校还对有上网条件的学生采用分散学习的方式,对无条件上网的学生全天候免费开放计算机房,让师生感受到学校的支持服务。

4. 以精神文化为核心,促进其与物质、制度、行为文化的深度融合

精神文化建设是校园文化建设的核心内容,是在学校长期发展中所积累并形成的一种特定的精神风貌和文化氛围,是学校历史文化传统的传承,是学校价值体系的精华,是推动师生共同进步的精神力量。我校作为上海最早开办的区域成人高校之一,在建校之初便以"服务学习者为办学宗旨,服务区域社会经济发展为己任",在经历了初创建立、稳步发展、转型发展、深化改革等过程后,逐步积淀和形成一定的教育理念和行为规范,凝聚和沉淀为区域成人高校独具特色的学校文化,即"一训三风"。近年来,学校积极

践行以"一训三风"为核心的精神文化,以此来推动各项工作,取得了积极的成效。接下来,根据新形势下区域成人高校的发展要求,深入推动以"一训三风"为核心的精神文化与物质、制度、行为文化的深度融合,使校园文化建设形成一个整体,发挥最大效力,促进学校新一轮的转型发展。

5. 营造成人教育特色的育人环境,充分发挥校园环境的隐性功能

校园环境是校园文化的具体体现。学校不断完善校园文化设施,为成人学生的学习创设了一个温馨的人文环境。学校结合实际,从长计议,精心设计,如校园的绿化、楼道布置、教室、办公室等等,努力突出成人学校的个性和品位。特别是近几年,学校校园环境发生了较大的改变,远程学习平台建设、多媒体机房、媒体教室、学校网站、图书馆建设、专业实践教学基地等都有了很大改观,为师生创造了良好的学习生活环境。

参考文献

[1] 联合国教科文组织国际教育发展委员会.学会生存——教育世界的今天和明天[M].北京：教育科学出版社，1996.

[2] 保罗·郎格让.终身教育导论[M].北京：华夏出版社，1988.

[3] 叶忠海.面向21世纪中国成人教育发展模式研究[M].北京：高等教育出版社，2001.

[4] 吴遵民.现代中国终身教育论[M].上海：上海教育出版社，2003.

[5] 吴遵民.现代国际终身教育论[M].上海：上海教育出版社，1999.

[6] 高志敏.终身教育、终身学习与学习化社会[M].上海：华东师范大学出版社，2005.

[7] 叶忠海.学习型社会建设研究与探索[M].上海：同济大学出版社，2013.

[8] 叶忠海.创建学习型城市的理论和实践[M].上海：上海三联书店，2005.

[9] 叶忠海.终身教育体系下成人教育的发展[J].湖南师范大学教育科学学报，2002（1）.

[10] 陈乃林.构建江苏终身教育体系的思考与探索[J].江苏广播电视大学学报，2000（6）.

[11] 吴遵民.中国成人教育会终结吗：新时期我国成人教育面临的重大危机与挑战[J].开放教育研究，2013（8）.

[12] 刘晓平.理念先导与河北省终身教育体系的构建[J].河北学刊，2013（11）.

[13] 南海，王星星.中国大陆终身教育体系构建中的问题与对策——基于大陆部分省市终身教育体系构建实践的研究[J].职业技术教育，2011（11）.

[14] 刘汉辉.我国终身教育体系研究——可持续发展视角的分析[M].北京：人民出版社，2012.

[15] 徐钦福.构建上海终身教育体系的思考[J].教育发展研究，2004（9）.

［16］习近平：坚持立德树人思想引领加强改进高校党建工作［EB/OL］.新华网，http://www.xinhuanet.com/politics/2014-12/29/c_1113818177.htm.

［17］中国共产党章程［M］.北京：中国法制出版社，2016.

［18］本书编写组.党的十九大报告学习辅导百问［M］.北京：党建读物出版社，2017.

［19］习近平.决胜全面建成小康社会 夺取新时代中国特色社会主义伟大胜利——在中国共产党第十九次全国代表大会上的报告［M］.北京：人民出版社，2017.

［20］习近平在全国高校思想政治工作会议上的讲话［N］.人民日报，2016-12-09（01）.

［21］加强党员队伍建设应注意的几个问题［EB/OL］.光明网，http://epaper.gmw.cn/gmrb/html/2017-07/10/nw.D110000gmrb_20170710_2-11.htm.

［22］张东平.区域成人高校多元发展研究［M］.上海：上海科学技术文献出版社，2013.

［23］宋亦芳.区域成人高校社会服务能力特征及其思考［J］.中国职业技术教育，2013（30）.

［24］刘志财.新时代基层党建工作的新思路［J］.人民论坛，2018（6）.

［25］刘广林.以习近平新时代党建思想为引领全面加强和改进高校党的建设的实践与思考［J］.高等农业教育，2019（1）.

［26］孙小龙."党建+"引领高校基层党建模式创新探索［J］.理论建设，2018（4）.

［27］唐亚林，刘伟.党建引领：新时代基层公共文化建设的政治逻辑、实现机制与新型空间［J］.毛泽东邓小平理论研究，2018（6）.

［28］朱九思，姚启和.高等教育辞典［M］.武汉：湖北教育出版社，1993.

［29］张念宏.教育学词典［M］.北京：北京出版社，1987.

［30］袁振国.当代教育学［M］.北京：教育科学出版社，1999.

［31］顾明远.教育大辞典：第六册［M］.上海：上海教育出版社，1992.

［32］邵晓枫.解读成人高等教育培养目标——从与普通高等教育、高等职业教育比较的角度［J］.职教论坛，2010（1）.

［33］肖春兵.论当代成人高等教育的历史使命［J］.中国成人教育，2012（7）.

［34］齐高岱，赵世平.成人教育大辞典［M］.青岛：中国石油大学出版社，2000.

［35］马宏建，李红亮."学历型"转向"就业+职业生涯发展型"——新常态下的成教人才培养模式［J］.中国成人教育，2015（24）.

［36］赵应生，钟秉林.我国成人高等教育的改革与发展：以高等教育大众化为背景［J］.继续教育研究，2007（3）.

［37］李环宇.发达国家成人教育主体转型及启示［J］.中国成人教育，2017（21）.

［38］宋晓丹，万哨凯.新时代成人高等教育改革与转型发展研究［J］.中国成人教育，2018（18）.

［39］李松.成人高等教育人才培养目标定位摭谈［J］.成人教育，2017（4）.

［40］Hall D T, Moss J E. The new protean career contract: Helping organizations and employees adapt［J］. Organizational Dynamics，1998（9）.

［41］Maria De Paola. Does teacher quality affect student performance？Evidence from an Italian university［J］. Bulletin of Economic Research，2009（10）.

［42］邓泽民，陈庆合，刘文卿.职业能力的概念、特征及其形成规律的研究［J］.煤炭高等教育，2002（2）.

［43］赵志群.职业教育与培训学习新概念［M］.北京：科学出版社，2003.

［44］吴晓义."情境-达标"式职业能力开发模式研究［D］.长春：东北师范大学，2006.

［45］徐国庆.解读职业能力［J］.职教论坛，2005（36）.

［46］徐国庆.职业能力的本质及其学习模式［J］.职教通讯，2007（1）.

［47］严雪怡.教育分类、能力本位与广义的职业能力培养［J］.职业技术教育，2007（7）.

［48］R.Nickse（Ed）. Competency-Based Education: Beyond Minimum Competency Testing［M］. London: Kogan Page，1981.

［49］J.Burke（Ed）. Competency Based Education and Training［M］. London: The Falmer Press，1989.

［50］国家教委职业技术教育中心研究所.历史与现状：德国"双元制"职业教育［M］.北京：经济科学出版社，1998.

［51］陈宇.走向世界技能强国［M］.北京：长城出版社，2001.

［52］Hager, Paul; Gonczi, Andrew. Attributes and competence［J］. Australian and New Zealand Journal of Vocational Education Research, 1993，1（1）.

［53］陈庆合.能力本位教育的四大理论支柱［J］.职教论坛，2004（36）.

［54］陈宇.职业能力以及核心技能［J］.职业技术教育，2003（11）.

［55］蒋乃平.对综合职业能力内涵的思考［J］.职业技术教育，2001（4）.

［56］石伟平.职业能力与职业标准［J］.全球教育展望，1997（3）.

［57］丁笑炯.基于用人单位的高校毕业生就业能力调查——以上海市为例

[J].高等教育研究,2013(1).
[58] 付永昌.教学评估背景下新建本科院校教学质量建设研究[J].黑龙江高教研究,2007(6).
[59] 胡弼成.高等教育质量观的演进[J].教育研究,2006(11).
[60] 贾建锋,赵希男,孙世敏,等.大学生就业胜任特征结构模型的实证研究[J].高等工程教育研究,2011(6).
[61] 林光彬,张苏,樊彬彬.大学生评价教学质量的逻辑——来自调查研究的证据[J].教育研究,2012(10).
[62] 邬大光,别敦荣,赵婷婷,等.高等学校《本科教育教学质量报告》透视(笔谈)[J].高等教育研究,2012(2).
[63] 岳昌君,杨中超.我国高校毕业生的就业结果及其影响因素研究——基于2011年全国高校抽样调查数据的实证分析[J].高等教育研究,2012(4).
[64] 朱国玮,黄珺.大学生就业能力影响因素研究[J].教育研究,2011(8).
[65] 王勇.基于能力的人力资源管理理论研究[D].杭州:浙江大学,2003.
[66] 黄尧.学历证书与职业资格证书相互转换的理论与实践研究[M].北京:高等教育出版社,2007.
[67] 刘德恩.职业能力评价的三种模式[J].职教通讯,2000(11).
[68] 顾倩.职业技术学校学生职业能力的结构方程模型分析[J].中国健康心理学杂志,2006(2).
[69] 李军玲.从提高质量入手,强化高职"双师"队伍建设[J].天津职业院校联合学报,2015(12).
[70] 董金梅.高等院校工科专业课程多元化考核模式的探讨[J].教育教学论坛,2019(11).
[71] 王致嫣,毛凯楠.比较视野下高等教育课程考核浅析及改进研究[J].六盘水师范学院学报,2018(8).
[72] 肖燕芳,吴伟民.高职教育"双师"队伍建设的研究与实践[J].当代教育实践与教学研究,2016.
[73] 陈萃光,李笑月.浅谈企业内部培训师队伍的建设[J].中国成人教育,2005.
[74] 周广强.教师专业能力培养与训练[M].北京:首都师范大学出版社,2010.
[75] 边喜英.以职业能力培养为核心的实践教学体系构建与实施[J].宿州教育学院学报,2016(19).

[76] 吴继红.通识教育视阈下的高职学生职业能力培养研究[D].武汉：中南民族大学，2009.

[77] 陈涛.高职院校学生职业能力培养研究[D].武汉：华中师范大学，2008.

[78] 胡伟.高职院校学生职业能力培养的实践探索[D].长春：东北师范大学，2008.

[79] 田敏.高职院校学生职业能力培养研究[D].石家庄：河北师范大学，2009.

[80] 张建，彭腾.强化实践性教学 培养技能型人才[J].岳阳职业技术学院学报，2004（4）.

[81] 李菁楠，邓勇，刘合艳.国内外知识共享理论研究综述[J].图书馆学研究，2010（4）.

[82] 韩锡斌，周潜，程建钢.基于知识分享理论的开放教育资源共建共享可持续发展机制的研究[J].清华大学教育研究，2012（3）.

[83] 毛瑞.开放大学远程教育资源的建设与共享[J].内蒙古电大学刊，2013（6）.

[84] 邱强，王蕾.高校名师知识资源共享途径研究[J].中国轻工教育，2015（1）.

[85] 蔡宁，黎常.知识分享及其研究理论基础[J].情报科学，2007（1）.

[86] 严浩仁，贾生华.试论知识特性与企业知识共享机制[J].研究与发展管理，2002（3）.

[87] 曹兴，刘芳，邬陈锋.知识共享理论的研究述评[J].软科学，2010（9）.

[88] 何志全.终身教育背景下发达国家开放大学的教育功能及启示[J].中国成人教育，2018（20）.

[89] 单雪韩.改善知识共享的组织因素分析[J].企业经济，2003（1）.

[90] 纪望平.成人函授教育与现代远程教育整合的研究与探析[J].现代远距离教育，2006（3）.

[91] 金平，张玉红.继续教育资源整合浅论[J].继续教育，2003（S1）.

[92] 宋立平.论成人教育中远程教育与传统教育两种教育模式的融合[J].河北大学成人教育学院学报，2006（1）.

[93] 何悦，张莹.知识管理背景下高校知识共享途径探究[J].沈阳师范大学学报（社会科学版），2011（5）.

[94] 董京峰，王伟娟，朱立波.社会性软件促进非正式学习[J].中国远程教育，2009（7）.

[95] 李勇,屠梅曾.企业内部知识管理中的知识共享问题分析[J].科学学与科学技术管理,2002(6).

[96] 严浩仁,贾生华.试论知识特性与企业知识共享机制[J].研究与发展管理,2002(3).

[97] 闫芬,陈国权.实施大规模定制中组织知识共享研究[J].管理工程学报,2002(3).

[98] 李灿军.网络直播课堂在互联网教学中的探索[J].教育现代化,2018(52).

[99] 张婧婧,郑勤华,陈丽,等.开放教育资源共享行为及其影响因素的实证研究——以"学习元"为例[J].中国电化教育,2014(8).

[100] 姜文雯.开放教育资源为我国成人教育服务的途径探索[D].沈阳:东北大学,2010.

[101] 程结晶,黄晶晶,潘琰.区域性数字化教育资源共享途径研究[J].现代教育技术,2011(4).

[102] 秦丽娟.国家精品课程推广模式研究[J].中国电化教育,2009(3).

[103] 程文婷.Creative Commons在中国的本土化:彼岸花还是乌托邦?[J].网络法律评论,2009(10).

[104] 王龙.中国高等教育精品课程资源共建共享的现状、问题、对策与相关分析[D].北京:首都师范大学,2006.

[105] 张迪.网络环境下非正式学习共同体知识共享模型研究[D].武汉:华中师范大学,2012.

[106] 尼古拉·尼葛洛庞蒂.数字化生存[M].海口:海南出版社,1997.

[107] 缪富民.对远程开放教育学习支持服务系统构建的认识与思考[J].中国远程教育,2005(8).

[108] 王小柳.长宁终身教育多级网络建设探索[M].上海:上海科学技术文献出版社,2017.

[109] 张东平.区域成人高校服务学习型城区建设的实践研究[M].上海:上海科学技术文献出版社,2016.

[110] 宋亦芳.社区数字化学习支持服务体系研究[M].上海:上海科学技术出版社,2016.

[111] 范立军.常熟构建社区教育三级网络[N].成才导报·教育周刊,2007.

[112] 侯发迅.现代远程开放教育学习支持服务系统的探索[J]铁道警官高等专科学校学报,2009(1).

[113] 陈德人,张尧学.数字化学习港:构建面向终身学习的学习型社会[M].杭州:浙江大学出版社,2009.

[114] 叶忠海,朱涛.社区教育学[M].北京:高等教育出版社,2009.

[115] 陈乃林,张志坤.社区教育管理的理论与实务[M].北京:高等教育出版社,2009.

[116] 张世明.数字教育资源共享生态系统研究[M].上海:复旦大学出版社,2011.

[117] 滕丽,张琳.四级社区教育网络构建的实践探索——成都市锦江区创建院落学习室的成功经验[J].江苏广播电视大学学报,2013(12).

[118] 宋亦芳.城区社区教育三级网络建设现状探析——以上海市长宁区为例[J].成才与就业,2014(12).

[119] 宋其辉.在老年学习型团队建设中社区教育三级网络支持体系研究[J].成才与就业,2014(3).

[120] 吕立军.加强社区培训学院、社区教育中心、居民学校三级网络建设的探索[J].好家长,2015(20).

[121] 仲红俐.基于社区教育四级网络体系的终身教育共同体建设调查分析——以常州市为例[J].广州广播电视大学学报,2016(4).

[122] 武丽志,丁新.学生支持服务:大卫·西沃特的理论与实践[J].中国远程教育,2008(1).

[123] 周蔚.现代远程教育的学习支持服务[M].北京:中央广播电视大学出版社,2005.

[124] 张尧学.数字化学习港与终身学习[J].中国远程教育,2007(1).

[125] 黄贵波.对民办教育非学历培训机构发展的思考[J].职业技术教育研究,2005(5).

[126] 李纯真.大连开发区民办非学历教育现状存在问题及对策研究[D].大连:辽宁师范大学,2006.

[127] 郑丽君.非学历民办高等教育机构发展定位分析[J].北京城市学院学报,2009(6).

[128] 张龙秀.整合各类课程思想政治教育资源,柔化思想教育方式[J].文教资料,2009(35).

[129] 谢海琼.整合区域教育资源,提高职业教育办学效益[A].中国教育学会教育经济学分会.2009年中国教育经济学学术年会论文集[C].中国教育学会教育经济学分会,2009.

[130] 高卫东.北京社区教育资源整合模式研究[A].中国成人教育协会.

2009年中国成人教育协会年会论文集[C].中国成人教育协会,2009.

[131] 李彦西.欠发达省区高教资源整合机制基本动力探析[J].安顺学院学报,2010(6).

[132] 宋亦芳.社区教育规范化建设的思考[J].成才与就业.2011(21).

[133] 宋亦芳.上海区域成人高校转型分析及发展探略[J].职业技术教育,2012(16).

[134] 董珏慧.构建终身教育体系下区域成人高校改革与发展的思考[J].成人教育,2014(8).

[135] 杨文霞.区域成人高校发展老年继续教育的实践与思考——以北京市石景山区业余大学为例[J].北京宣武红旗业余大学学报,2016(1).

[136] 王晓佳,吴慧涵.独立设置成人高校在培养创新人才方面的优势和障碍研究[J].北京宣武红旗业余大学学报,2015(4).

[137] 谢伊青,金明忠.引导民非教育机构 助力社区教育[J].成才与就业.2016(S1).

[138] 郑明明,张良.民办非学历教育机构办学风险评估指标构建研究[J].上海教育评估研究.2016(3).

[139] 王锦云.终身教育背景下地方成人高校服务区域经济社会能力提升的路径[J].农村经济与科技,2016(18).

[140] 朱柳玉.我国独立设置成人高校转型发展研究[D].南昌:江西师范大学,2016.

[141] 李晓蕴.新常态视角下北京独立设置成人高校的发展途径[J].西北成人教育学院学报,2016(1).

[142] 教育部职业教育与成人教育司司长葛道凯:携手发展 共同办好开放大学[EB/OL].在线学习,http: //zxxx.net.cn/Article/Detail/Overview/4409.

[143] 陈玉琨.教育评价学[M].北京:人民教育出版社,2014.

[144] 张勇.为什么需要第三方教育评价与考试[N].中国青年报,2014-01-29.

[145] 朱火弟,喻入海.评价主体对绩效评价误差的影响[J].人才开发,2008(11).

[146] 张良,王建林,马芫茗.职业教育第三方质量保障体系建设研究——基于社会经济发展需求导向的视角[J].湖南社会科学,2013(6).

[147] 缪建东.论社区教育在促进城市基层群众自治中的功能[J].中国成人教育,2011(13).

[148] 王景英,刘淑杰.关于建立教育的社会评价机制的思考[J].教学与管理,1998(12).

[149] 杜幼文.社区教育的社会效益评价问题[J].现代远程教育研究,2012(6).

[150] 李亚东.试论我国教育评估中介机构的构建[J].教育发展研究,2002(11).

[151] 徐道良.社会评价标准系统浅析[J].管理观察,2008(14).

[152] 李守福.论大学的社会评价[J].比较教育研究,2003(5).

[153] 王媛媛,董大治.面向云的视频会议系统设计[J].电子技术与软件工程,2016(9).

[154] 李彩燕.基于云视频的中学英语城乡互动教学探析[J].厦门广播电视大学学报,2015(3).

[155] 俞雯静.深入分析在视频会议系统运维中的常见故障与维护策略[J].信息化建设,2016(3).

[156] 黄伟.一体化视频会议管理系统应用分析[J].信息化建设,2016(3).

[157] 韩安华,姚东明.基于DM642的便携式视频会议系统终端设计[J].信息通信,2016(5).

[158] 蒋东勤.数字化学习港网上学习环境的研究与设计[J].广州广播电视大学学报,2009(1).

[159] 王鲲.基于Ajax技术的社区数字化学习平台开发[D].上海:复旦大学,2008.

[160] 张东平.以信息化为依托 打造数字化教育平台[J].东方社区,2010(5).

[161] 宋亦芳.社区数字化学习概论[M].上海:上海科学技术出版社,2010.

[162] 何克抗.我国数字化学习资源建设的现状及其对策[J].电化教育研究,2009(10).

[163] 邓幸涛,冯琳.数字化学习与学习型城市[J].中国远程教育,2009(1).

[164] 黄荣怀,陈庚,张进宝,等.论信息化学习方式及其数字资源形态[J].现代远程教育研究,2010(6).

[165] 毛泽东.毛泽东选集:第二卷[M].北京:人民出版社,1991.

[166] 习近平.在全国教育大会上的讲话[N].人民日报,2018-9-10(01).

[167] 习近平.在庆祝改革开放40周年大会上的讲话[N].人民日报,

2018-12-18（02）.

［168］蔡劲松等.大学文化理论构建与系统设计［M］.北京：文化艺术出版社，2009.

［169］刘维娥.高校校园文化论［M］.北京：中国书籍出版社，2016.

［170］王利琳.高校校园文化品牌建设理论与实践［M］.北京：中国书籍出版社，2017.

［171］代祖良.创新校园文化的途径与方法［M］.北京：光明日报出版社，2018.

［172］张振刚.木棉花开——华南理工大学校园文化品牌活动［M］.广州：华南理工大学出版社，2012.

［173］章清，宋斌.民办高校校园文化建设——以浙江树人学院为视角［M］.北京：中国文史出版社，2015.

［174］戚昊辰，曹辉.新时期高校校园文化建设探索［J］.教育教学论坛，2018（14）.

［175］潘堪达.浅谈高校校园文化的育人功能［J］.高教学刊，2018（20）.

［176］陆挺.大学校园文化的隐性课程认知及建设路径探析［J］.思想教育研究，2017（3）.

［177］马平均，胡新保.社会主义核心价值观融入大学校园文化建设的几点思考［J］.思想教育研究，2017（1）.

［178］陈剑.文化自信视域下的大学校园文化建设［J］.中国成人教育，2018（17）.

［179］高阳，孙芳，侯静波.浅析成人高校的校园文化建设［J］.成人教育，2016（1）.

［180］陈飞，何静.成人高校校园文化创新建设研究［J］.安徽广播电视大学学报，2015（4）.

［181］黄美初.成人高校校园文化建设水平的提升路径［J］.继续教育研究，2014（5）.

［182］王怀启.成人高校校园文化建设的途径——以北京广播电视大学房山分校校园文化建设为例［J］.北京广播电视大学学报，2013（1）.

［183］倪美华.论成人高校的校园文化建设——以上海电视大学为实践案例［J］.开放教育研究，2011（5）.

［184］刘德宇.高校校园文化发展论［M］.青岛：中国海洋大学出版社，2004.

［185］韩喜平，徐景一.高校党建与校园文化建设［J］.思想教育研究，

2013（10）.

［186］ 张澍军，王占仁.校园文化建设的基本原理与实践操作系统研究［M］.长春：吉林人民出版社，2013.

［187］ 姚成郡.高等教育与社会发展［J］.中国石油大学学报（社会科学版），2003（2）.

后　记

《区域成人高校完善终身教育大平台的实践研究》是上海市长宁区业余大学（社区学院）新时期转型发展的新探索，在张东平校长亲自指导下，经过三年的积累与沉淀之后，终于要与读者见面了。本书凝聚了所有参与研究人员的专业知识、实践经验和辛勤付出。各章的撰写分工如下：第一章"终身教育大平台的理论基础"由发展研究室负责撰写（袁海燕执笔）；第二章"新时期党建引领终身教育大平台建设"由党政办公室负责撰写（王峰执笔）；第三章"提升学生职业能力的实践"由教务处负责撰写（糜婕执笔）；第四章"开放教育资源共享途径的探索"由教学处负责撰写（汪亚利执笔）；第五章"社区教育办学网络的支持服务"由社区教育指导中心负责撰写（张敏执笔）；第六章"域内民办非学历教育资源的整合"由教育服务指导中心负责撰写（洪颋执笔）；第七章"终身教育教学质量评价方法的探究"由督导室负责撰写（陈晓平执笔）；第八章"云视课堂应用的技术支持服务"由信息中心负责撰写（忤明辉、方利华执笔）；第九章"新时期区域成人高校校园文化建设"由党政办公室负责撰写（卢旸、王峰执笔）。最后，本书由发展研究室负责统稿。

在本书的编写与出版过程中得到了多方的鼎力支持，谨对此表示衷心的感谢！感谢上海市长宁区教育学院教研室、上海市教育科学规划办公室对我校科研工作长期的大力支持；感谢华东师范大学叶忠海教授、长宁区教科室戴申卫老师等专家对本书悉心的专业指导；感谢复旦大学出版社，特别是各位编辑在本书的审稿、出版环节中给予的支持与帮助。

由于本书是对区域成人高校转型发展新尝试的提炼与总结，其理论与实践模式还处于探索阶段，尚有不足之处，敬请大家批评指教。

图书在版编目(CIP)数据

区域成人高校完善终身教育大平台的实践研究/张东平主编. —上海：复旦大学出版社，2019.12
ISBN 978-7-309-14790-2

Ⅰ.①区… Ⅱ.①张… Ⅲ.①成人高等学校-终生教育-研究 Ⅳ.①G724

中国版本图书馆 CIP 数据核字(2019)第 288598 号

区域成人高校完善终身教育大平台的实践研究
张东平 主编
责任编辑/方毅超 张雪枫

复旦大学出版社有限公司出版发行
上海市国权路 579 号 邮编：200433
网址：fupnet@fudanpress.com http://www.fudanpress.com
门市零售：86-21-65642857 团体订购：86-21-65118853
外埠邮购：86-21-65109143
常熟市华顺印刷有限公司

开本 787×960 1/16 印张 16 字数 264 千
2019 年 12 月第 1 版第 1 次印刷

ISBN 978-7-309-14790-2/G·2058
定价：40.00 元

如有印装质量问题，请向复旦大学出版社有限公司发行部调换。
版权所有 侵权必究